> 이제도 있고 전에도 있었고
> 장차 올 자 예수 그리스도

서사라 목사의 천국지옥 간증 수기 7
성경편 제4권

하나님의 인

하늘빛출판사

이제도 있고 전에도 있었고
장차 올 자 예수 그리스도

성경편 제4권

하나님의 인

서사라 지음

추천인사

추천인사 (가나다순)

추천사 1   구문회 목사

추천사 2   김봉준 목사

추천사 3   박철수 목사

추천사 4   서진경 목사

추천사 5   임홍만 목사

추천사 1

예장 대신교단 증경총회장
구문회 목사

"회개하라 천국이 가까웠느니라 하였으니 그는 선지자 이사야를 통하여 말씀하신 지라. 일렀으되 광야에 외치는 자의 소리가 있어 이르되 너희는 주의 길을 준비하라 그가 오실 길을 곧게 하라 하였느니라 (마 3:2-3)" 하는 이 세례 요한의 외침을 볼 때에 저는 서사라 목사님을 생각합니다.

세례 요한은 회개만이 예수님을 만나는 길이며 천국에 들어가는 길임을 알았습니다. 그래서 그는 낙타털 옷을 입었고 허리에는 가죽띠를 띠었고 메뚜기와 석청을 먹었습니다 (4절). 그는 회개를 외쳐야 했기에 말씀대로 살았습니다. 하나님 앞에서 정직하고 깨끗하게 살았습니다. 그랬을 때 그 말에는 능력이 있었습니다. 그래서 성경은 기록하기를 "예루살렘과 온 유대와 요단 강 사방에서 다 그에게 나아와 자기의 죄를 자복하고 요단 강에서 그에게 세례를 받았다" (5-6절)고 말씀합니다.

서사라 목사님은 세례 요한과 같이 말씀대로 사시려고 애쓰시는 분입니다. 소박하고 꾸밈이 없으시며 그 마음의 중심은 오직 복음과 선교만으로 불타는 분이십니다. 예루살렘과 온 유대와 요단 강 사방에서 사람들이 주님 앞에 나아왔습니다. 그리고 이 책을 통하여 앞으로 더 많은 영혼들이 나아오게 될 것을 확신합니다.

"아브라함이 이르되 그들에게 모세와 선지자들이 있으니 그들에게 들을지니라 이르되 그렇지 아니하니이다. 아버지 아브라함이여 만일 죽은 자에게서 그들에게 가는 자가 있으면 회개하리이다 이르되 모세와 선지자들에게 듣지 아니하면 비록 죽은 자 가운데서 살아나는 자가 있을지라도 권함을 받지 아니하리라 하시니라"
[눅 16:29-31]

부자는 자기가 다시 살아서 형제들에게 돌아가면 형제들이 천국과 지옥을 믿을 줄로 생각했습니다. 그러나 아브라함의 말은 그렇지 않았습니다. 아무리 죽은 사람이 다시 살아 내려간다 할지라도 하나님의 말씀을 듣지 아니하면 아무런 소용이 없다는 것입니다.

서사라 목사님은 하나님의 인도하심을 받아 여러 번 천국과 지옥을 체험하셨습니다.
그런데 목사님은 그 엄청난 사건을 경험하셨음에도 절대로 자신이 보고 들은 것을 강조하지 않으셨습니다. 그것을 믿으라고도 말하지 않았습니다. 말씀 안에만 구원이 있기에 말씀 안에만 길이 있기에 간증을 하면서도 성도들에게 하나님의 말씀만이 진리라고 전하셨습니다. 그리고 하나님의 회개의 복음을 가는 곳마다 열심히 선포하여 성도들을 회개케 하셨습니다. 그랬을 때 말씀을 듣는 모든 성도들에게 말씀의 놀라운 능력이 임하여 진심으로 그들의 삶이 회개케 된 것을 믿습니다.

저는 이번 서 목사님의 '하나님의 인' 이라는 책을 통하여 많은 사람들이 주님 앞에 돌아오는 역사가 있기를 기도합니다. 뿐만 아니라 이미 구원받은 사람은 더욱 굳센 믿음을 소유하게 되며 주님 오시는 날까지 세상과 나를 이기고 끝까지 승리하여 아름답게 주님 앞에 서는 신부가 다 되기를 간절히 기도합니다.
할렐루야!!

추천사 2

아홉길 사랑교회 담임목사
기독교대한하나님의성회(여의도순복음총회) 부총회장
김봉준 목사

"내가 하늘에서 내려온 것은 내 뜻을 행하려 함이 아니요 나를 보내신 이의 뜻을 행하려 함이니라 나를 보내신 이의 뜻은 내게 주신 자 중에 내가 하나도 잃어버리지 아니하고 마지막 날에 다시 살리는 이것이니라 내 아버지의 뜻은 아들을 보고 믿는 자마다 영생을 얻는 이것이니 마지막 날에 내가 이를 다시 살리리라 하시니라"
[요 6:38-40]

성경예언의 최종 주제는 새 예루살렘 성입니다. 그곳은 모든 그리스도인이 언젠가 들어가기를 사모하는 하나님의 도성입니다. 그곳은 우리 주님과 그분의 백성들이 영원히 거하는 곳입니다. 이전에 하나님은 하늘에 계셨고 인간은 세상에 있었지만 천국의 사정은 완전히 다릅니다. 천국은 예수님을 구주로 믿는 사람은 누구나 가기를 원하는 곳이지만 그곳을 보고 온 사람은 그리 많지 않습니다. 그러므로 우리는 성경을 통하여 부분적으로 알 수밖에 없습니다.
천국이 실제로 존재하듯이 지옥도 분명히 존재합니다. 그럼에도 불구하고 사람들은 죽음과 심판과 지옥에 대한 존재를 인정하길

"내가 하늘에서 내려온 것은 내 뜻을 행하려 함이 아니요 나를 보내신 이의 뜻을 행하려 함이니라 나를 보내신 이의 뜻은 내게 주신 자 중에 내가 하나도 잃어버리지 아니하고 마지막 날에 다시 살리는 이것이니라 내 아버지의 뜻은 아들을 보고 믿는 자마다 영생을 얻는 이것이니 마지막 날에 내가 이를 다시 살리리라 하시니라" [요 6:38-40]

성경예언의 최종 주제는 새 예루살렘 성입니다. 그곳은 모든 그리스도인이 언젠가 들어가기를 사모하는 하나님의 도성입니다. 그곳은 우리 주님과 그분의 백성들이 영원히 거하는 곳입니다. 이전에 하나님은 하늘에 계셨고 인간은 세상에 있었지만 천국의 사정은 완전히 다릅니다. 천국은 예수님을 구주로 믿는 사람은 누구나 가기를 원하는 곳이지만 그곳을 보고 온 사람은 그리 많지 않습니다. 그러므로 우리는 성경을 통하여 부분적으로 알 수밖에 없습니다.

천국이 실제로 존재하듯이 지옥도 분명히 존재합니다. 그럼에도 불구하고 사람들은 죽음과 심판과 지옥에 대한 존재를 인정하길 꺼려합니다. 인권이나 사랑에 대해서 포장하는 사람은 많지만 지옥의 존재에는 눈감고 외면하는 사람이 많은 게 현실입니다.

성경은 지옥에 대하여 불못, 집어 삼키는 곳, 영원한 멸망, 불과 유황불에서 고통 받는 곳 등으로 묘사되어 있습니다.

천국이 있고 또한 지옥이 있다는 것은 이 땅의 사람들에겐 소망과 함께 그리스도인의 책임을 갖게 합니다. 관념속의 세계가 아닌

실재하는 천국, 구세주 예수 그리스도와 함께하며 먼저 간 믿음의 선진을 만날 것을 생각하면 무한한 감동이 솟구쳐 오릅니다.

세상의 초등학문이나 교리 논쟁에 묻히지 않고 서사라 목사 본인이 체험한 천국과 지옥에 대하여 담대히 증언한 이 책은 신학을 떠나 신앙적으로 매우 유용한 책임을 믿어 의심치 않습니다.

추천사 3

빅토빌 사랑의 교회
박철수 목사

"저희에게 이르시되 땅의 풀이나 푸른 것이나 각종 수목은 해하지 말고 오직 이마에 하나님의 인 맞지 아니한 사람들만 해하라 하시더라." [요한계시록 9:4]

금번에 이 마지막 때에 주님의 손에 붙잡혀 전 세계에 책으로 방송으로 직접 미국과 한국, 인도, 네팔, 벨리제, 아프리카, 일본 그 외 많은 지역들에 집회로 물질로 혼신을 다해 선교하시고 복음을 전하시는 서사라 목사님께서 이번에 일곱 번째 책 하나님의 인에 대하여 주님의 명령으로 출판하게 된 것을 주님께 진정으로 영광과 감사와 존귀를 올려 드립니다.

이 책에는 마지막 시대를 살고 있는 이 땅의 모든 진실한 성도들에게 반드시 시대적 복음인 베리칩(666 짐승의 표), 휴거, 그리고 죽기까지 믿음을 지키는 순교를 위해 하나님께서 살아계신 하나님의 인을 지금도 그들의 이마에 치고 계시는 놀라운 축복을 담은 귀한 내용들이 이 귀한 책에 자세히 기록되어 있는 것입니다.

이 책의 저자는 주님이시고 서 목사님은 오직 도구로만 사용되셨다고 말씀드릴 수 있겠습니다. 이 부족한 종이 오래 전에 성령을 체험하고 교회에서 30년 넘게 계시록을 강의한다고 했지만 계시록 여러 곳에 나오는 이 하나님의 인이 풀리지 않아 한계에 도달했고 성령의 인 받으면 됐지 무슨 하나님의 인을 따로 받아야 하는가? 를 고민하여 오는 중에 주님께서는 마지막 시대에 주님의 신부 준비와 전무후무한 7년 대환난, 그리고 짐승의 표 666인 베리칩을 이겨낼 수 있게 반드시 이마에 하나님의 인을 따로 받아야 한다고 알려주셔서 그 후에 정말 죽기아니면 살기로 매달려 하나님의 인을 받고 그것을 개인적으로 확인시켜 주셨습니다. 25년 전에 이마에 하나님의 인을 받고 나름대로 인에 대하여 연구하고 많이 생각하면서 모든 사람이 이 하나님의 인을 반드시 받아야 되고 누군가 하나님의 인 사역을 해야 하는데~ 하고 생각하고 있던 중에 3년 전에 주님의 인도와 섭리가운데 무명의 여성 목회자이셨던 서 목사님을 만나게 하셨습니다. 가까이 함께 동역하면서 '계시록 이해' 책과 이 귀한 '하나님의 인' 책을 서 목사님께 하나님께서 맡기신 것은 주님의 은혜 위에 은혜이지만 제가 옆에서 본 서 목사님은 세상 물질에 욕심이 하나도 없고 오직 삶이 기도와 말씀 그리고 전도와 선교로 꽉 잡혀있어서 아마 주님께서 긍휼을 베풀어 주셔서 이번에 이 귀한 주님의 책을 쓰도록 맡기셨구나 하고 생각이 되어졌습니다. 이 땅의 모든 분들이 이 마지막 시대를 준비시키시는 주님의 귀한 이 사랑의 편지를 읽으시고 이마에 하나님의 인을 반드시 받으시고 또한 나뿐 아니라 내 가족, 자녀, 부모, 형제, 친척, 교회 이웃에도 이 '하나님의 인' 책을 읽게 하셔서 많은 분들이 하나님의 인을 받을 수 있기를 기원합니다.

추천사 4

2017년 9월 서울 목양실에서
서진경 원로 신학자

서사라 목사님은 이화여대 의과대학을 졸업한 의사요, 미국 브라운대 생물학 박사인 서사라 목사님은 주님의 부르심을 받고 미국 정규 신학대학 탈봇을 졸업한 목사로서 하루 몇 시간씩 기도하시는 중에 천국과 지옥을 보게 되었고 그 후 영혼 구원의 불타는 열정으로 한국과 전 세계에 천국복음을 전하는 사명을 받았으며 또한 영혼 구원에 필요한 책 6권을 쓰셨습니다.

그리고 이번에 서사라 목사의 천국지옥 간증수기 7번째 책, 성경편 제 4권, "하나님의 인"이라는 책을 쓰셨습니다. 한국과 동양권 서양권 모두 종교는 다를지라도 천국, 극락, 지옥, 연옥 등을 믿는 종교 문화권 사람들에게 오직 예수님이 우리 죄를 대신 짊어지시고 십자가에서 보혈을 흘려 주심으로 말미암아 우리의 죄를 사해 주시고 부활 승천하셔서 우리에게 영원한 생명을 보장하시고 또한 우리를 천국으로 인도하시는 구세주 되심을 증거하기 위하여 깊이 있게 본대로 가감 없이 쓰신 귀하고 값진 이 책을 기쁘게 추천합니다.

국제목회자학술원 이사장
한국원로신학자협의회 공동대표
기독교신학사상검증위원회 검증위원

추천사 5

남양감리교회 원로 목사
임홍만 목사

이 세상 성도들에게 가장 소중하고 귀한 일은 자신의 신앙생활 속에서 살아계신 하나님을 인정하는 것이다.
그 살아계신 하나님께서 우리에게 말씀하시기를

[마 7:21-23]
(21) 나더러 주여 주여 하는 자마다 천국에 다 들어갈 것이 아니요 다만 하늘에 계신 내 아버지의 뜻대로 행하는 자라야 들어가리라 (22) 그 날에 많은 사람이 나더러 이르되 주여 주여 우리가 주의 이름으로 선지자 노릇하며 주의이름으로 귀신을 쫓아 내며 주의 이름으로 많은 권능을 행치 아니하였나이까 하리니 (23) 그 때에 내가 저희에게 밝히 말하되 내가 너희를 도무지 알지 못하니 불법을 행하는 자들아 내게서 떠나가라 하리라

그러니까 우리가 이 성경의 말씀대로 아무리 주의 이름으로 선지자 노릇했어도 주의 이름으로 많은 귀신을 쫓아내었어도 많은 권능을 행하였어도 마지막 날에 주님이 우리에게 내가 너희를 도무지 알지 못하노라 하시면서 이 불법을 행하는 자들아 내게서 떠나

가라 하신다면 우리는 얼마나 비참할까 하는 것이다.

이 성경의 말씀은 우리가 주여 주여 한다고 다 하나님의 영광이 해같이 빛나는 새 하늘과 새 땅의 새 예루살렘 성안으로 들어가는 것이 아닌 것을 말하고 있다. 즉 우리가 주의 이름으로 선지자 노릇하고 귀신을 쫓아내고 권능을 행하였어도 불법으로 행하면 결국 성밖 바깥 어두운데 슬피 울며 이를 가는 장소로 쫓겨날 수밖에 없음을 말하고 있는 것이다(계 22:15).

서사라 목사님은 일찍이 이화여대 의과대학을 졸업하고 서울의대 생리학 석사학위를 취득하였으며 미국에서 유명한 브라운대의 의과대학 생물학 박사학위를 취득한 학자중의 학자다. 그런데 하나님께서 이 서사라 목사님을 늦게 주의 종으로 부르셔서 미국 탈봇 신학대학에서 목회학 석사학위를 취득하게 하였고 졸업과 동시에 12년 전 미국에서 교회를 개척하게 하셨다.

늘 노방전도를 열심히 하였던 서 목사님에게 하나님께서는 그분의 특별한 은혜를 베푸셔서 2013년 11월부터 천국과 지옥을 보여주신 것이다. 그리하여 천국과 지옥에 대한 간증을 6권의 책으로 출판하여 한국과 미국 등 많은 성도들에게 천국과 지옥이 실제임을 전하게 되었다. 또한 이 6권의 책 중에 일부는 다른 세계 언어로 번역 인쇄되어 일본, 인도, 네팔, 중국, 멕시코 등 뿌려지게 된 것이다.

나는 한국 목회자의 한 사람으로서 서 목사님을 이렇게 주님이 도구로 써 주심을 하나님께 진심으로 감사를 드린다.

그리고 이번에 서 목사님은 7번째의 책으로 "하나님의 인" 이라는 책을 펴내게 되었다. 이 하나님의 인이라는 책은 우리 기독교계에 큰 각성을 일으키게 될 것이다. 왜냐하면 우리가 지금 말세지말을 살고 있기 때문이고 계시록 7장에서 말하는 천사들이 하나님의 종들의 이마에 살아계신 하나님의 인을 치는 것이 지금 진행 중이기 때문이다. 나는 이 책을 통하여서 많은 성도들이 하나님의 인에 대하여 새롭게 각성하고 또한 회개의 삶을 살아서 결국 이기는 자들에 속하게 되기를 기도한다.

계시록 14장에 보면 그 이마에 하나님의 인을 맞은 유대인 십사만 사천인이 나온다.

[계 14:1-5]
(1) 또 내가 보니 보라 어린 양이 시온산에 섰고 그와 함께 십 사만 사천이 섰는데 그 이마에 어린 양의 이름과 그 아버지의 이름을 쓴 것이 있도다 (2) 내가 하늘에서 나는 소리를 들으니 많은 물소리도 같고 큰 뇌성도 같은데 내게 들리는 소리는 거문고 타는 자들의 그 거문고 타는 것 같더라 (3) 저희가 보좌와 네 생물과 장로들 앞에서 새 노래를 부르니 땅에서 구속함을 얻은 십 사만 사천인 밖에는 능히 이 노래를 배울 자가 없더라 (4) 이 사람들은 여자로 더불

어 더럽히지 아니하고 정절이 있는 자라 어린 양이 어디로 인도하든지 따라가는 자며 사람 가운데서 구속을 받아 처음 익은 열매로 하나님과 어린 양에게 속한 자들이니 (5) 그 입에 거짓말이 없고 흠이 없는 자들이더라

이들이 그 이마에 인을 받은 것은 아마도 4절 5절에서 말하는 여자로 더불어 더럽히지 않아 정절이 있었고 또한 어린 양이 어디로 인도하든지 따라가는 자들이었으며 또한 그 입에 거짓말이 없고 흠이 없는 자들이기 때문이었을 것이다.
우리도 이렇게 되면 하나님께서 우리의 이마에도 하나님의 인을 쳐 주실 것이다.

나는 이 서 목사님의 하나님의 인이라는 책이 말세지말을 살고 있는 우리가 반드시 살아계신 하나님의 인을 맞아야 하며 그리하여 큰 환난가운데서도 믿음을 지켜서 결코 짐승의 표 666을 받지 않는 비결을 가르쳐 주고 있다고 생각한다.

그러므로 이 책을 지금 이 시대에 하나님의 재림을 기다리며 하나님을 사랑하는 모든 크리스천들에게 강력히 추천하는 바이다.

전 감리교 전국부흥단장
전 CBS 영동방송국 이사장
현 감리교 싸이판 신학교 교수

하나님의 인 †

| 서 론 |

우리 주님이 이 세상에 오셔서 처음 외치신 것이
'회개하라 천국이 가까웠느니라'였다.
저자는 천국을 보기 시작하기 전에 거의 매일 10년 정도의 노방전도를 하였다. 그런데 노방전도가 10년째 되던 해에 저자는 하나님께 천국과 지옥을 보여 달라고 간구하기 시작하였다.
왜냐하면 성경이 천국과 지옥이 실재한다고 하는데 그리고 그것이 믿어졌지만 그러나 전하면서 예수 믿지 아니하면 지옥에 간다고 전하고 예수 믿어야 천국에 간다고 전하면서 그 천국과 지옥을 실제로 보고 싶은 열망이 생기기 시작하였다. 왜냐하면 그것을 보고 와서 전하면 더 확실히 그들에게 천국과 지옥이 있음을 전할 수 있을 것 같아서였다.
그리하여 저자는 철저한 지난날들의 죄를 회개하고 또한 현재 짓고 있는 죄들을 돌이키면서 하나님께 하루에 5시간 내지 6시간 이상씩 방언으로 기도했다. 천국과 지옥을 보여달라고......
그러나 사실 저자는 2000년도부터 하루 3시간에서 7시간까지 늘 방언으로 날마다 하나님께 기도하는 생활을 하고 있었다.
그러자 하나님께서는 저자가 천국과 지옥을 보여 달라고 간절히 간구한 지 약 한 달 만에 2013년 11월 1일부터 천국을 보여주시기 시작하셨다. 그것은 전적으로 하나님의 은혜였다. 그리고 하나님께서는 지옥도 보여주셨다.

그리하여 저자는 그로 인하여 천국과 지옥 간증 수기를 제 1권에서 제 6권까지 출판하게 되었다. 그중에 제 6권은 지옥편이었다. 주님께서는 저자가 제 1권도 쓰기 전에 이렇게 말씀하셨다.

'너는 7권의 책을 쓰게 될 것이야!'

그런데 그 7권 안에는 지옥편은 들어가지 않았다. 즉 지옥편 외에 저자가 7권을 써야 한다고 하신 것이다.

그러므로 지옥편 외에 이미 5권이 나왔으므로 이제 앞으로 2권이 더 남았다. 그 2권 중에 하나가 이번에 나오는 소제목 '하나님의 인' 이라는 책이다.

하나님께서 저자에게 '계시록 이해' 라는 책에서 지금 우리가 살고 있는 시대가 바로 여섯 번째 인을 뗀 상태라는 것을 알려 주셨지만 이번 하나님의 인이라는 책을 통하여 또한 우리가 살고 있는 시대가 정말 여섯 번째 인을 뗀 상태라는 것을 다시 한 번 확인하는 계기가 되었다. 왜냐하면 계시록 7장에서 하나님의 종들의 이마에 천사들이 살아계신 하나님의 인을 치는 것은 바로 여섯 번째 인을 뗀 후이기 때문이다. 이 사건이 지금 저자의 사역에서 일어남을 목도하였기 때문인 것이다. 할렐루야.

성경에 나오는 하나님의 인에 대하여는 이 책의 Part I 에서 잘 설명하고 있다. 그리고 실제로 저자의 사역에서 일어나는 하나님의 인 사역에 대하여서는 이 책의 Part II에서 기록되고 있다. 그리고 그 인 사역에서 실제로 경험한 체험 사례들이 이 책의 Part III에서 열거하고 있는 것이다.

여기서 정말로 명확히 밝혀두고 싶은 것은 저자는 하나님의 인을 치는 자가 아니다. 하나님의 인을 치는 것은 하나님의 명령을 받은 천사들이 하나님의 종들의 이마에 인을 친다. 저자는 단지 이러한 일들을 하나님께서 저자의 눈을 열어주셔서 눈으로 목격하게 하실 뿐이다.

[왕하 6:13-17]
(13) 왕이 가로되 너희는 가서 엘리사가 어디 있나 보라 내가 보내어 잡으리라 혹이 왕에게 고하여 가로되 엘리사가 도단에 있나이다 (14) 왕이 이에 말과 병거와 많은 군사를 보내매 저희가 밤에 가서 그 성을 에워쌌더라 (15) 하나님의 사람의 수종드는 자가 일찌기 일어나서 나가보니 군사와 말과 병거가 성을 에워쌌는지라 그 사환이 엘리사에게 고하되 아아, 내 주여 우리가 어찌하리이까 (16) 대답하되 두려워하지 말라 우리와 함께 한 자가 저와 함께 한 자보다 많으니라 하고 (17) 기도하여 가로되 여호와여 원컨대 저의 눈을 열어서 보게 하옵소서 하니 여호와께서 그 사환의 눈을 여시매 저가 보니 불말과 불병거가 산에 가득하여 엘리사를 둘렀더라

하나님께서 저자의 눈을 열어주셔서 저자의 사역에 나타나는 하나님의 종들의 이마에 천사들이 나타나서 먹물로 그 이마에 십자가를 그리는 것을 목격할 뿐인 것이다. 할렐루야.

그러면 왜 저자의 사역에 이러한 인 사역이 나타나는가를 질문하였을 때에 주님은 이렇게 말씀하셨다. 집회에 참석한 사람들을 더욱 회개시키고 (이것이 주님께서 저자에게 눈을 열어 지옥을 보게 하셔서 지옥편을 쓰게 하신 이유 중의 하나일 것이다) 또한 주를 위하여 죽을 결단까지 시켜서 인 맞을 자의 조건을 충족시킴으로 말미암아 이 마지막 시대에 살아계신 하나님의 인을 맞는 자의 수를 늘리는데 그 목적이 있다고 하셨다.
와우~ 얼마나 맞는 말씀이신지…….

즉 저자의 사역을 통하여 하나님의 인을 맞는 자의 수를 늘리는데 그 이유가 있다는 것이다. 이것이 내가 집회에서 인 사역을 해야 하는 당위성이다. 즉 하나님께서 원하시기에 하는 것이다. 내 뜻이 아닌 것이다. 할렐루야.

우리는 이 마지막 시대에 왜 우리가 하나님의 인을 맞아야 하는가? 또한 하나님의 인은 무엇인가?
성령의 인과는 어떻게 다른가?
하나님의 인을 맞은 자와 맞지 않은 자의 결말은 어떻게 되는가?
하는 것들이 이 책에 성경을 바탕으로 적혀 있다.

저자가 이 책을 쓰는 이유는 첫째는 주님이 이 책을 발간하기를 원하시기 때문이고 두 번째는 마지막 시대를 살고 있는 우리가 하나님의 인에 대한 중요성을 깨우치기 위한 것이며 세 번째는 이 책을 통하여 지금 현재 천사들이 활동하면서 하나님의 종들의 이마에 살아계신 하나님의 인을 치고 있으므로 우리가 지금 이 시대에 하나님의 인을 맞아야 함을 강조하기 위함이다.

하나님께서는 저자에게 살아계신 하나님의 인을 맞을 조건은 다음과 같다고 말씀하셨다.

1. 철저히 회개하는 자
2. 주를 위하여 죽을 각오가 된 자
3. 노예상태에서 벗어난 자 (술, 담배, 여자, 포르노 등등)
4. 세상에 대한 욕심을 버린 자
5. 하나님만 바라보는 자

이런 자가 되면 예수님께서 천사들을 통하여 그 이마에 인을 쳐 주시겠다고 말씀하셨다.
그러므로 저자의 사역은 집회를 할 때 하나님께서 저자로 하여금 지옥을 보여주어 지옥편을 쓰게 한 그 모든 죄목들을 들추어서 성도들을 회개시키는 동시에 그들로 하여금 주를 위하여 죽을 각오까지 결단시킴으로 말미암아 준비된 자들에게 살아계신 하나님의 인을 맞게 하는데 그 목적이 있는 것이다.

그러나 이 5가지 사항을 만족시키는 자는 어느 곳에 있든지 하나님께서는 천사들을 통하여 그들의 이마에 인을 치신다고 하셨다.

우리는 분명 마지막 시대를 살고 있으며 살아계신 하나님의 인을 우리의 이마에 맞지 못하면 결국은 짐승의 인을 맞게 될 것이다. 왜냐하면 우리는 정말 마지막 시대를 살고 있기 때문이다.

저자는 이 책을 읽는 자들 모두가 우리가 살아계신 하나님의 인을 맞아야 되는 시대에 살고 있으며 또한 그 인을 맞기에 합당하게 자신의 신앙생활을 정리하고 다듬어 나가기를 바라는 마음에서 이 책을 썼음을 고백한다.

하나님께서는 위의 5가지 조건을 만족하는 자에게는 저자의 집회에 오지 아니하여도 세계 어느 곳에 있다 할지라도 분명히 하나님께서는 천사들을 통하여 그 이마에 살아계신 하나님의 인을 칠 것을 확신한다. 그리하여 이 마지막 때에 적그리스도의 대환난 전에 공중 휴거시키시거나 아니면 대환난 때에 강제로 시행하는 짐승의 표 666을 받지 않게 하셔서 반드시 하나님 앞에 승리하는 삶을 살게 하여 주실 것을 확신하는 바이다.
할렐루야.

LA 주님의 사랑교회 **서사라 목사**

목차 | 하나님의 인 +

추천사 1 • 05

추천사 2 • 08

추천사 3 • 11

추천사 4 • 13

추천사 5 • 14

서론 • 18

PART 1 성경에 기록된 하나님의 인

01 계시록 7장에 기록된 하나님의 인
• 34

02 하나님의 인과 성령의 인은 다르다
• 48
(1) 성령으로 인침을 받는다는 것
(2) 그러나 하나님의 인으로 인침을 받는다는 것
(3) 하나님의 인이란?
(4) 결론 : 성령의 인은 다음의 네 가지 이유로 하나님의 인과 다르다.

03 하나님의 인의 의미 : 두 가지
• 57
(1) 재앙을 면한다는 의미가 있다.
(2) 두 번째로 하나님의 인의 의미는 구원을 잃어버리지 않는 것을 의미한다.

04 하나님의 인과 주님의 타작마당
• 70
(1) 주님의 타작마당은 무엇인가?
(2) 주님께서는 어떻게 알곡과 쭉정이를 고르시나?

천국지옥 간증 수기 7
성경편 제4권

05 왜 우리는 하나님의 인을 맞아야 하는가?
· 75

06 하나님의 인이란 하나님의 종들의 이마에 적혀지는 '예수' 라는 이름이다
· 85

07 누가 그 이마에 하나님의 인을 맞는가?
· 91

08 그러면 이 하나님의 인을 맞은 자들은 어떻게 되는가?
· 97
(1) 인 맞은 자들 중에 세마포가 준비된 자들은 대환난 전에 공중휴거가 될 것이다 (이것이 이방인에 대한 첫 번째 휴거로 보여진다.)
(2) 두 증인의 휴거가 있을 것이다.
(3) 대환난 직후 인맞은 유대인 십사만 사천이 휴거된다.
(4) 대환난 때에 순교하는 그룹이 있다.
(5) 대환난 때에 예수 믿는 믿음을 끝까지 포기 하지 않고 살아 남아서 알곡으로 추수되어 진다 (이것이 이방인에 대한 두 번째 휴거이다)

09 그러면 이 하나님의 인을 맞지 않은 자들은 어떻게 되는가?
· 110

10 마지막 시대를 사는 우리는 하나님의 인을 맞아야 첫째 부활에 참여하게 된다
· 113
(1) 첫째 부활에 참여하는 자들은 복이 있어 그리스도와 더 불어 천년왕국에 들어가는 자들이다.
(2) 첫째 부활과 둘째 부활과의 차이
(3) 첫째 부활에 참여하는 자들의 영광

내 사역에 실제로 하나님의 인 사역이 시작되다

01 내 사역에서 하나님의 종들의 이마에 십자가가 그려지는 인 사역이 시작되다
2014. 6. 17 • 124

02 천국지옥 간증 집회를 마치고 각자 회개 기도하는 시간에 천사가 나타나서 교회에 있는 모든 자들의 이마에 먹물로 십자가를 그려주다
2016. 7. 18 • 133

03 주님이 천상에서 내 인 사역을 너무 기뻐하시고 그리고 그 인 사역을 도와줄 40명의 천사들을 보여주시다
2016. 7. 19 • 138

04 수요 예배시간 전에 먹물 색깔의 옷을 입은 천사가 나타나서 내 어머니 권사님에게 그리고 알고 지내는 선교사님의 이마에 먹물로 십자가를 그려주다
2016. 7. 20 • 148

05 기도시간에 주님이 인 사역에 대하여 말씀하시기 시작하시다. 인 맞은 자는 베리칩을 받지 않게 될 것이라 말씀하시다
2016. 7. 21 • 151

06 천상에서 성부 하나님께서 내가 지상에서 인 사역을 감당해야 한다는 것을 확실히 하여 주시다
2016. 7. 21 • 156

07 그 40명의 천사들 중 대장 천사의 이름이 '시온'이라는 것을 알게 되다
2016. 7. 23 • 163

08 주님이 두루마리에 '너는 인 사역을 할 것이다'라고 써주시다
2016. 7. 26 • 168

09 지상에서 인 사역을 할 때에 핍박이 올 텐데 그것으로 인하여 주님은 내게 이기는 자들에게 주어지는 흰 돌을 주시겠다고 하시다
2016. 7. 26 • 173

10 기도시간에 하나님께서 하나님의 인을 맞게 되는 자의 조건과 내가 왜 인 사역을 해야 하는가에 대한 당위성을 말씀하여 주시다
2016. 7. 27 • 177

천국지옥 간증 수기 7
성경편 제4권

11 아리조나 주 집회에서 내가 인 사역을 해야 할 것을 주님이 천상에서 말씀하시다
2016. 8. 2 • 185

12 처음으로 아리조나 주에서 인 사역을 감당하다
2016. 8. 8 • 189

13 주님께서 2016년 10월에 있을 한국집회에서 내가 인 사역을 하게 될 것이라는 것을 주님의 보좌 앞에서 그리고 컨벤션 센터 같은 곳에서 흰 옷 입은 수많은 무리들 앞에서 선포하시다
2016. 8. 23 • 195

14 주님은 내가 지상에서 시온이라는 천사가 주는 쌀과자를 받아먹기를 원하시다.
2016. 8. 29 • 201

15 이마에 십자가가 그려진 후에 사람 몸속에 들어 있는 십자가가 기울어져 있는 것을 보다
2016. 8. 29 • 205

16 (1) 계획된 모든 영혼이 구원받기까지 예수님의 발에서 피가 나다.
(2) 인 사역에 대한 책 표지의 색깔이 청색임을 알게 하시다.
2016. 9. 3 • 208

17 주님이 10월 한국집회에서의 인 사역에 대하여 '내가 손해보지 않게 하라'고 말씀하시다
2016. 9. 7 • 213

18 주님은 '사람들이 믿던 안 믿던 너는 인 사역을 감당하라'고 말씀하시다
2016. 9. 11 • 221

19 주님은 한국집회에서 하나님의 인 사역을 감당하면 나에게 생명의 면류관을 주시겠다고 하신다
2016. 9. 13 • 225

20 주일 찬양예배 시간에 천사 시온이 나타나 이 OO 사모의 이마에 먹물로 십자가를 그리다.
2016. 9. 18 • 230

21 하얀 궁 안에서 인 맞은 자의 이름이 적혀지는 방명록과 같은 인장부를 보다.
2016. 9. 20 • 234

22 그리고 청색 드레스의 의미를 알게 되다.
2016. 9. 20 • 236

23 집회때 반드시 신유와 축사사역을 하라고 큰 황금봉을 주시다.
2016. 9. 22 • 240

24 2016년 10월 한 달간 한국에서 집회를 인도하다.
2016. 10 • 245
(1) 서울 기독교 100주년 기념관에서 집회 마지막 날 하나님의 인 사역을 감당하다
(2) 대전 열방감리교회에서의 집회 마지막 날 하나님의 인 사역을 감당하다.
(3) 영암기도원에서 하나님의 인 사역을 감당하다.
(4) 금산 풍성한 교회에서 마지막으로 한국에서의 집회를 인도하면서 또 인 사역을 감당하다.

25 2016년 10월 한국집회를 다녀온 후에 주님은 내게 인 사역을 잘 감당하였다고 말씀하시다.
2016. 11. 8 • 267

26 (1) 주님께서는 북한 지도 위에 황금성을 보여주심으로 북한에 복음이 들어감을 알게 하시다.
(2) 주님께서 임OO 목사님의 집을 보여 주시다.
2016. 11. 8 • 272

27 (1) 나에게 자꾸 북한 아이들이 보이다.
(2) 천국에서 약을 받아먹다.
2016. 11. 9 • 279

28 북한 아이들을 다시 보다.
2016. 11. 9 • 284

29 2016년 10월 집회 후 주님께서 처음으로 나를 공식적으로 맞아주시다.
2016. 11. 15 • 288

30 주님께서 2017년 1월 2월 한국집회에서도 인 사역을 반드시 감당해야 함을 두루마리에 쓴 것으로 가르쳐 주시다.
2016. 11. 17 • 291

31 (1) 지옥편 다음에 일곱 번째 책의 제목이 '하나님의 인'이라는 것을 알게 하여 주시다.
(2) 북한이 남한의 주도로 통일되어 복음이 들어감을 알게 하여 주시다.
2016. 11. 23 • 298

32 2017년 1월과 2월에 있을 집회를 두고 주님께서는 한국에 많은 영혼들이 나를 기다리고 있다고 말씀하시다.
2016. 12. 1 • 305

33 (1) 주님은 인 사역 때에 주를 위하여 죽을 각오가 된 자들을 불러내라고 말씀하시다.
(2) 주님은 나에게 인 사역을 시키시는 세 가지 이유에 대하여 말씀하시다.
2016. 12. 10 • 306

천국지옥 간증 수기 7
성경편 제4권

34　주님께서 '내가 있어야 할 곳'은 인 사역을 감당하는 하얀 궁전이라 말씀하시다.
2016. 12. 13 • 310

35　(1) 주님께서 집회장소마다 직접 천사들을 데리고 인 사역을 하심을 말씀하시다.
(2) 대환난전 공중휴거 될 자들에게는 하늘에서 세마포가 내려온다.
2016. 12. 15 • 313

36　(1) 천상에서 내 집회장소마다 인 사역을 할 준비가 다 되어 있음을 알게 하시다
(2) 인 사역시 인 맞은 자들의 이름이 올라가는 장부를 하얀 궁 안에서 보다.
2016. 12. 19 • 320

37　2017년 1월과 2월에 있을 한국집회에서 인 사역을 할 때에 주님께서 함께 하시겠다는 약속으로 내 허리에 30cm 넓이의 무지개 링을 감아주시다.
2016. 12. 23 • 323

38　(1) 2017년 1월과 2월 한국 집회에서 인 사역을 감당하다.
(2) 2016년 10월 이후 대전 OO 감리교회에서의 두 번째 인 사역을 하다.
2017. 2. 22 • 327

39　주님께서 우리 이마에 받는 살아계신 하나님의 인이 이 마지막 시대에 알곡과 쭉정이를 가리게 될 것이라 말씀하신다.
2017. 3. 6 • 331

40　주님 보좌 앞에서 흰 말탄 자를 보다.
2017. 3. 7 • 340

41　기도 시간에 주님과 대화가 일어나다.
2017. 3. 10 • 347

42　주님, 이제는 '살아계신 하나님의 인' 사역을 위하여 저를 보내 주소서!
2017. 3. 13 • 356

43　주님께서는 많은 흰 무리들 앞에서 다시 한 번 내가 인 사역을 해야 함을 알게 하시다.
2017. 3. 15 • 358

44　나는 주님께 인 사역할 수 있는 길을 더 많이 열어달라고 부탁드리다.
2017. 3. 17 • 361

45　초원에 많은 양떼를 보여주시다. 내가 맡을 양이라 하신다.
2017. 3. 19 • 366

46　(1) 주님께서 내게 주신 것들을 천상에서 하나씩 보여주시다.
(2) 주님의 보좌 앞에서 흰 말탄 자가

내게 악수를 청하다.
2017. 3. 31 • 368

47 주님께서 내가 인 사역을 하게 될 것이라고 두루마리에 써 주신 것을 내 집에 걸어놓게 하시다.
2017. 4. 7 • 375

48 지상에서 기뻐하는 부활절 날을 천국에서도 기뻐하여 주시다.
2017. 4. 18 • 380

49 주님께서는 곧 미국이 북한을 공격할 것이며 그리하여 남북이 통일될 것을 말씀하시다.
2017. 4. 18 • 383

50 주님은 나를 성밖으로 데리고 가서 사람들을 회개시켜 여기 오지 않게 하라고 말씀하시다.
2017. 4. 19 • 385

51 사도 요한의 집으로 데리고 가셔서 마 24장 7절처럼 우리나라에 전쟁이 날 것을 말씀하여 주시다.
2017. 4. 24 • 390

52 주님은 우리나라에 다시 전쟁이 나서 통일될 것을 보여주시다.
2017. 4. 25 • 393

53 (1) 나라를 주님이 주관하고 계심을 믿으라 하신다.
(2) 내가 할 사역에 대하여 말씀하시다.
2017. 5. 6 • 396

54 주님께서 하얀 궁 안에 있는 인 사역 장부가 많이 비어 있음을 보여주시다.
2017. 5. 11 • 401

55 주님과 함께 6월에 곧 있을 한국집회 전에 사도 바울의 집 선교의 방으로 가다.
2017. 5. 22 • 403

56 주님께서 하나님의 인이라는 책을 쓰면 핍박이 올 것을 알게 하시다.
2017. 5. 25 • 411

천국지옥 간증 수기 7
성경편 제4권

3 PART 한국 집회에서 인 사역할 때의 간증들 모음

01 2016년 10월 집회서, 송 OO 님
• 421

02 주 OO 사모
• 425

03 이 OO 사모님
• 427

04 함안에 사는 허 OO 집사의 간증
• 428

05 손 OO 님
• 432

06 최 OO 권사님
• 434

07 김 OO 사모
• 436

08 정 OO 목사
• 439

09 미국에서 오신 박 OO 집사님의 간증
• 442

10 2017년 6월, 원주 OO교회의 노 OO 목사님 간증
• 445

후기 • 446

후원페이지 • 451

Part 1

성경에 기록된 하나님의 인

01 하나님의 인 ✝

계시록 7장에 기록된
하나님의 인.

[계 7:1-14]
(1) 이 일 후에 내가 네 천사가 땅 네 모퉁이에 선 것을 보니 땅의 사방의 바람을 붙잡아 바람으로 하여금 땅에나 바다에나 각종 나무에 불지 못하게 하더라 (2) 또 보매 다른 천사가 살아 계신 하나님의 인을 가지고 해 돋는 데로부터 올라와서 땅과 바다를 해롭게 할 권세를 얻은 네 천사를 향하여 큰 소리로 외쳐 (3) 가로되 우리가 우리 하나님의 종들의 이마에 인치기까지 땅이나 바다나 나무나 해하지 말라 하더라 (4) 내가 인 맞은 자의 수를 들으니 이스라엘 자손의 각 지파 중에서 인 맞은 자들이 십 사만 사천이니 (5) 유다 지파 중에 인 맞은 자가 일만 이천이요 르우벤 지파 중에 일만 이천이요 갓 지파 중에 일만 이천이요 (6) 아셀 지파 중에 일만 이천이요 납달리 지파 중에 일만 이천이요 므낫세 지파 중에 일만 이천이요 (7) 시므온 지파 중에 일만 이천이요 레위 지파 중에 일만 이천이요 잇사갈 지파 중에 일만 이천이요 (8) 스불론 지파 중에 일만 이천이요 요셉 지파 중에 일만 이천이요 베냐민 지파 중

에 인 맞은 자가 일만 이천이라 (9) 이 일 후에 내가 보니 각 나라와 족속과 백성과 방언에서 아무라도 능히 셀 수 없는 큰 무리가 흰 옷을 입고 손에 종려 가지를 들고 보좌 앞과 어린 양 앞에 서서 (10) 큰 소리로 외쳐 가로되 구원하심이 보좌에 앉으신 우리 하나님과 어린 양에게 있도다 하니 (11) 모든 천사가 보좌와 장로들과 네 생물의 주위에 섰다가 보좌 앞에 엎드려 얼굴을 대고 하나님께 경배하여 (12) 가로되 아멘 찬송과 영광과 지혜와 감사와 존귀와 능력과 힘이 우리 하나님께 세세토록 있을지로다 아멘 하더라 (13) 장로 중에 하나가 응답하여 내게 이르되 이 흰옷 입은 자들이 누구며 또 어디서 왔느뇨 (14) 내가 가로되 내 주여 당신이 알리이다 하니 그가 나더러 이르되 이는 큰 환난에서 나오는 자들인데 어린양의 피에 그 옷을 씻어 희게 하였느니라

성경 전체에서 '하나님의 인'이라는 말이 처음으로 등장하는 곳이 계시록 7장이다. 위 성경에서 말하기는 '살아계신 하나님의 인'을 천사들이 하나님의 종들의 이마에 인을 친다.

여기에서 우리는 '이 하나님의 종들이 누구인가?'를 먼저 살펴보아야 한다.

이 하나님의 종들에 해당하는 자들이 여기 계시록 7장에 나타난 것을 보면 유대인 중에 십사만 사천이 있고 그 다음 계시록 7장 9절에 나오는 각 나라와 족속과 백성과 방언에서 아무라도 능

히 셀 수 없는 큰 무리들이다. 이들은 천상에서 흰 옷을 입고 손에 종려나무 가지를 들고 '보좌와 어린양 앞에서 구원하심이 보좌에 앉으신 하나님과 어린양에게 있도다'라고 노래를 부르고 있다.
즉 셀 수 없는 이 이방인들의 무리가 또한 그들의 이마에 '하나님의 인'을 맞은 하나님의 종들이라 말할 수 있다.

[계 7: 9-10]
(9) 이 일 후에 내가 보니 각 나라와 족속과 백성과 방언에서 아무라도 능히 셀 수 없는 큰 무리가 흰 옷을 입고 손에 종려 가지를 들고 보좌 앞과 어린 양 앞에 서서 (10) 큰 소리로 외쳐 가로되 구원하심이 보좌에 앉으신 우리 하나님과 어린 양에게 있도다 하니

여기서 '이 일 후'란 사도 요한이 유대인들 중에서 그 이마에 하나님의 인을 맞은 십사만 사천을 본 후에 라는 말이다.

그런데 이 흰 옷 입은 무리들이 누구냐 하면 그 다음 계시록 7장 13절과 14절에서 밝히는 바와 같이 큰 환난을 거치면서 어린양의 피에 그 옷을 씻어 희게 만든 자들이다.

그러면 이 큰 환난은 어떤 큰 환난을 말하는가?
그것은 적그리스도의 후삼년 반의 견디기 힘든 그리스도인들에 대한 핍박시대를 의미한다. 즉 적그리스도가 사람들과 7년 언약을 하고 전삼년 반은 비교적 온화한 정책을 쓰다가 후삼년 반부

터는 바다에서 나오는 짐승 즉 악한 영이 그에게로 들어가면 적그리스도가 갑자기 돌변하여 교회를 핍박하고 하나님에 대하여 참람된 말을 하며 그리고 사람들에게는 강제로 짐승의 표, 666을 받게 하는 시기로 보여진다. (서사라 목사의 천국과 지옥 간증수기 제5권 계시록 이해 책의 75p를 참고) 그리하여 이 흰 옷 입은 무리들은 이 핍박의 시기를 거치면서 짐승의 우상에게 절하지도 않고 또 짐승의 표, 666을 이마에나 손에 받지도 않고 살아남은 자들인 것이다. 그리하여 이들은 위의 계시록 7장 9절에서 말하는 것과 같이 하늘로 이끌려 올려져서 보좌 앞과 어린양 앞에 서서 그들을 구원하신 하나님과 어린양에게 노래를 하고 있는 장면을 묘사하고 있는 것이다. 할렐루야.

[계 7:13-14]
(13) 장로 중에 하나가 응답하여 내게 이르되 이 흰옷 입은 자들이 누구며 또 어디서 왔느뇨 (14) 내가 가로되 내 주여 당신이 알리이다 하니 그가 나더러 이르되 이는 큰 환난에서 나오는 자들인데 어린양의 피에 그 옷을 씻어 희게 하였느니라

그런데 계시록 7장에서 이마에 살아계신 하나님의 인을 맞은 그룹들 중에서 유대인의 십사만 사천과 또 이방인 중에서 능히 셀 수 없는 흰 옷 입은 무리들 외에 또 한 그룹이 있는데 이 그룹은 여기 계시록 7장에서 언급되지 않고 있다. 그런데 이들은 누구냐 하면 적그리스도의 후삼년 반이 시작되기 전에 공중휴거 되는

그룹인 것이다.

성경은 데살로니가전서 4장 16-17절에서 우리에게 반드시 공중휴거가 있을 것을 말하여 주고 있다.

공중휴거 때에는 예수 그리스도께서 죽은 자들을 먼저 부활시켜서 구름 위에 태우시고 공중에 강림하신다. 이 때에 지상에서 공중으로 휴거되는 자들이 있는데 바로 이 휴거되는 자들이 또한 그들의 이마에 살아계신 하나님의 인을 맞은 자들인 것이다. 이들은 주님 강림하시는 그날에 그 몸이 죽고 썩고 없어질 몸에서 영원히 죽지 않고 썩지 않을 몸으로 홀연히 변화하여 공중에 강림하신 주님을 구름 위에서 만나게 되는 것이다.

그런데 이 대환난 전에 공중휴거 되는 그 그룹이 지금 계시록 7장에서는 빠져 있는 것이다. 그리하여 이것에 대하여 하나님께서는 이미 나에게 말씀하시기를 계시록에서는 공중휴거가 숨겨져 있다고 하셨다 (서사라 목사의 천국지옥간증수기 제 5권 계시록 이해의 책 87. 대환난 전에 있을 공중휴거가 대환난 후에 일어나는 추수(휴거)와 어떻게 다른가? 88. (i) 공중휴거가 대환난 전인 이유 중 또 하나 : 주님께서 말씀하신 한국전쟁-휴거-표의 순서이다. 91. 성부 하나님께서 '공중 휴거가 반드시 있으되 계시록에서는 내가 숨겨두었느니라' 말씀하시다 를 참고).

[살전 4:16-17]
(16) 주께서 호령과 천사장의 소리와 하나님의 나팔로 친히 하늘로 좇아 강림하시리니 그리스도 안에서 죽은 자들이 먼저 일어나

고 (17) 그 후에 우리 살아 남은 자도 저희와 함께 구름 속으로 끌어 올려 공중에서 주를 영접하게 하시리니 그리하여 우리가 항상 주와 함께 있으리라

그러므로 이 계시록 7장에서 말하는 살아계신 하나님의 인을 맞은 그룹은 크게 세 그룹으로 나눌 수 있다.

1. 유대인중 하나님의 인을 맞은 자가 십사만 사천이다.
2. 이방인들 중에서 예수 그리스도 공중강림시 휴거 되는 그룹이 또 하나님의 인을 맞은 자들이다.
3. 이방인들 중에서 공중으로 휴거 되지 못하고 큰 환난을 통과하면서 결코 짐승의 표 666을 이마나 손에 받지 않아 어린양의 피에 그 옷을 씻어 희게 한 그룹이다.

이전에도 다루었듯이 우리는 현재 지금 여섯째 인을 뗀 상태에서 살고 있다 (서사라 목사의 천국지옥간증수기 제 2권 60. 내가 쓰는 천국과 지옥 간증 책이 인간 창조역사관에 보관될 것을 말씀하시다 와 제 5권 계시록 이해의 책 42. 하나님의 종들의 이마에 인치기까지 땅이나 바다나 나무나 해하지 말라 를 참조).

이 계시록 7장은 바로 여섯째 인을 뗀 후 그리고 일곱째 인을 떼기 전에 일어나는 일을 기록하고 있는 것이다.

그러므로 현재 우리는 이 마지막 시대를 살면서 곧 일곱째 인이 떼어지면 나팔재앙들이 시작하고 여섯째 나팔이 불리면 연월일시에 인간의 1/3이 죽는 전쟁이 일어나고 그 후에 두 증인이 나타나는데 이 두 증인은 적그리스도의 전삼년 반 동안에 예언하는 사역을 하게 된다. 그러므로 적그리스도가 나타나는 시기와 두 증인의 활동이 시작되는 시기가 동일하다고 보면 된다.

[단 9:27]
그가 장차 많은 사람으로 더불어 한 이레 동안의 언약을 굳게 정하겠고 그가 그 이레의 절반에 제사와 예물을 금지할 것이며 또 잔포하여 미운 물건이 날개를 의지하여 설 것이며 또 이미 정한 종말까지 진노가 황폐케 하는 자에게 쏟아지리라 하였느니라

즉 적그리스도가 나타나면서 세상 사람들과 7년 언약을 맺는다. 바로 이 때에 또 두 증인이 나타날 것이다. 이것이 여섯째 나팔이 불린 후이다. 그리고 일곱째 나팔이 불리워지면 이제 바다에서 짐승이 올라와서 이 짐승은 이미 지구상에 존재하는 적그리스도에게 들어가서 이 적그리스도가 후삼년 반을 시작하게 한다. 그리하여 이 짐승이 들어간 적그리스도는 두 증인을 죽인다. 그리고 그의 후삼년 반을 시작하는 것이다.

그리고 계시록 3장 10절은 공중휴거가 적그리스도의 후삼년 반이 시작되기 전에 있을 것을 암시하고 있다.

[계 3:10]
네가 나의 인내의 말씀을 지켰은즉 내가 또한 너를 지키어 시험의 때를 면하게 하리니 이는 장차 온 세상에 임하여 땅에 거하는 자들을 시험할 때라

이 때에 살아계신 하나님의 인을 맞은 그룹 중에서 신부의 자격이 있는 자들이 공중휴거가 될 것이다. 그리고 공중휴거 되지 못한 자들은 적그리스도의 후삼년 반 동안의 큰 환난 즉 대환난 속으로 들어가게 되는데 그 환난을 지나면서 그들의 옷을 어린 양의 피로 빨게 된다. 그리고 적그리스도의 후삼년 반이 시작될 때에 두 증인의 부활도 있는 것을 우리는 주시하여야 할 것이다.

그리고 유대인들 중에서 살아계신 하나님의 인을 맞은 십사만 사천은 적그리스도의 후삼년 반 동안 핍박을 당하지 않고 하나님께서 그들을 위하여 특별히 광야에 마련한 예비처에서 특별교육을 받게 한다. 다음은 이것을 뒷받침하는 성경구절들이다.

[계 12:1]
하늘에 큰 이적이 보이니 해를 입은 한 여자가 있는데 그 발 아래는 달이 있고 그 머리에는 열 두 별의 면류관을 썼더라

여기서 여자는 이스라엘을 말한다. (서사라 목사의 천국과 지옥 간증수기 제5권 계시록 이해 책의 264,330p를 참고)

[계 12:6]
그 여자가 광야로 도망하매 거기서 일천 이백 육십일 동안 저를 양육하기 위하여 하나님의 예비하신 곳이 있더라

일천 이백 육십일은 정확히 삼년반이다. 이는 적그리스도의 핍박이 심한 후삼년 반을 말한다.

[계 12:14]
그 여자가 큰 독수리의 두 날개를 받아 광야 자기 곳으로 날아가 거기서 그 뱀의 낯을 피하여 한 때와 두 때와 반 때를 양육 받으매

그리고 이 십사만 사천은 이렇게 한 때, 두 때, 반 때를 광야의 예비처에서 양육을 받은 후에 적그리스도의 후삼년 반이 끝나자마자 그들은 하나님 앞으로 처음 익은 열매로서 올라가는 것이다. 할렐루야. 이들이 올리워질 때에 물론 이들은 부활체로 올라간다.

[계 14:1-5]
(1) 또 내가 보니 보라 어린 양이 시온산에 섰고 그와 함께 십 사만 사천이 섰는데 그 이마에 어린 양의 이름과 그 아버지의 이름을 쓴 것이 있도다 (2) 내가 하늘에서 나는 소리를 들으니 많은 물소리도 같고 큰 뇌성도 같은데 내게 들리는 소리는 거문고 타는 자들의 그 거문고 타는 것 같더라 (3) 저희가 보좌와 네 생물과 장로들 앞에서 새 노래를 부르니 땅에서 구속함을 얻은 십 사만 사천인 밖에

는 능히 이 노래를 배울 자가 없더라 (4) 이 사람들은 여자로 더불어 더럽히지 아니하고 정절이 있는 자라 어린 양이 어디로 인도하든지 따라가는 자며 사람 가운데서 구속을 받아 처음 익은 열매로 하나님과 어린 양에게 속한 자들이니 (5) 그 입에 거짓말이 없고 흠이 없는 자들이더라

그 다음은 계시록 14장에서 이방인들의 능히 셀 수 없는 무리 (계시록 7장) 가 휴거 되는 것이다. 즉 계시록 14장 14-16절에 구름 위에 앉은 이가 이한 낫으로 땅에 익은 곡식을 추수하는 장면이 나온다. 이들은 바로 계시록 7장에서 말하는 하나님의 인을 맞은 큰 환난에서 나오는 흰 옷 입은 무리들로서 살아 있는 상태에서 홀연히 변화하여 부활체로 올라가는 것이다. 이들은 적그리스도의 후삼년 반 동안에 짐승이나 그 우상에게 절하지 않고 그리고 짐승의 표인 666을 이마나 손에 받지 아니한 자들로 끝까지 예수 믿는 믿음을 지키는 자들인 것이다 (서사라 목사의 천국과 지옥간증 수기 제 5권 계시록 이해 책의 87. 대환난 전에 있을 공중휴거가 대환난 후에 일어나는 추수 (휴거) 와 어떻게 다른가? 와 200. (ii) 두 번의 휴거 중 대환난 후에 휴거는 주님의 타작마당을 정하게 하는 것과 일치함을 알게 하시다 를 참조).

[계 14:14-16]
(14) 또 내가 보니 흰 구름이 있고 구름 위에 사람의 아들과 같은 이가 앉았는데 그 머리에는 금 면류관이 있고 그 손에는 이한 낫을

가졌더라 (15) 또 다른 천사가 성전으로부터 나와 구름 위에 앉은 이를 향하여 큰 음성으로 외쳐 가로되 네 낫을 휘둘러 거두라 거둘 때가 이르러 땅에 곡식이 다 익었음이로다 하니 (16) 구름 위에 앉으신 이가 낫을 땅에 휘두르매 곡식이 거두어지니라

그런데 여기서 적그리스도의 후삼년 반 동안에 순교당한 이들이 이 흰 옷 입은 무리에 속하지는 않은 것으로 봄이 옳다.
왜냐하면 계시록 14장 14-16절에서 추수되는 곡식 즉 알곡들은 살아 있는 자들로서 순식간에 부활체로 변하여 올라가기 때문이다. 그러나 순교자들은 부활되어 올라가는 것이 아니라 단지 죽어서 영체로 올라가므로 이들의 부활은 계시록 20장에서 천년왕국 들어가기 바로 전에 부활하는 것으로 나온다.

[계 20:4]
(4) 나는 또 많은 높은 좌석과 그 위에 앉아 있는 사람들을 보았습니다. 그들은 심판할 권한을 받은 사람들이었습니다. 또 예수께서 계시하신 진리와 하나님의 말씀을 전파했다고 해서 목을 잘리운 사람들의 영혼을 보았습니다. 그들은 그 짐승이나 그의 우상에게 절을 하지 않고 이마와 손에 낙인을 받지 않은 사람들입니다. 그들은 살아나서 그리스도와 함께 천 년 동안 왕노릇을 하였습니다 (공동번역).

할렐루야.

그러므로 이 보좌에 앉은 자들은 이미 부활하여 하늘로 올리워진 그룹들이고 그리고 적그리스도의 후삼년 반 동안에 순교한 자들이 또 하나의 그룹으로 이들은 이 지상에 천년왕국이 이루어질 때 바로 그 전에 부활의 몸을 입는 것을 말하고 있다.

그러면 이미 부활되어 올리워져서 보좌에 앉은 그룹들이 누구냐 하면
1. 공중휴거 된 자들 (적그리스도의 후삼년 반 직전에 부활되어 휴거 된다.)
2. 두 증인 (적그리스도의 후삼년 반이 시작하면서 부활되어 휴거 된다.)
3. 십사만 사천 (적그리스도의 후삼년 반 후에 부활되어 휴거된다.)
4. 계시록 14장 14-16절에 곡식으로 추수되는 자들 (적그리스도의 후삼년 반 후에 부활되어 휴거 된다.)

이 네 그룹이다.

이 네 그룹은 이기는 자들로서 주님의 보좌에 앉게 될 것이다.

[계 3:21]
이기는 그에게는 내가 내 보좌에 함께 앉게 하여주기를 내가 이기고 아버지 보좌에 함께 앉은 것과 같이 하리라

그래서 이들은 계시록 20장에서 말하는 보좌에 앉은 자들로서 심판하는 권세를 갖고 있다. 그리하여 이미 부활의 몸을 가진 이 네 그룹과 그리고 후삼년 반에 순교한 자들이 천년왕국 바로 들어가기 전에 부활되어 주님과 함께 천년왕국으로 들어가는 것이다. 그리하여 이 모든 그룹이 다 같이 첫째 부활에 참가하고 나머지는 천년이 차기까지 부활하지 못하는 것이다. 할렐루야.

[계 20:5-6]
(5) (그 나머지 죽은 자들은 그 천년이 차기까지 살지 못하더라) 이는 첫째 부활이라 (6) 이 첫째 부활에 참예하는 자들은 복이 있고 거룩하도다 둘째 사망이 그들을 다스리는 권세가 없고 도리어 그들이 하나님과 그리스도의 제사장이 되어 천년 동안 그리스도로 더불어 왕 노릇 하리라

그러므로 하나님의 인을 맞는 하나님의 종들은 결국 천년왕국에 들어가는 자들로서 첫째 부활에 속하는 자들이며 이들은 또한 이기는 자의 부류에 속하는 자들인 것이다. 이 이기는 자의 조건을 계시록 14장 12절에서 아주 간략하고 짧게 단적으로 말하고 있음을 본다.

[계 14:12]
성도들의 인내가 여기 있나니 저희는 하나님의 계명과 예수 믿음을 지키는 자니라

즉 이기는 자의 조건은 하나님의 계명을 지켜야 하고 또한 예수 믿는 믿음을 끝까지 지키는 자들인 것이다. 할렐루야.

하나님의 인과
성령의 인은 다르다.

1) 성령으로 인침을 받는다는 것

(1) 다음 성경구절들은 성령으로 인침을 받는다는 것이 무엇인지를 말하여 준다.

우리가 성령으로 인침을 받는다고 하는 것은 우리가 예수 그리스도의 구원의 복음을 듣고 그를 우리의 구세주로 영접하면 우리는 성령으로 인침을 받게 되는 것이다.

[행 2: 38]
베드로가 가로되 너희가 회개하여 각각 예수 그리스도의 이름으로 세례를 받고 죄 사함을 얻으라 그리하면 성령을 선물로 받으리니

[엡 1:13]
그 안에서 너희도 진리의 말씀 곧 너희의 구원의 복음을 듣고 그 안에서 또한 믿어 약속의 성령으로 인치심을 받았으니

[고후 1:2]
저가 또한 우리에게 인치시고 보증으로 성령을 우리 마음에 주셨느니라

(2) 또한 성령의 인침을 받는다는 것은 성령으로 세례를 받는 것이라고 말할 수 있다.

즉 우리가 예수를 믿으면 선물로 성령님이 우리 안에 들어오시는데 그것을 성령세례라고도 한다는 것이다.

[막 1:8]
나는 너희에게 물로 세례를 주었거니와 그는 성령으로 너희에게 세례를 주시리라

[행 1:5]
요한은 물로 세례를 베풀었으나 너희는 몇 날이 못되어 성령으로 세례를 받으리라 하셨느니라

[고전 12:13]
우리가 유대인이나 헬라인이나 종이나 자유자나 다 한 성령으로 세례를 받아 한 몸이 되었고 또 다 한 성령을 마시게 하셨느니라

2) 그러나 하나님의 인으로 인침을 받는다는 것

계시록 7장에서 보면 하나님의 종들의 이마에 치는 것이다.

[계 7:2-3]
(2) 또 보매 다른 천사가 살아 계신 하나님의 인을 가지고 해 돋는 데로부터 올라와서 땅과 바다를 해롭게 할 권세를 얻은 네 천사를 향하여 큰 소리로 외쳐 (3) 가로되 우리가 우리 하나님의 종들의 이마에 인치기까지 땅이나 바다나 나무나 해하지 말라 하더라

이 세상에는 딱 두 종류의 종들밖에 없는데 그것은 사단의 종들과 하나님의 종들이다. 하나님의 종들은 이미 그들이 예수를 믿을 때에 성령의 인침을 받은 자들을 말한다.
그러므로 계시록 7장 3절에서 하나님의 종들의 이마에 인을 친다는 것은 이미 성령의 인을 받은 자들에게 하나님의 인을 친다는 것이다.

계시록 7장은 여섯째 인이 떼어지고 난 이후의 일이며 이 사건은 일곱째 인이 떼어지기 전에 천사들이 하나님의 인을 가지고 와서 하나님의 종들의 이마에 친다는 것이다.
그런 후에 일곱째 인이 떼어지면 반시간 동안 고요한 시간이 있고 그 다음 나팔재앙이 시작된다.
우리는 아직 나팔재앙이 일어나는 시기에 와 있지 않다. 왜냐하

면 첫째 나팔이 불리면 땅 1/3이 불에 타야 하기 때문이다. 그런데 땅 1/3이 아직 불에 타지 않았다. 그러므로 우리가 현재 여섯째 인이 떼어진 상태에서 천사들이 돌아다니면서 하나님의 종들의 이마에 인을 치는 이런 시대에 살고 있는 것이다.

이 여섯째 인이 떼어진 후에 천사들이 하나님의 종들의 이마에 인을 치는데 유대인 중에서 인 맞은 자가 십사만 사천이고 그다음 이방인들이 계시록 7장 9절에 나오는 능히 셀 수 없는 큰 무리들이다. 이 무리는 이미 큰 환난 (적그리스도의 후삼년 반을 지나온) 에서 나오는 자들이며 이 무리의 숫자에는 인 맞은 이방인들 중에서 적그리스도의 후삼년 반 직전에 공중휴거 되는 자들과 또한 적그리스도의 후삼년 반 동안에 순교한 자들은 이 무리에서 빠져 있는 것이다.

그리고 계시록 7장에서 나오는 능히 셀 수 없는 흰 옷 입은 이방인의 무리는 적그리스도의 후삼년 반 동안에 짐승과 그 우상에게 절하지 않고 또한 짐승의 표 666을 끝까지 이마에나 손에 받지 않은 자들로서 이들은 익은 곡식들로서 구름 위에 앉은 이가 이한 낫을 가지고 추수할 때 하늘로 올리워지는 자들인 것이다 (계시록 14장 14-16절).

[계 14:14-16]
(14) 또 내가 보니 흰 구름이 있고 구름 위에 사람의 아들과 같은 이가 앉았는데 그 머리에는 금 면류관이 있고 그 손에는 이한 낫을 가졌더라 (15) 또 다른 천사가 성전으로부터 나와 구름 위에 앉은

이를 향하여 큰 음성으로 외쳐 가로되 네 낫을 휘둘러 거두라 거둘 때가 이르러 땅에 곡식이 다 익었음이로다 하니 (16) 구름 위에 앉으신 이가 낫을 땅에 휘두르매 곡식이 거두어지니라

3) 하나님의 인이란?

하나님의 종들의 이마에 적혀지는 '예수'라는 이름이다.

계시록 7장에 나온 그 이마에 인 맞은 유대인들의 숫자 즉 십사만 사천이 나오는데 이들의 이마에 무엇이 적혀 있는가 하는 것은 계시록 14장의 1절에 보면 나와 있다. 그것은 어린 양의 이름과 그 아버지의 이름인 것이다.

[계 14:1]
또 내가 보니 보라 어린 양이 시온산에 섰고 그와 함께 십 사만 사천이 섰는데 그 이마에 어린 양의 이름과 그 아버지의 이름을 쓴 것이 있도다

그러므로 계시록 7장에서 천사들이 돌아다니면서 하나님의 종들의 이마에 인을 치는 것이 바로 이 십사만 사천의 이마에 적혀 있는 어린양의 이름과 그 아버지의 이름인 것이다. 할렐루야.
그런데 우리가 알다시피 어린 양의 이름도 '예수'이고 또 그 아버

지의 이름도 '예수'이다.
어찌하여 그런가 하면 이사야 9장 6절이 그렇게 말한다.

[사 9:6]
이는 한 아기가 우리에게 났고 한 아들을 우리에게 주신 바 되었는데 그 어깨에는 정사를 메었고 그 이름은 기묘자라, 모사라, 전능하신 하나님이라, 영존하시는 아버지라, 평강의 왕이라 할 것임이라

즉 우리에게 주어지는 한 아들이 전능하신 하나님이고 그리고 영존하시는 아버지인 것이다. 그러므로 그 이름은 우리가 잘 아는 '예수'라는 이름인 것이다.
이 '예수'라는 이름은 '자기 백성을 죄에서 구원할 자'라고 하는 뜻을 가지고 있다. 그러므로 계시록 7장에 천사들이 돌아다니면서 하나님의 종들의 이마에 하나님의 인을 치는데 그 하나님의 인이 바로 '예수'라는 이름인 것이다. 할렐루야.

그러므로 하나님의 인이란 하나님의 종들의 이마에 적혀지는 '예수'라는 이름이다.

4) 결론 : 성령의 인은 다음의 네 가지 이유로 하나님의 인과 다르다.

제법 많은 사람들이 말하기를 성령의 인을 받은 사람은 대환난

때에 성령께서 지켜 주실 것이기 때문에 짐승의 우상에게 절하지도 않고 또 짐승의 표인 666을 안 받게 될 것이라고 말을 한다. 그러나 그들은 그 때가 되면 성령께서 나를 지켜 주실 것이므로 괜찮다라고 말하는 사람들이다. 그런데 나는 오히려 이렇게 편하게 생각하는 사람들이 당장 그 때가 오면 하나님을 배반하고 즉 믿음을 배반하고 짐승과 짐승의 우상에게 절하고 짐승의 표 666을 받을 가능성이 더 많다고 생각한다.

얼핏 들으면 이들의 말은 그들의 믿음이 너무나 좋은 것처럼 들리게 한다. 왜냐하면 성령님이 그들이 666 표를 안 받게 지켜 주실 것이라고 믿기 때문이다. 그런데 사실 이런 사람들은 그 때 일은 그 때 일, 그냥 그렇게 생각하면서 그런 일이 일어나지 않기를 바란다. 그리고 아예 그런 일에 대하여 생각조차 하기 싫어한다. 그러나 이 마지막 때에 그 때가 되면 막연히 성령님이 나를 도와주실 것이라고 믿고 사는 자들은 내가 보기에는 '나는 어떠한 일이 있더라도 주를 배반하지 않을 것이야'하고 스스로 하나님께 다짐하고 결심하고 살아가는 자들보다 실제로 그 때가 오면 이들은 더 쉽게 하나님을 배반하게 될 것임에 틀림이 없다. 그리고 그렇게 쉽게 말하는 사람들 중의 한 부류는 또 이렇게 말하기도 한다.

'성령의 인을 받았으면 됐지 무슨 또 하나님의 인이냐?' 하면서 그들은 성령의 인이 하나님의 인이라고 말한다.

그러나 예수를 믿을 때 받는 성령의 인은 계시록 7장에서 나오는 하나님의 인과는 전혀 다른 이유가 다음 네 가지로 볼 수 있다.

1. 성령의 인은 우리가 예수를 믿고 죄사함을 받을 때 받는 선물인데 이것은 성령님이 예수 믿는 우리 영 안에 들어오시는 것이다. 그리고 이 성령의 인의 의미는 '너는 내 것이다'라는 것이다. 그리고 우리는 이것을 '성령세례'라고도 한다.

그러므로 성령의 인은 예수를 믿고 죄사함을 받는 모든 자들이 받는 것이다. 그리하여 성령으로 인침을 받는다는 것은 성령님이 우리 영 안에 들어오시는 것이다.
그러나 우리는 우리의 영이 우리의 몸 안 어디에 있는지 모른다. 그러나 분명한 것은 우리의 영은 우리 안에 있다는 것이다.

그런데 하나님의 인이 성령의 인과 다른 점은 계시록 7장에서 말하고 있듯이 하나님의 종들의 이마에 치는 것이다.

즉 그러므로 성령의 인과 하나님의 인은 다르다.

2. 두 번째로 성령의 인과 하나님의 인이 다른 점은 성령의 인은 성령 하나님이 우리 영 안에 들어오시는 것이지만 그러나 하나님의 종들의 이마에 쳐지는 하나님의 인은 어린 양의 이름과 그 아버지의 이름 자체이다.

즉 하나는 우리 안에 들어오시는 인격체이신 하나님이시고 다른 하나는 이마에 적혀지는 그분의 이름인 것이다. 그러므로 성령의 인과 하나님의 인은 다르다.

3. 세 번째로 성령의 인과 하나님의 인이 다른 점은 계시록 7장 2절과 3절에서 보면 하나님의 인은 하나님의 종들의 이마에 쳐지는 것이다.

성령의 인은 예수 믿지 않던 자가 예수를 믿게 될 때에 받게 되는 것이고 하나님의 인은 이미 성령의 인을 받은 예수를 믿는 자 즉 하나님의 종들의 이마에 받는 것이다. 그러므로 이들은 서로 다르다.

4. 네 번째 이유는 '성령의 인'은 신약에서 예수님이 승천하시고 난 이후 성령강림하시고 난 다음에 지금까지 살아온 모든 예수 믿는 자가 받는 것이지만 '하나님의 인'은 마지막 시대 여섯째 인을 뗀 상태에서 받게 되는 것이다. 그러므로 성령의 인과 하나님의 인은 반드시 다르다.

 하나님의 인 +

하나님의 인의 의미 : 두 가지

1) 재앙을 면한다는 의미가 있다.

(1) 먼저 신약에서 그 의미를 찾아본다.
여섯째 인을 뗀 후에 일어나는 계시록 7장에서 나오는 하나님의 인을 맞은 자들은 다섯째 나팔이 불리워지면 무저갱에서 올라오는 황충들이 올라오는데 이들에 의한 재앙을 면하게 된다.

[계 9:1-10]
(1) 다섯째 천사가 나팔을 불매 내가 보니 하늘에서 땅에 떨어진 별 하나가 있는데 저가 무저갱의 열쇠를 받았더라 (2) 저가 무저갱을 여니 그 구멍에서 큰 무의 연기 같은 연기가 올라오매 해와 공기가 그 구멍의 연기로 인하여 어두워지며 (3)또 황충이 연기 가운데로부터 땅 위에 나오매 저희가 땅에 있는 전갈의 권세와 같은 권세를 받았더라 (4) 저희에게 이르시되 땅의 풀이나 푸른 것이나 각종 수목은 해하지 말고 오직 이마에 하나님의 인 맞지 아니

한 사람들만 해하라 하시더라 (5)그러나 그들을 죽이지는 못하게 하시고 다섯달 동안 괴롭게만 하게 하시는데 그 괴롭게 함은 전갈이 사람을 쏠 때에 괴롭게 함과 같더라 (6) 그날에는 사람들이 죽기를 구하여도 얻지 못하고 죽고 싶으나 죽음이 저희를 피하리로다 (7) 황충들의 모양은 전쟁을 위하여 예비한 말들 같고 그 머리에 금 같은 면류관 비슷한 것을 썼으며 그 얼굴은 사람의 얼굴 같고 (8) 또 여자의 머리털 같은 머리털이 있고 그 이는 사자의 이 같으며 (9) 또 철흉갑 같은 흉갑이 있고 그 날개들의 소리는 병거와 많은 말들이 전장으로 달려 들어가는 소리 같으며 (10) 또 전갈과 같은 꼬리와 쏘는 살이 있어 그 꼬리에는 다섯달 동안 사람들을 해하는 권세가 있더라

그러므로 오직 인 맞지 아니한 자들만 무저갱에서 나오는 황충들에 의하여 그 재앙을 당하는 것이다. 이 황충들은 인 맞지 아니한 사람들을 다섯 달 동안 전갈이 무는 것처럼 괴롭히는데 이 때 사람들은 너무 괴로워 죽고 싶어도 죽지 못한다고 성경은 기록하고 있다. 그러므로 하나님의 인을 맞은 자들은 이 황충 재앙을 피할 수 있다.

(2) 구약에서는 재앙을 피하는 의미를 약 세군데서 살펴볼 수가 있다.
첫째, 구약 출애굽기 12장에서 그 의미를 살펴볼 수 있다.
즉 하나님께서는 이스라엘 민족을 애굽에서 이끌어 내실 때에

애굽에 치는 마지막 재앙으로 애굽에 난 모든 사람과 동물의 장자를 죽이는 사건이 있었다. 이 때에 이스라엘 민족이 머무는 고센지역에는 하나님께서 장자와 모든 동물의 초태생을 죽이는 죽음의 사자가 그냥 지나갔다. 즉 이들은 하나님이 말씀하신대로 어린 양을 죽여서 그 피를 문설주와 인방에 바른 집은 그 집의 장자와 동물의 초태생이 죽지 않았다. 즉 그 피를 보고 죽음의 사자가 그냥 지나간 것이다.

그리하여 그날에 이스라엘의 모든 장자와 동물들의 초태생은 죽지 않았고 오직 애굽의 모든 집에서 바로의 궁에까지 그 장자와 동물의 초태생들이 죽었던 것이다. 그런 애굽의 모든 장자를 죽인 후에야 애굽의 바로왕이 하나님께 항복하고 이스라엘 민족을 사흘 동안 광야에 하나님께 제사 드리도록 허락한 것이었다. 그리고 결국 하나님께서는 이스라엘 민족을 애굽의 군대로부터 영원히 해방시켰는데 그것은 하나님의 홍해를 가르는 역사를 통하여서였다.

[출 12:1-13]
(1) 여호와께서 애굽 땅에서 모세와 아론에게 일러 가라사대 (2) 이 달로 너희에게 달의 시작 곧 해의 첫 달이 되게 하고 (3) 너희는 이스라엘 회중에게 고하여 이르라 이 달 열흘에 너희 매인이 어린 양을 취할지니 각 가족대로 그 식구를 위하여 어린 양을 취하되 (4) 그 어린 양에 대하여 식구가 너무 적으면 그 집의 이웃과 함께 인수를 따라서 하나를 취하며 각 사람의 식량을 따라서 너희 어린

양을 계산할 것이며 (5) 너희 어린 양은 흠 없고 일년 된 수컷으로 하되 양이나 염소 중에서 취하고 (6) 이 달 십 사일까지 간직하였다가 해 질 때에 이스라엘 회중이 그 양을 잡고 (7) 그 피로 양을 먹을 집 문 좌우 설주와 인방에 바르고 (8) 그 밤에 그 고기를 불에 구워 무교병과 쓴 나물과 아울러 먹되 (9) 날로나 물에 삶아서나 먹지 말고 그 머리와 정강이와 내장을 다 불에 구워 먹고 (10) 아침까지 남겨 두지 말며 아침까지 남은 것은 곧 소화하라 (11) 너희는 그것을 이렇게 먹을지니 허리에 띠를 띠고 발에 신을 신고 손에 지팡이를 잡고 급히 먹으라 이것이 여호와의 유월절이니라 (12) 내가 그 밤에 애굽 땅에 두루 다니며 사람과 짐승을 무론하고 애굽 나라 가운데 처음 난 것을 다 치고 애굽의 모든 신에게 벌을 내리리라 나는 여호와로라 (13) 내가 애굽 땅을 칠 때에 그 피가 너희의 거하는 집에 있어서 너희를 위하여 표적이 될지라 내가 피를 볼 때에 너희를 넘어가리니 재앙이 너희에게 내려 멸하지 아니하리라

즉 우리는 이 사건에서 어린 양의 피는 예수 그리스도의 피를 상징하는데 그 피가 인방과 문설주에 발라진 집은 죽음의 사자가 그 집의 장자와 동물의 초태생을 죽이지 않고 그냥 지나간 것이다. 즉 하나님의 진노를 면했다. 이날을 우리는 passover (유월절) 이라 한다. 이 사건을 통하여 우리는 하나님의 인이 갖는 의미가 하나님의 진노를 피하는 의미가 있다는 사실을 알 수 있는 것이다.
둘째로, 우리는 구약의 에스겔서 9장에 나타난 인의 의미를 볼

수 있다.

[겔 9:1-6]
(1) 그가 또 큰 소리로 내 귀에 외쳐 가라사대 이 성읍을 관할하는 자들로 각기 살륙하는 기계를 손에 들고 나아오게 하라 하시더라 (2) 내가 본즉 여섯 사람이 북향한 윗문 길로 좇아 오는데 각 사람의 손에 살륙하는 기계를 잡았고 그 중에 한 사람은 가는 베옷을 입고 허리에 서기관의 먹 그릇을 찼더라 그들이 들어 와서 놋 제단 곁에 서더라 (3) 그룹에 머물러 있던 이스라엘 하나님의 영광이 올라 성전 문지방에 이르더니 여호와께서 그 가는 베옷을 입고 서기관의 먹 그릇을 찬 사람을 불러 (4) 이르시되 너는 예루살렘 성읍 중에 순행하여 그 가운데서 행하는 모든 가증한 일로 인하여 탄식하며 우는 자의 이마에 표하라 하시고 (5) 나의 듣는데 또 그 남은 자에게 이르시되 너희는 그 뒤를 좇아 성읍 중에 순행하며 아껴 보지도 말며 긍휼을 베 지도 말고 쳐서 (6) 늙은 자와 젊은 자와 처녀와 어린 아이와 부녀를 다 죽이되 이마에 표 있는 자에게는 가까이 말라 내 성소에서 시작할지니라 하시매 그들이 성전 앞에 있는 늙은 자들로부터 시작하더라

하나님께서는 천사들에게 명하여 예루살렘 중에서 그중에 행하는 가증한 일들로 인하여 슬퍼하며 울며 탄식하는 자들의 이마에 먹물로 표를 하라고 하셨다. 그리고서는 이 자들 외에는 다 죽이라고 명령하신 것이다. 즉 이마에 먹물로 표를 받은 자들은 죽

음을 면하였다.

세 번째로, 우리는 기생 라합의 가족이 죽음에서 구원을 받은 것에서 볼 수 있다.

여호수아가 이끄는 이스라엘 민족이 요단강을 건너기 전에 여리고성을 정탐하기 위하여 여호수아는 두 정탐군을 보내었다. 그리고 그들은 기생 라합의 집에 들어갔는데 여리고왕의 군사들이 그들을 찾으러 왔을 때에 라합은 그 두 정탐군을 지붕의 삼대 밑에다가 숨기고 그들이 어디로 갔는지 모른다고 하였다.

[수 2:1-6]
(1) 눈의 아들 여호수아가 싯딤에서 두 사람을 정탐으로 가만히 보내며 그들에게 이르되 가서 그 땅과 여리고를 엿보라 하매 그들이 가서 라합이라 하는 기생의 집에 들어가 거기서 유숙하더니 (2) 혹이 여리고 왕에게 고하여 가로되 보소서 이 밤에 이스라엘 자손 몇 사람이 땅을 탐지하러 이리로 들어 왔나이다 (3) 여리고 왕이 라합에게 기별하여 가로되 네게로 와서 네 집에 들어간 사람들을 끌어내라 그들은 이 온 땅을 탐지하러 왔느니라 (4) 그 여인이 그 두 사람을 이미 숨긴지라 가로되 과연 그 사람들이 내게 왔었으나 그들이 어디로서인지 나는 알지 못하였고 (5) 그 사람들이 어두워 성문을 닫을 때쯤 되어 나갔으니 어디로 갔는지 알지 못하되 급히 따라가라 그리하면 그들에게 미치리라 하였으나 (6) 실상은 그가

이미 그들을 이끌고 지붕에 올라가서 그 지붕에 벌여놓은 삼대에 숨겼더라

그런 후에 기생 라합은 그들이 떠난 후에 이 두 정탐군을 여리고 성벽 위에서 줄을 매달아 성밖으로 나가게 하여 준다. 즉 그들의 생명을 구하여 준 것이다.

라합이 그 두 정탐꾼에게 이렇게 말한다.

[수 2:9-15]
(9) 말하되 여호와께서 이 땅을 너희에게 주신 줄을 내가 아노라 우리가 너희를 심히 두려워하고 이 땅 백성이 다 너희 앞에 간담이 녹나니 (10) 이는 너희가 애굽에서 나올 때에 여호와께서 너희 앞에서 홍해물을 마르게 하신 일과 너희가 요단 저편에 있는 아모리 사람의 두 왕 시혼과 옥에게 행한 일 곧 그들을 전멸시킨 일을 우리가 들었음이라 (11) 우리가 듣자 곧 마음이 녹았고 너희의 연고로 사람이 정신을 잃었나니 너희 하나님 여호와는 상천 하지에 하나님이시니라 (12) 그러므로 청하노니 내가 너희를 선대하였은즉 너희도 내 아버지의 집을 선대하여 나의 부모와 남녀 형제와 무릇 그들에게 있는 모든 자를 살려주어 우리 생명을 죽는데서 건져내기로 이제 여호와로 맹세하고 내게 진실한 표를 내라 (13) (12절에 포함되어 있음) (14) 두 사람이 그에게 이르되 네가 우리의 이 일을 누설치 아니하면 우리의 생명으로 너희를 대신이라도 할 것

이요 여호와께서 우리에게 이 땅을 주실 때에는 인자하고 진실하게 너를 대우하리라 (15) 라합이 그들을 창에서 줄로 달아내리우니 그 집이 성벽 위에 있으므로 그가 성벽 위에 거하였음이라

기생 라합은 이스라엘 민족이 이 가나안 땅을 차지할 것을 미리 알고서 그들이 자기들을 죽이려 할 때에 자신과 자신의 가족을 살려달라고 한다.
즉 그들을 숨겨준 댓가로 자신의 집의 부모와 형제 그리고 그들에 속한 자들을 살려달라고 말한 것이다.
그래서 이 두 정탐군은 기생 라합에게 창문가에 붉은 줄 (이것도 예수그리스도의 피를 상징함) 을 매달아 그들이 가나안의 여리고 안의 모든 자들을 죽일 때에 죽임을 당하지 않도록 다른 집과 구분되게 하라고 말한다. 그리하면 창가에 그 붉은 줄이 매여져 있는 그 집안의 사람들은 다 살리라 라고 말한다.

[수 2:18-21]
(18) 우리가 이 땅에 들어올 때에 우리를 달아내리운 창에 이 붉은 줄을 매고 네 부모와 형제와 네 아비의 가족을 다 네 집에 모으라 (19) 누구든지 네 집 문을 나서 거리로 가면 그 피가 그의 머리로 돌아갈 것이요 우리는 허물이 없으리라 그러나 누구든지 너와 함께 집에 있는 자에게 누가 손을 대면 그 피는 우리의 머리로 돌아오려니와 (20) 네가 우리의 이 일을 누설하면 네가 우리로 서약케 한 맹세에 대하여 우리에게 허물이 없으리라 (21) 라합이 가로

되 너희의 말대로 할 것이라 하고 그들을 보내어 가게하고 붉은 줄을 창문에 매니라

그래서 여호수아는 여리고성이 무너지고 그 안에 있는 모든 자와 동물을 죽일 때에 기생 라합의 집에 있는 자만을 죽이지 말라고 명령하였다. 즉 창문에 붉은 줄을 매단 집은 그 안에 있는 어떤 자도 죽이지 말고 그냥 지나가라고 말한 것이다.

[수 6:17]
이 성과 그 가운데 모든 물건은 여호와께 바치되 기생 라합과 무릇 그 집에 동거하는 자는 살리라 이는 그가 우리의 보낸 사자를 숨겼음이니라

그리고 이 기생 라합의 집 이외에 있는 모든 사람들과 동물들을 칼날로 죽인 것이다.

[수 6:21]
성 중에 있는 것을 다 멸하되 남녀노유와 우양과 나귀를 칼날로 멸하니라

오직 기생 라합의 집에 붉은 줄을 달아내린 그 집의 사람들과 동물들만 살아남은 것이다.

[수 6:25]
여호수아가 기생 라합과 그 아비의 가족과 그에게 속한 모든 것을 살렸으므로 그가 오늘날까지 이스라엘 중에 거하였으니 이는 여호수아가 여리고를 탐지하려고 보낸 사자를 숨겼음이었더라

즉 창문으로 달아내린 붉은 줄 즉 예수 그리스도의 보혈의 피를 상징하는 그 붉은 줄이 그 기생 라합의 집에 들어온 모든 사람의 생명을 구한 것이다.
우리는 여기서도 그 붉은 줄 즉 예수 그리스도의 붉은 피를 상징하는 그 줄 때문에 그 집에 있는 모든 사람들과 동물들이 죽음을 면할 수 있었다.
이것은 바로 출애굽기 12장에 나오는 인방과 문설주에 어린 양의 피를 바른 것과 비슷한 의미를 지닌 것으로 그 붉은 줄을 창문에 맨 집은 죽이지 않고 그냥 지나간 것이다.

2) 두 번째로 하나님의 인의 의미는 구원을 잃어버리지 않는 것을 의미한다.

이것이 어쩌면 더 중요한 의미를 가진다. 왜냐하면 우리가 이 지상에서 생명을 연장하는 것보다 우리가 저 영원한 세상에서 지옥불에 가지 아니하는 것이 더 중요하기 때문이다.
우리는 현재 여섯 째 인을 뗀 마지막 시대에 살고 있다.

그리고 이 여섯째 인을 뗀 후에는 계시록 7장에서 하나님의 종들의 이마에 인을 치는 사건이 일어난다. 그러므로 이 하나님의 인을 이마에 맞는 자들은 '사단의 인'인 짐승의 표 즉 666을 받지 않게 될 것이다.

계시록 7장에서 하나님의 인을 맞은 자들이 다시 계시록 14장에 나타나는 것을 보는데 이 두 장을 연결하여 보면 하나님의 인을 맞은 자들은 사단의 인 즉 666을 받지 않고 순교하거나 아니면 살아남은 자들은 구름 위에 앉은 이에 의하여 이한 낫으로 추수되어지는 것을 볼 수 있다. 이들은 바로 계시록 7장에서 나오는 큰 환난에서 나오는 흰 옷 입은 무리들인 것이다.

그리고 유대인들 중에서 인 맞은 자들인 십사만 사천도 적그리스도의 후삼년 반이 끝나면 곧 바로 처음 익은 열매로 하늘로 올리워진다(계 14:1-5).

그리고 전삼년 반 동안에 하늘 문을 닫아 비가 오지 않게 하고 또 삼년 반 동안 예언하는 두 증인들, 그리고 적그리스도의 후삼년 반의 대환난 직전에 공중휴거 되는 자들, 또한 적그리스도의 후삼년 반 동안에 순교하는 자들, 이들 모두는 다 계시록 7장에서 천사들이 하나님의 종들의 이마에 인을 칠 때에 그 이마에 하나님의 인을 맞은 자들인 것이다. 그래서 이들은 다 하나님께로 올리워지는 것이다. 할렐루야.

그러므로 이마에 하나님의 인을 맞지 않은 자들은 쭉정이들로서 이들은 반드시 사단의 인인 짐승의 표 666을 받게 될 것이다. 그러고서는 그들의 결국은 유황 불못인 것이다.

[계시록 14: 9-11]
(9) 또 다른 천사 곧 세째가 그 뒤를 따라 큰 음성으로 가로되 만일 누구든지 짐승과 그의 우상에게 경배하고 이마에나 손에 표를 받으면 (10) 그도 하나님의 진노의 포도주를 마시리니 그 진노의 잔에 섞인 것이 없이 부은 포도주라 거룩한 천사들 앞과 어린 양 앞에서 불과 유황으로 고난을 받으리니 (11) 그 고난의 연기가 세세토록 올라가리로다 짐승과 그의 우상에게 경배하고 그 이름의 표를 받는 자는 누구든지 밤낮 쉼을 얻지 못하리라 하더라

그러므로 결국 하나님의 인을 맞지 못하면 지옥에 간다. 즉 구원을 잃어버리게 되어 영원한 유황 불못에 던져지는 것이다. 설령 성령의 인을 맞았다 할지라도 이마나 손에 짐승의 표 666을 받는 자들은 받는 순간에 성령이 떠나고, 그럼으로써 받았던 구원을 잃어버리고 유황 불못에 던져지게 되는 것이다(서사라 목사의 천국지옥 간증수기 제 1권에서 25. 주님이 베리칩에 대하여 말씀하시다 를 참조).
그러므로 이 두 번째의 의미 즉 하나님의 인을 받으면 받은 구원을 잃어버리지 않게 되는 의미가 이 땅 위에서의 재앙을 피하는 의미보다 더 큰 의미를 지닌다고 볼 수 있다.

그러나 구약에서 출애굽기 12장에 기록된 어린양의 피를 인방과 문설주에 바름으로 죽음의 사자가 그냥 지나간 것과 또한 에스겔서 9장에서 천사가 예루살렘에서 행하여지는 가증한 일들에

대하여 애통하는 자들의 이마에 인을 친 사건, 그리고 가나안 정탐군 두 명을 숨겨주어 창문에 붉은 줄을 매달아 기생 라합의 가족 전체가 죽지 않게 된 사건, 이들은 사실 상징적으로 보면 영적인 구원을 의미할 수도 있다는 사실을 배제할 수는 없다.

 하나님의 인 +

하나님의 인과
주님의 타작마당

1) 주님의 타작마당은 무엇인가?

우리는 마태복음 3장에서 나타나는 주님의 타작마당이 무엇인가에 대하여 주목을 할 필요가 있다.

[마 3:11-12]
(11) 나는 너희로 회개케 하기 위하여 물로 세례를 주거니와 내 뒤에 오시는 이는 나보다 능력이 많으시니 나는 그의 신을 들기도 감당치 못하겠노라 그는 성령과 불로 너희에게 세례를 주실 것이요 (12) 손에 키를 들고 자기의 타작마당을 정하게 하사 알곡은 모아 곡간에 들이고 쭉정이는 꺼지지 않는 불에 태우시리라

주님의 이 타작마당이 어디에서 나타나냐면 계시록 14장에서 나타나는 것을 알 수 있다. 왜냐하면 성경에는 다 짝이 있기 때문이다.

[사 34:16]
너희는 여호와의 책을 자세히 읽어 보라 이것들이 하나도 빠진 것이 없고 하나도 그 짝이 없는 것이 없으리니 이는 여호와의 입이 이를 명하셨고 그의 신이 이것들을 모으셨음이라

주님의 타작마당의 쭉정이에 대하여서는 계시록 14장에서 이렇게 말하고 있다.

[계 14: 9-11]
(9) 또 다른 천사 곧 세째가 그 뒤를 따라 큰 음성으로 가로되 만일 누구든지 짐승과 그의 우상에게 경배하고 이마에나 손에 표를 받으면 (10) 그도 하나님의 진노의 포도주를 마시리니 그 진노의 잔에 섞인 것이 없이 부은 포도주라 거룩한 천사들 앞과 어린 양 앞에서 불과 유황으로 고난을 받으리니 (11) 그 고난의 연기가 세세토록 올라가리로다 짐승과 그의 우상에게 경배하고 그 이름의 표를 받는 자는 누구든지 밤낮 쉼을 얻지 못하리라 하더라

그리고 주님의 타작마당의 알곡들에 대하여서는 계시록 14장에서 이렇게 말씀하신다.

[계 14:14-16]
(14) 또 내가 보니 흰 구름이 있고 구름 위에 사람의 아들과 같은 이가 앉았는데 그 머리에는 금 면류관이 있고 그 손에는 이한 낫을

가졌더라 (15) 또 다른 천사가 성전으로부터 나와 구름 위에 앉은 이를 향하여 큰 음성으로 외쳐 가로되 네 낫을 휘둘러 거두라 거둘 때가 이르러 땅에 곡식이 다 익었음이로다 하니 (16) 구름 위에 앉으신 이가 낫을 땅에 휘두르매 곡식이 거두어지니라

즉 주님의 타작마당에서의 알곡들은 구름 위에 앉은 이가 이한 낫으로 거두어서 하늘로 올리우는 것이다.

그리고 이 주님의 타작마당의 처음 익은 열매로는 하나님의 인을 맞은 유대인의 십사만 사천인데 이것이 계시록 14장 1절에서 5절까지 기록되고 있다.

[계 14:1-5]
(1) 또 내가 보니 보라 어린 양이 시온산에 섰고 그와 함께 십 사만 사천이 섰는데 그 이마에 어린 양의 이름과 그 아버지의 이름을 쓴 것이 있도다 (2) 내가 하늘에서 나는 소리를 들으니 많은 물소리도 같고 큰 뇌성도 같은데 내게 들리는 소리는 거문고 타는 자들의 그 거문고 타는 것 같더라 (3) 저희가 보좌와 네 생물과 장로들 앞에서 새 노래를 부르니 땅에서 구속함을 얻은 십 사만 사천인 밖에는 능히 이 노래를 배울 자가 없더라 (4) 이 사람들은 여자로 더불어 더럽히지 아니하고 정절이 있는 자라 어린 양이 어디로 인도하든지 따라가는 자며 사람 가운데서 구속을 받아 처음 익은 열매로 하나님과 어린 양에게 속한 자들이니 (5) 그 입에 거짓말이 없고

흠이 없는 자들이더라

즉 계시록 14장은 주님의 타작마당을 말씀하고 있는데 여기에는 처음 익은 열매와 그리고 알곡과 쭉정이에 대하여 기록하고 있는 것을 본다.

2) 주님께서는 어떻게 알곡과 쭉정이를 고르시나?

주님의 타작마당은 적그리스도의 후삼년 반이다. 즉 짐승의 표 666을 받아야 하는 것을 강요당할 때인 것이다. 즉 이 적그리스도의 후삼년 반이 주님의 타작마당이라고 생각하면 된다. 이 기간 동안에 이 기간이 주님의 타작마당인데 짐승의 표 666을 맞는 자와 맞지 아니하는 자로 나뉘게 될 것이다. 그런데 계시록 7장에서 하나님의 인을 맞은 자 중에서 대환난 직전에 일어나는 사건인 공중휴거 때에 휴거 되지 못하고 적그리스도의 후삼년 반을 거쳐야 하는 무리들이 있다. 이들은 이 기간 동안에 (적그리스도의 후삼년 반) 짐승의 표 666을 안 맞고 살아남은 자들로서 계시록 14장의 14-16절에서 말하는 것처럼 이들은 구름에 앉은 이에 의하여 알곡으로 추수되어질 것이다. 그러나 이 기간 동안에 짐승의 표를 맞은 자는 쭉정이로 구분되어 하나님의 진노의 포도주틀에 던져질뿐 아니라 영원한 불못에 던져지게 되는 것이다 (계 14:9-11). 즉 우리 주님은 짐승의 표 666을 가지고 마지막 시대에 알곡과 쭉정이를 가르실 것이다. 할렐루야. 이것이 주님의 타작마당이다.

[마 3:11-12]
(11) 나는 너희로 회개케 하기 위하여 물로 세례를 주거니와 내 뒤에 오시는 이는 나보다 능력이 많으시니 나는 그의 신을 들기도 감당치 못하겠노라 그는 성령과 불로 너희에게 세례를 주실 것이요 (12) 손에 키를 들고 자기의 타작마당을 정하게 하사 알곡은 모아 곡간에 들이고 쭉정이는 꺼지지 않는 불에 태우시리라

 하나님의 인 +

왜 우리는 하나님의 인을 맞아야 하는가?

우리는 종말의 시대 마지막 시대를 살고 있다는 것을 알아야 한다.

[살전 5:4-6]
(4) 형제들아 너희는 어두움에 있지 아니하매 그 날이 도적 같이 너희에게 임하지 못하리니 (5) 너희는 다 빛의 아들이요 낮의 아들이라 우리가 밤이나 어두움에 속하지 아니하나니 (6) 그러므로 우리는 다른 이들과 같이 자지 말고 오직 깨어 근신할지라

그러므로 우리는 늘 깨어 있어서 주님이 다시 오심을 아니 내가 주님을 곧 만나게 될 것을 준비하여야 한다. 물론 우리는 주님이 오시기 전에 이 세상을 떠날 수 있다. 그러나 그 때에도 주님을 곧 만나게 될 것이다.

1) 지금 우리는 어느 시대에 살고 있는가?

계시록을 보면 일곱 인, 일곱 나팔, 일곱 대접 재앙이 차례로 일어나는데 우리는 지금 여섯째 인을 뗀 시대에 살고 있다고 본다.

이 때에 어떤 사건이 일어나느냐 하면 지구 곳곳에서 기근과 지진이 발생한다. 그리고 계시록 7장에 보면 하나님의 종들의 이마에 인을 치는 시기이다.
그래서 계시록 7장에 하나님의 인을 맞는 자들이 누구냐면 유대인은 십사만 사천이 각 지파마다 12,000명씩 맞게 되고 그리고 이 하나님의 인을 맞는 이방인들의 수는 과히 능히 셀 수없는 큰 무리인 것이다.

지금 우리 시대 즉 여섯째 인을 뗀 상태에서 보면 하나님의 종들은 이방인들이 유대인들보다 비교가 안 될 정도로 훨씬 많은 것이 사실이다.

그러면 우리가 이 마지막 시대에 왜 이 하나님의 인을 받아야 하는가 하는 것이다.

2) 왜 이 마지막 시대에 우리는 하나님의 인을 받아야 하는가?

주님은 나에게 천상에서 '베리칩은 666이니라' 라고 가르쳐 주셨다 (서사라 목사의 천국지옥 간증수기 제 1권에서 25. 주님이 베리칩에 대하여 말씀하시다 를 참조).

주님은 천상에서 베리칩은 666이라 하셨고 또한 어느 누구도 베리칩을 받는 순간 그 사람의 주인은 하나님 대신 기계(컴퓨터)로 바꾸어지게 되어서 성령 하나님께서는 그 사람을 떠나게 된다고 말씀하셨다. 그렇게 되면 결국 그 사람은 구원을 잃게 되고 지옥에 가게 되는 것이다.

[계 14:9-11]
(9) 또 다른 천사 곧 세째가 그 뒤를 따라 큰 음성으로 가로되 만일 누구든지 짐승과 그의 우상에게 경배하고 이마에나 손에 표를 받으면 (10) 그도 하나님의 진노의 포도주를 마시리니 그 진노의 잔에 섞인 것이 없이 부은 포도주라 거룩한 천사들 앞과 어린 양 앞에서 불과 유황으로 고난을 받으리니 (11) 그 고난의 연기가 세세토록 올라가리로다 짐승과 그의 우상에게 경배하고 그 이름의 표를 받는 자는 누구든지 밤낮 쉼을 얻지 못하리라 하더라

그래서 우리는 이 여섯째 인을 뗀 시기에 살아계신 하나님의 인을 우리 이마에 받아야 한다. 즉 우리가 성령의 인을 받았다할지라도 이 마지막 시대에 짐승의 표, 666을 받지 않기 위하여 그리하여 구원을 잃어버려 영원한 유황 불못에 들어가지 않기 위하여 살아계신 하나님의 인을 꼭 받아야 하는 것이다.

여기서 사람들이 생각하는 세 가지 오류가 있다.

즉 사람들은 자신들이 성령으로 인침을 받았으면 더 이상 하나님의 인을 받을 필요가 없다고 말하는 사람들이 있다. 그런데 그것은 사실이 아니다.

왜냐하면 한번 성령으로 인침을 받았어도 하나님의 인을 이마에 받아야 이 마지막 시대에 짐승의 표를 받지 않게 되어서 구원을 잃어버리지 않게 되기 때문이다.

두 번째로 사람들은 자신을 어떻게 합리화를 시키느냐면 자신이 성령의 인을 받았으니 표의 시대가 오면 성령 하나님께서 자신이 그 표를 받지 않게 해 주실 것이라고 말한다.

마귀는 어떻게 하면 우리 모두를 지옥으로 끌고 갈까하여 우리를 교묘히 잘 속인다.

세 번째 오류는 사단은 사람들의 분별력을 흐리게 하여 지금 현재 나오고 있는 그리고 일부가 받고 있는 베리칩이 666이 아니고 상징이므로 아무리 많이 받아도 된다고 말한다. 그런데 아니다. 분명히 주님은 나에게 천상에서 '베리칩은 666이니라' 라고 말씀하셨다.

그리고 성경에 비추어 보아도 베리칩은 666일 가능성이 너무나 크다.

왜냐하면 첫째로 이 베리칩은 우리 몸 안에 들어온다는 것이다. 둘째는 이 베리칩에는 매매기능이 있다는 것이다. 셋째는 이 베리칩이 한번 몸에 들어가면 뺄 필요가 없이 자가충전을 해야 하는데 연구결과 가장 좋은 장소가 우리의 이마나 손이라고 나왔다는 것이다. 성경에서도 짐승의 표 666은 우리 이마나 손에 받게 될 것이라 말하는데 이것까지 일치하고 있는 것이다.

[계 13:16-18]
(16) 저가 모든 자 곧 작은 자나 큰 자나 부자나 빈궁한 자나 자유한 자나 종들로 그 오른손에나 이마에 표를 받게 하고 (17) 누구든지 이 표를 가진 자 외에는 매매를 못하게 하니 이 표는 곧 짐승의 이름이나 그 이름의 수라 (18) 지혜가 여기 있으니 총명 있는 자는 그 짐승의 수를 세어 보라 그 수는 사람의 수니 육백 육십 육이니라

즉 이 베리칩은 성경에서 말하는 중요한 것이 다 일치하고 있다. 그런데도 이것이 상징이라고 말하는 자들은 성경을 믿지 아니하는 자들임에 틀림이 없다. 나는 주님께 물어보았다. '주님 저는 베리칩이 666이라는 것이 믿어지는데 왜 다른 사람들은 안 믿나요?' 라고 물었더니 주님께서 이렇게 말씀하셨다. '그것은 믿음의 문제로서 그들은 성경을 100% 믿지 아니하는 자들이다.' 라고 말씀하셨다. 오 마이 갓! 성도들을 가르치는 목자들도 이 성경책을 100% 믿지 아니하는 것이다. 그러므로 소경이 소경을 인도하면 둘 다 구렁텅이에 빠지는 것이다.

우리는 이 베리칩에 매매기능이 있다는 것을 주목해야 한다. 그리하여 현재 이것을 받은 자가 술집이나 마켓에서 돈이나 크레딧카드 없이 손을 흔들어 몸 안에 있는 칩으로 컴퓨터 앞을 지나가게 되면 그 몸에 들어 있는 칩으로 계산을 다 하는 것이다. 즉

이제 지폐나 크레딧카드 필요 없이 이제는 이 베리칩 하나로 물건을 사고 팔 수 있게 되는 것이다. 이것을 받는 자가 점점 늘어나면 나중에는 이 베리칩을 받지 아니하고는 매매를 할 수 없게 될 것이다. 이 베리칩은 다른 이름으로도 나온다. RFID (Radio Frequency ID), Bio-chip (바이오칩), Positive ID (파지티브 아이디) 등의 이름으로 나올 것이다. 그러나 이들은 다 짐승의 표 666인 것이다.

그러므로 여기서 다시 한 번 사람들의 생각의 오류를 짚어본다. 첫 번째 오류는 하나님의 인과 성령의 인은 같다고 생각하는 것이다. 엄연히 다른 것이다. 앞에서 다른 점을 언급하였다 (이 책의 Part I, 2. 하나님의 인과 성령의 인은 다르다 를 참조).
두 번째 오류는 성령의 인만 받으면 마지막 시대에 우리 안에 계신 성령님이 알아서 우리로 하여금 짐승의 표 666을 받지 않게 하실 것이다 라고 말한다. 그런데 아니다. 성령님도 보통의 경우 우리의 의지를 넘어서 역사하시지는 아니하신다. 그러므로 불편함의 이유로 핍박의 이유로 666을 받고자 하는 자들의 의지를 넘어서서 일하시지 아니하신다는 것이다. 그래서 주님은 우리에게 자유의지를 주신 것이다.
세 번째 오류는 지금 나와 있는 베리칩은 짐승의 표 666이 아니고 상징이라는 것이다. 그들은 이렇게 말한다. 앞으로 이 베리칩보다 더 발달된 것이 나올 것인데 이것을 받으면 안 된다라고 말한다. 그러나 지금 나와 있는 베리칩은 한 번이 아니라 만 번이라도 받아도 된다 라고 오히려 목자들이 성도들에게 이렇게 가르치고 있다. 참으로 소경이 소경을 인도하는 격이다. 그런데 이것은 사단의 속임수이다.

예수님이 천상에서 '베리칩은 666이니라' 라고 말씀하신 것을 배제하고서라도 베리칩 자체가 우리 몸 안에 들어와서 이미 매매기능을 발휘하고 있는데 나중에 더 발달된 것 다른 것이 나와서 안 받은 자는 매매를 못하게 할 것이다. 그러므로 지금의 베리칩은 받아도 되고 나중에 나오는 것은 받으면 안 된다 라고 말한다. 너무 말이 안되는 억지이다.

지금 위스콘신 주 어느 회사에서는 고용인들에게 베리칩을 받게 하여 키 없이 손만 갖다 대면 문이 열리고 출석퇴근 체크가 자동적으로 되어지고 간단한 결제도 가능하게 하였다라고 최근 미국 TV에 나왔다. 즉 베리칩은 매매기능이 있는 것이다. 또한 베리칩을 받은 자가 술집에서 이것으로 계산을 하고 있는 것을 이미 TV에서 광고로 내보냈다. 그럼에도 불구하고 어떤 이들은 베리칩보다 더 새로운 정교한 것이 나오면 그 때 가서 그것을 받지 말아야 하고 지금 나오고 있는 베리칩은 만 번이라도 받아도 된다고 말하고 있다는 것이다. 이 얼마나 사단의 말장난인가? 그러면 지금은 베리칩을 넣어도 되고 그리고 그것으로 매매하고 있다가 앞으로 더 정교한 것이 나오면 그때 가서야 그것이 진짜 짐승의 표 666이므로 안 받아야 한다고 말하는 것인가? 이 얼마나 말이 안 되는 억지인가 하는 것이다.

그러므로 예수는 믿지만 (이 경우 성령의 인은 받았다) 그럼에도 불구하고 이 마지막 때에 베리칩은 666이 아니니까 받아도 괜찮다라는 말을 듣고 진짜 그것을 받으면 천상에서 주님이 말씀하신 대로 그것을 받는 순간 성령님이 떠나시는 것이다. 왜냐하면 그것을 받는 순간 그 사람은 기계의 종이 되고 그리고 구원을 잃어버리게 되는 것이다.
또 어떤 사람은 이렇게 말한다. 넣었다가 빼면 되지 않냐고?
그런데 베리칩을 받는 순간 한 번 떠나신 성령님이 다시 돌아오실까하는 것이다.
성령님이 우리에게서 떠나신다는 사실은 생명책에서 우리의 이름이 지워진다는 것을 의미한다.

[계 20:15]
누구든지 생명책에 기록되지 못한 자는 불못에 던지우더라

[히 6:4-6]
(4) 한번 비췸을 얻고 하늘의 은사를 맛보고 성령에 참예한 바 되고 (5) 하나님의 선한 말씀과 내세의 능력을 맛보고 (6) 타락한 자들은 다시 새롭게 하여 회개케 할 수 없나니 이는 자기가 하나님의 아들을 다시 십자가에 못박아 현저히 욕을 보임이라

믿음을 배반하는 것도 타락하는 것이다.

그리고 죄를 계속하여 지으면서 회개하지 않아 양심에 화인 맞

으면 하나님도 그 영혼을 버려서 구원을 잃어버리게 된다. 이런 경우도 그 영혼에게서 성령님은 떠나고 그리고 생명책에서 그의 이름이 지워진다. 그러므로 양심의 소리를 계속 무시하고 죄를 즐기며 짓는 자들이 다 지옥에 와 있다. 그래서 지옥에는 목사, 장로, 집사, 평신도들이 많이 와 있는 것이다 (서사라 목사의 천국지옥 간증수기 제 6권, '지옥편'을 참조).
이들은 예수를 믿을 때에 분명히 성령으로 인침을 받았는데 그 후에 두렵고 떨림으로 구원을 이루어 나가지 않고 회개함이 없이 계속 죄를 지음으로 말미암아 성령님이 떠나 구원을 잃어버리게 되는 경우이다.

그런데 성령의 인을 받은 자가 베리칩을 받는 경우도 마찬가지이다. 예수 믿을 때 성령님이 오셔서 우리 안에 들어오셨으나 그러나 베리칩을 받는 경우에는 성령님이 즉시 떠나시므로 이 때에 구원을 잃어버리게 된다. 그러므로 우리는 절대로 이 베리칩을 받아서는 안 되는 것이다.
왜냐하면 한 번 비췸을 받고 타락하여도 구원을 잃어버리지만 베리칩을 받아도 즉시 성령님이 떠나서 구원을 잃어버리게 되는 것이다. 왜냐하면 주님께서 이 매매기능이 있는 이 베리칩을 666이라고 하셨기 때문이다,

그러므로 우리가 이 베리칩을 우리의 이마에나 손에 받지 않기 위하여 하나님의 인을 받아야 한다. 그렇지 아니하면 사단의 인

666을 받게 될 것이기 때문이다.

이 마지막 시대에는 우리 이마에 하나님의 인 아니면 사단의 인 짐승의 표를 받게 되어 있다 (계7:1-14, 계13:16-18, 계14: 9-11).

 **06** 하나님의 인 +

하나님의 인이란
하나님의 종들의 이마에 적혀지는
'예수' 라는 이름이다.

이 하나님의 인이란 분명히 계시록 14장에서 말하는 십사만 사천의 이마에 적혀지는 어린양의 이름과 그 아버지의 이름이다. 그런데 그 이름은 동일하게 '예수'라는 것을 우리는 알 수 있다.

[계 14:1]
또 내가 보니 보라 어린 양이 시온산에 섰고 그와 함께 십 사만 사천이 섰는데 그 이마에 어린 양의 이름과 그 아버지의 이름을 쓴 것이 있도다

왜냐하면 이사야 9장 6절을 보면
한 아기가 우리에게 주어지는데 그는 전능하신 하나님이신 동시에 영존하는 아버지이시기 때문이다. 그러므로 영존하시는 아버지의 이름과 어린 양의 이름이 동일하게 '예수'인 것이다.
할렐루야.

[사 9:6]
이는 한 아기가 우리에게 났고 한 아들을 우리에게 주신 바 되었는데 그 어깨에는 정사를 메었고 그 이름은 기묘자라, 모사라, 전능하신 하나님이라, 영존하시는 아버지라, 평강의 왕이라 할 것임이라

나는 여러 번 천상에서 예수님이 나를 보고 '나는 여호와니라'라고 하는 말씀을 들었다 (서사라 목사의 천국지옥 간증수기 제 3권 15. 주님이 아브라함에게 나타난 멜기세덱이 '나야'라고 말씀하시다, 제 4권 7. 여호와의 불이 무엇인지 알게 하시다, 그리고 제 5권 141. 백보좌에 앉으시는 분이 주님이심을 밝혀주시다 를 참조). 나는 처음에는 그 말씀에 의아하여 하였으나 그러나 곧 그것을 받아들였다.
왜냐하면 그것이 진실이었기 때문이다.
보통 우리는 여호와는 예수님을 지칭하는 것이 아니라 하나님 아버지의 이름이라고 생각한다. 그러나 나는 예수님께서 직접 천상에서 '나는 여호와니라' 라고 여러 번 말씀하시는 것을 들었다. 즉 예수님 자신이 여호와 하나님이라는 것이다.

즉 구약에서는 마지막 때에 여호와께서 나오셔서 전쟁을 일으키시고 적들을 물리칠 것이며 벌하실 것을 예언하고 있다. 그리고 그 날에 여호와께서 홀로 높임을 받으시리라 라고 말하고 있다.
마지막 날에 여호와께서……
이 여호와가 누구인가 하는 것이다.

[사 26:21]
보라 여호와께서 그 처소에서 나오사 땅의 거민의 죄악을 벌하실 것이라 땅이 그 위에 잦았던 피를 드러내고 그 살해 당한 자를 다시는 가리우지 아니하리라

[슥 14:9]
여호와께서 천하의 왕이 되시리니 그 날에는 여호와께서 홀로 하나이실 것이요 그 이름이 홀로 하나이실 것이며

[사 2:11-21]
(11) 그날에 눈이 높은 자가 낮아지며 교만한 자가 굴복되고 여호와께서 홀로 높임을 받으시리라 (12) 대저 만군의 여호와의 한 날이 모든 교만자와 거만자와 자고한 자에게 임하여 그들로 낮아지게 하고 (13) 또 레바논의 높고 높은 모든 백향목과 바산의 모든 상수리나무와 (14) 모든 높은 산과 모든 솟아오른 작은 산과 (15) 모든 높은 망대와 견고한 성벽과 (16) 다시스의 모든 배와 모든 아름다운 조각물에 임하리니 (17) 그 날에 자고한 자는 굴복되며 교만한 자는 낮아지고 여호와께서 홀로 높임을 받으실 것이요 (18) 우상들은 온전히 없어질 것이며 (19) 사람들이 암혈과 토굴로 들어가서 여호와께서 일어나사 땅을 진동시키시는 그의 위엄과 그 광대하심의 영광을 피할 것이라 (20) 사람이 숭배하려고 만들었던 그 은 우상과 금 우상을 그 날에 두더지와 박쥐에게 던지고 (21) 암혈과 험악한 바위틈에 들어가서 여호와께서 일어나사 땅을

진동시키시는 그의 위엄과 그 광대하심의 영광을 피하리라

그러나 신약에서는 백마 타고 지상재림하시는 예수님이 만왕의 왕, 만주의 주로서 적그리스도와 거짓선지자 그리고 그들에게 붙은 왕들과 전쟁을 일으켜서 그들을 산채로 잡아서 유황 불못에 던져 넣는 것을 볼 때에 구약에서 말하는 그날에 여호와는 신약에서는 백마 타고 지상재림하시는 예수님이신 것을 우리는 알 수 있는 것이다.

그래서 그날에 예수님이 즉 여호와께서 홀로 높임을 받으신다는 것이다.

할렐루야. 그리하여 예수님이 여호와 하나님이신 것이다. 주여!

[계 19:11-21]

(11) 또 내가 하늘이 열린 것을 보니 보라 백마와 탄 자가 있으니 그 이름은 충신과 진실이라 그가 공의로 심판하며 싸우더라 (12) 그 눈이 불꽃 같고 그 머리에 많은 면류관이 있고 또 이름 쓴 것이 하나가 있으니 자기 밖에 아는 자가 없고 (13)또 그가 피 뿌린 옷을 입었는데 그 이름은 하나님의 말씀이라 칭하더라 (14) 하늘에 있는 군대들이 희고 깨끗한 세마포를 입고 백마를 타고 그를 따르더라 (15) 그의 입에서 이한 검이 나오니 그것으로 만국을 치겠고 친히 저희를 철장으로 다스리며 또 친히 하나님 곧 전능하신 이의 맹렬한 진노의 포도주 틀을 밟겠고 (16) 그 옷과 그 다리에 이름 쓴 것이 있으니 만왕의 왕이요 만주의 주라 하였더라 (17) 또

내가 보니 한 천사가 해에 서서 공중에 나는 모든 새를 향하여 큰 음성으로 외쳐 가로되 와서 하나님의 큰 잔치에 모여 (18) 왕들의 고기와 장군들의 고기와 장사들의 고기와 말들과 그 탄 자들의 고기와 자유한 자들이나 종들이나 무론대소하고 모든 자의 고기를 먹으라 하더라 (19) 또 내가 보매 그 짐승과 땅의 임금들과 그 군대들이 모여 그 말 탄 자와 그의 군대로 더불어 전쟁을 일으키다가 (20) 짐승이 잡히고 그 앞에서 이적을 행하던 거짓 선지자도 함께 잡혔으니 이는 짐승의 표를 받고 그의 우상에게 경배하던 자들을 이적으로 미혹하던 자라 이 둘이 산채로 유황불 붙는 못에 던지우고 (21) 그 나머지는 말 탄 자의 입으로 나오는 검에 죽으매 모든 새가 그 고기로 배불리우더라

그러므로 천상에서 예수님께서 나에게 여러 번 '나는 여호와니라'라고 말씀하신 것이 진실로 그러하다는 것을 우리는 알 수 있는 것이다.
그러므로 하나님의 인을 맞은 유대인 십사만 사천의 이마에 적혀 있는 어린 양의 이름과 아버지의 이름은 '예수'라고 하는 것이 맞다.
즉 어린 양의 이름 = 아버지의 이름이다.
우리는 이 마지막 시대에 살아계신 하나님의 인을 우리 이마에 받아야 한다. 우리는 이미 예수 믿을 때에 성령의 인을 받았다. 그러나 짐승과 짐승의 우상에게 절하지 않고 이마에나 손에 짐승의 표 666을 받지 않기 위하여서는 우리의 이마에 '예수'라는

하나님의 인을 받아야 하는 것이다. 그래야 받은 구원을 잃지 않게 되는 것이다. 할렐루야. 아멘.

 하나님의 인 ✝

누가 그 이마에
하나님의 인을 맞는가?

계시록 7장을 보자. 계시록 7장에서는 하나님의 종들의 이마에 하나님의 인을 친다. 여기에는 십사만 사천의 유대인들과 능히 셀 수 없는 이방인들의 무리가 있다.

[계 7:1-14]
(1) 이 일 후에 내가 네 천사가 땅 네 모퉁이에 선 것을 보니 땅의 사방의 바람을 붙잡아 바람으로 하여금 땅에나 바다에나 각종 나무에 불지 못하게 하더라 (2) 또 보매 다른 천사가 살아 계신 하나님의 인을 가지고 해 돋는 데로부터 올라와서 땅과 바다를 해롭게 할 권세를 얻은 네 천사를 향하여 큰 소리로 외쳐 (3) 가로되 우리가 우리 하나님의 종들의 이마에 인치기까지 땅이나 바다나 나무나 해하지 말라 하더라 (4) 내가 인 맞은 자의 수를 들으니 이스라엘 자손의 각 지파 중에서 인 맞은 자들이 십 사만 사천이니 (5) 유다 지파 중에 인 맞은 자가 일만 이천이요 르우벤 지파 중에 일만 이천이요 갓 지파 중에 일만 이천이요 (6) 아셀 지파 중에 일만

이천이요 납달리 지파 중에 일만 이천이요 므낫세 지파 중에 일만 이천이요 (7) 시므온 지파 중에 일만 이천이요 레위 지파 중에 일만 이천이요 잇사갈 지파 중에 일만 이천이요 (8) 스불론 지파 중에 일만 이천이요 요셉 지파 중에 일만 이천이요 베냐민 지파 중에 인 맞은 자가 일만 이천이라 (9) 이 일 후에 내가 보니 각 나라와 족속과 백성과 방언에서 아무라도 능히 셀 수 없는 큰 무리가 흰 옷을 입고 손에 종려 가지를 들고 보좌 앞과 어린 양 앞에 서서 (10) 큰 소리로 외쳐 가로되 구원하심이 보좌에 앉으신 우리 하나님과 어린 양에게 있도다 하니 (11) 모든 천사가 보좌와 장로들과 네 생물의 주위에 섰다가 보좌 앞에 엎드려 얼굴을 대고 하나님께 경배하여 (12) 가로되 아멘 찬송과 영광과 지혜와 감사와 존귀와 능력과 힘이 우리 하나님께 세세토록 있을지로다 아멘 하더라 (13) 장로 중에 하나가 응답하여 내게 이르되 이 흰옷 입은 자들이 누구며 또 어디서 왔느뇨 (14) 내가 가로되 내 주여 당신이 알리이다 하니 그가 나더러 이르되 이는 큰 환난에서 나오는 자들인데 어린양의 피에 그 옷을 씻어 희게 하였느니라

즉 성령의 인을 이미 맞은 하나님의 종들 중에서 살아계신 하나님의 인을 맞는 자들은 유대인 중에서 십사만 사천, 그리고 이방인들 중에서는 능히 셀 수 없는 무리들이 있는 것이다.

그런데 나는 이미 내가 쓴 '계시록 이해'라는 책에서 이 계시록 7장에는 공중휴거 되는 자들이 빠져 있다고 적었다. 그리고 사실

계시록 자체에서는 공중휴거를 찾아볼 수가 없다. 그러나 하나님께서는 고의적으로 계시록에서는 공중휴거를 숨겨 놓으셨다고 말씀하셨는데 그것은 계시록 7장에 숨겨져 있는 것이다. 주님께서는 천상에서 나에게 공중휴거는 반드시 있을 것이며 그리고 그것을 계시록에서는 숨겨 두었다고 말씀하셨다 (서사라 목사의 천국지옥간증수기 제 5권 계시록 이해의 책 87. 대환란 전에 있을 공중휴거가 대환란 후에 일어나는 추수 (휴거) 와 어떻게 다른가? 88. (i) 공중휴거가 대환란 전인 이유중 또 하나: 주님께서 말씀하신 한국전쟁-휴거-표의 순서이다. 91. 성부하나님께서 '공중 휴거가 반드시 있으되 계시록에서는 내가 숨겨두었느니라' 말씀하시다 를 참고).

왜냐하면 우리는 지금 일곱인 중에서 여섯 번째 인을 뗀 상태에서 살고 있는데 그래서 지금 계시록 7장이 우리에게 이루어지고 있다. 즉 인을 치는 사건이 현재 일어나고 있는 것이다. 그러나 우리는 아직 우리에게 공중휴거가 안 일어났음을 또한 알고 있다. 이 공중휴거는 적그리스도의 후삼년 반 대환난이 시작되기 직전에 일어날 것으로 보여진다.

그러므로 이 대환난 직전에 있을 공중휴거 되는 자들이 지금 계시록 7장에서 일어나는 그들의 이마에 하나님의 인을 받았다하더라도 이 계시록 7장에서는 오직 큰 환난에서 나오는 자들의 흰 옷 입은 무리들만 말하고 있기 때문에 대환난 직전에 공중휴거 되는 자의 수가 계시록 7장에서 하나님의 인을 맞은 자들에서 빠져 있다는 사실을 우리가 알 수 있다. 그러므로 공중휴거는 계시록 7장에 숨겨져 있다 라고 말할 수 있는 것이다.

그러므로 이 공중휴거 될 자들도 지금 천사들로부터 이마에 인을 받고 있는 것이다.

그리고 계시록 7장에서 흰 옷 입은 무리가 큰 환난에서 나온다고 하였는데 이들은 적그리스도의 후삼년 반, 즉 대환난을 통과하면서 어린 양의 피에다가 그들의 두루마리를 희게 빤 자들이다. 그리고 이들은 바로 계시록 14장 14절에서 16절에서 말하고 있는 대환난 후에 구름 위에 앉은 이가 이한 낫으로 추수하는 무리들이다. 이들은 추수되어질 때에 즉시 부활되어 하나님 보좌 앞으로 올라간다. 그리하여 계시록 7장에서 보면 이들이 부활되어 올라가서 하나님의 보좌 앞에서 이렇게 노래를 부르고 있는 것이다.

[계 7:9-10]
(9) 이 일 후에 내가 보니 각 나라와 족속과 백성과 방언에서 아무라도 능히 셀 수 없는 큰 무리가 흰 옷을 입고 손에 종려 가지를 들고 보좌 앞과 어린 양 앞에 서서 (10) 큰 소리로 외쳐 가로되 구원하심이 보좌에 앉으신 우리 하나님과 어린 양에게 있도다 하니

그러므로 대환난 전에는 공중휴거가 일어나고 대환난 후에는 알곡추수로 다시 한 번 휴거가 일어난다. 그래서 내가 쓴 책 '계시록

이해'에서는 휴거는 두 번 일어난다고 설명하였다. 그러나 계시록 14장 1-5절에서는 유대인의 십사만 사천이 부활되어 올라가서 하나님 앞에서 새노래를 부르는 장면이 나오는데 이것까지 합하면 휴거가 약 세 번 있다 라고 말해도 틀린 말은 아닐 것이다.

큰 환난에서 나오는 자들로 어린양의 피에다가 자신들의 옷을 빤 자들(계7:14)은 대환난 직전에 공중휴거가 일어날 때에 세마포가 덜 준비되어서 공중휴거가 안 된 사람들이다. 그래서 이러한 그리스도인들은 대환난 (적그리스도의 후삼년 반) 속으로 들어가게 된다. 그러나 그 대환난 기간 동안에 적그리스도의 핍박에도 불구하고 끝까지 예수 이름을 부인하지 않고 또 짐승과 그 짐승의 우상에게 절하지 않고 그 이마에나 손에 짐승의 표 666을 받지 않고 살아남은 자들인 것이다. 할렐루야.

그러므로 계시록 7장에서 하나님의 종들로서 그 이마에 하나님의 인을 맞게 되는 자들은 크게

1. 유대인의 십사만 사천
2. 이방인들로서 대환난 직전 공중휴거 되는 자들
3. 대환난을 거치면서 끝까지 예수 믿는 믿음을 지키는 자들
4. 대환난 기간 동안 순교하는 자들
5. 두 증인

그러므로 이들 모두는 여섯째 인을 뗀 후에 계시록 7장에서 말하는 살아계신 하나님의 인을 그 이마에 맞는 자들인 것이다.

이렇게 이마에 하나님의 인을 받은 자들은 다섯째 나팔이 불리워졌을 때에 무저갱에서 나오는 황충에 의한 재앙을 당하지 않게 된다.

우리는 현재 여섯째 인을 뗀 상태에서 살고 있다.

그러므로 지금 현재 천사들이 돌아다니면서 하나님의 종들의 이마에 살아계신 하나님의 인을 치고 있는 것이다.

08 하나님의 인 +

그러면 이 하나님의 인을
맞은 자들은 어떻게 되는가?

1) 인 맞은 자들 중에 세마포가 준비된 자들은 대환난 전에 공중휴거가 될 것이다.

(이 공중휴거가 이방인에 대한 첫 번째 휴거로 보여진다.)

[살전 4:16-18]
(16) 주께서 호령과 천사장의 소리와 하나님의 나팔로 친히 하늘로 좇아 강림하시리니 그리스도 안에서 죽은 자들이 먼저 일어나고 (17) 그 후에 우리 살아 남은 자도 저희와 함께 구름 속으로 끌어 올려 공중에서 주를 영접하게 하시리니 그리하여 우리가 항상 주와 함께 있으리라 (18) 그러므로 이 여러 말로 서로 위로하라

이 구절은 공중휴거에 대한 구절이다. 무슨 이유인지는 나는 잘 모르나 이 공중휴거는 이방인들에 대한 것으로 보인다. 왜냐하면 계시록 7장에서 살아계신 하나님의 인을 맞은 유대인들은 계시록 14장에서 적그리스도의 후삼년 반 시기인 대환난 직후에

하늘보좌로 올라가서 새노래를 부르는 것으로 보아서 인맞은 십사만 사천 유대인들은 이 공중휴거에 참여가 안 되는 것으로 보여진다. 그러나 분명히 이 십사만 사천의 인 맞은 유대인들은 첫째 부활에 속하게 된다.

[고전 15:20-26]
(20) 그러나 이제 그리스도께서 죽은 자 가운데서 다시 살아 잠자는 자들의 첫 열매가 되셨도다 (21) 사망이 사람으로 말미암았으니 죽은 자의 부활도 사람으로 말미암는도다 (22) 아담 안에서 모든 사람이 죽은 것같이 그리스도 안에서 모든 사람이 삶을 얻으리라 (23) 그러나 각각 자기 차례대로 되리니 먼저는 첫 열매인 그리스도요 다음에는 그리스도 강림하실 때에 그에게 붙은 자요 (24) 그 후에는 나중이니 저가 모든 정사와 모든 권세와 능력을 멸하시고 나라를 아버지 하나님께 바칠 때라 (25) 저가 모든 원수를 그 발아래 둘 때까지 불가불 왕 노릇 하시리니 (26) 맨 나중에 멸망 받을 원수는 사망이니라

이 성경구절에서는 그리스도의 부활이 부활의 첫열매 그 다음 주님 강림하실 때에 그에게 붙은 자들, 이는 첫째 부활을 의미한다고 볼 수 있다(계 20: 4-6).
그 이후는 백보좌 심판 때에 둘째부활이 있을 것이다.

그런데 이 공중휴거가 언제 일어나는 것으로 보이느냐면 크게

두 가지 이유로 대환난 전 (적그리스도의 후삼년 반 시기) 이라고 보여진다고 이미 계시록 이해의 책에 밝혔다.

그 첫째 이유는 계시록 3장 10절 때문이다.

[계 3:10]
네가 나의 인내의 말씀을 지켰은즉 내가 또한 너를 지키어 시험의 때를 면하게 하리니 이는 장차 온 세상에 임하여 땅에 거하는 자들을 시험할 때라

이 시험의 때는 바로 적그리스도의 후삼년 반 즉 강제로 짐승의 표 666을 받게 하는 시기인 것이다. 주님은 빌라델비아 교회 교인들에게 이 시기를 면하게 하여 주겠다라고 약속하고 계신다.

그리고 그 두 번째 이유는 계시록 7장에서 큰 환난에서 나오는 흰 옷 입은 이방인들의 무리에게서 이 공중휴거 된 자들이 빠져 있다는 것이다. 즉 이 큰 환난에서 나오는 무리들은 계시록 14장 14에서 16절에 나오는 구름 위에 앉은 이가 이한 낫을 가지고 추수하는 장면이 나오는데 이 때에 휴거된 자들이라 볼 수 있는 것이다.
그런데 이 때에는 주님께서 공중휴거 때에 있는 즉 죽은 자가 먼저 부활하여 구름 위에 데리고 오는 장면이 없으므로 이는 공중휴거와 다른 사건인 것이 틀림이 없다. 그러므로 이 계시록 7장에서

주님의 보좌 앞에서 노래를 부르고 있는 흰 옷 입은 무리는 계시록 14장 14절부터 16절에서 알곡으로 추수된 자들인 것이다.

[계 14:14-16]
(14) 또 내가 보니 흰 구름이 있고 구름 위에 사람의 아들과 같은 이가 앉았는데 그 머리에는 금 면류관이 있고 그 손에는 이한 낫을 가졌더라 (15) 또 다른 천사가 성전으로부터 나와 구름 위에 앉은 이를 향하여 큰 음성으로 외쳐 가로되 네 낫을 휘둘러 거두라 거둘 때가 이르러 땅에 곡식이 다 익었음이로다 하니 (16) 구름 위에 앉으신 이가 낫을 땅에 휘두르매 곡식이 거두어지니라

그러므로 공중휴거는 대환난 전에 일어난다고 보아야 할 것이다.

그러므로 여섯째 인이 떼어지고 계시록 7장에서 그 이마에 살아계신 하나님의 인을 맞은 자 중에서 공중휴거 되지 않은 자들을 정리하면 다음과 같다.

1. 유대인의 하나님의 인을 맞은 십사만 사천
2. 대환난 (적그리스도의 후삼년 반) 을 통과하면서 순교하는 자들
3. 대환난 통과하면서 끝까지 짐승의 표를 받지 않고 믿음을 지키고 살아남은 자들
4. 두 증인

여기서 하나님께서는 하나님의 인을 맞은 십사만 사천 유대인들은 적그리스도의 후삼년 반 동안에 광야에 특별 예비처를 마련하여 그들에게만 특별교육을 시키신 후에 하늘로 올리우시는 것을 볼 수 있다. 그러면 왜 이들이 적그리스도의 후삼년 반 전에 즉 대환난 전에 공중휴거 되지 않는가 하는 것이다. 그것은 하나님의 유대인들을 위한 특별한 섭리로 보여진다. 그냥 올리워지는 것보다 광야에서 특별교육 3년 반을 받은 상태에서 올리워지는 것이 더 좋을 것이 분명하다. 왜냐하면 하나님으로부터 특별교육을 받는 그들의 영혼은 분명히 더 잘되어 올라갈 것임에 틀림이 없는 것이다.

[계 12:6]
그 여자가 광야로 도망하매 거기서 일천 이백 육십일 동안 저를 양육하기 위하여 하나님의 예비하신 곳이 있더라

여기서 여자는 이스라엘이다.

[계 12:13-14]
(13) 용이 자기가 땅으로 내어쫓긴 것을 보고 남자를 낳은 여자를 핍박하는지라 (14) 그 여자가 큰 독수리의 두 날개를 받아 광야 자기 곳으로 날아가 거기서 그 뱀의 낯을 피하여 한 때와 두 때와 반 때를 양육 받으매

그래서 이 계시록 12장에서 말하는 유대인들의 예비처는 그 이마에 하나님의 인을 맞은 유대인 십사만 사천을 위한 것이라 말할 수 있다.

그러므로 그 이후에 하나님의 인을 이마에 맞은 유대인 십사만 사천은 적그리스도의 후삼년 반이 지난 후에 하늘로 올리워지는 것이다(계 14:1-5).

[계 14:1-5]
(1) 또 내가 보니 보라 어린 양이 시온산에 섰고 그와 함께 십 사만 사천이 섰는데 그 이마에 어린 양의 이름과 그 아버지의 이름을 쓴 것이 있도다 (2) 내가 하늘에서 나는 소리를 들으니 많은 물소리도 같고 큰 뇌성도 같은데 내게 들리는 소리는 거문고 타는 자들의 그 거문고 타는 것 같더라 (3) 저희가 보좌와 네 생물과 장로들 앞에서 새 노래를 부르니 땅에서 구속함을 얻은 십 사만 사천인 밖에는 능히 이 노래를 배울 자가 없더라 (4) 이 사람들은 여자로 더불어 더럽히지 아니하고 정절이 있는 자라 어린 양이 어디로 인도하든지 따라가는 자며 사람 가운데서 구속을 받아 처음 익은 열매로 하나님과 어린 양에게 속한 자들이니 (5) 그 입에 거짓말이 없고 흠이 없는 자들이더라

그들은 하나님이 마련하신 광야의 특별 예비처에서 3년 반을 특별 교육을 받은 결과로 그들은 그들의 영혼이 더 깨끗하여져서

정결하여진 것임에 틀림이 없다.
왜냐하면 그들에 대하여 계시록 14장 4-5절은 이렇게 말하고 있기 때문이다.

[계 14:4-5]
(4) 이 사람들은 여자로 더불어 더럽히지 아니하고 정절이 있는 자라 어린 양이 어디로 인도하든지 따라가는 자며 사람 가운데서 구속을 받아 처음 익은 열매로 하나님과 어린 양에게 속한 자들이니
(5) 그 입에 거짓말이 없고 흠이 없는 자들이더라

그러므로 주님은 여기서 '여자'는 세상이라 말씀하셨고 또한 하나님은 세상을 사랑하는 자들을 보고 '이 간음하는 자들아'라고 말씀하시는 것이다.
그리고 이들은 어린 양이 어디로 인도하든지 따라가게끔 교육을 받았고 또한 하나님과 어린양에 속한 자들로서 그 입에 거짓말이 없도록 또한 그 입에 흠이 없도록 교육을 받은 것으로 보여진다. 할렐루야. 그리고 이렇게 특별 교육을 받으므로 말미암아 하늘에서 이들만 새노래를 배울 수 있는 것으로 보여진다.

참으로 희한한 것은 하나님께서 이스라엘을 위하여 광야에 특별 예비처로 마련하신 그 기간이 주님께서 이 세상에 오셔서 공생애 생활하실 때에 3년 반 동안 지상에서 천국복음을 전하셨던 공생애 기간과 또한 일치함을 보여주고 있다.

2) 두 증인의 휴거가 있을 것이다.

이 두 증인은 적그리스도의 전삼년 반 동안 예언을 하고 그 기간이 끝나면서 바다에서 올라온 짐승에 의하여 죽임을 당한 후에 삼일 반 후에 하나님으로부터 그들의 죽은 몸에 생기가 들어가서 그들이 다시 살아나 하늘로 올리워지는 것을 볼 수 있다.

[계 11:7-12]
(7) 저희가 그 증거를 마칠 때에 무저갱으로부터 올라오는 짐승이 저희로 더불어 전쟁을 일으켜 저희를 이기고 저희를 죽일 터인즉 (8) 저희 시체가 큰 성 길에 있으리니 그 성은 영적으로 하면 소돔이라고도 하고 애굽이라고도 하니 곧 저희 주께서 십자가에 못박히신 곳이니라 (9) 백성들과 족속과 방언과 나라 중에서 사람들이 그 시체를 사흘 반 동안을 목도하며 무덤에 장사하지 못하게 하리로다 (10) 이 두 선지자가 땅에 거하는 자들을 괴롭게 한 고로 땅에 거하는 자들이 저희의 죽음을 즐거워하고 기뻐하여 서로 예물을 보내리라 하더라 (11) 삼일 반 후에 하나님께로부터 생기가 저희 속에 들어가매 저희가 발로 일어서니 구경하는 자들이 크게 두려워하더라 (12) 하늘로부터 큰 음성이 있어 이리로 올라 오라 함을 저희가 듣고 구름을 타고 하늘로 올라가니 저희 원수들도 구경하더라

이 두 증인의 휴거, 하늘에서부터 큰 음성이 있어 이리로 올라오

라 하는 소리에 그들이 구름을 타고 올라간다고 성경은 분명히 말하고 있다. 그러므로 이 시기는 분명히 바다에서 짐승이 올라왔는데 이 짐승이 그의 적그리스도의 후삼년 반에 해당하는 시기를 시작하기 전에 일어나는 것으로 보여진다.

그러므로 이 두 증인의 휴거가 소위 공중휴거 바로 직전에 일어나거나 아니면 동시에 일어나거나 아니면 공중휴거 바로 직후에 일어나는 세 가지 경우의 하나로 보여진다.

그러니까 결국 이 두 증인의 휴거가 바로 공중휴거와 함께 일어나는 것으로 보여진다. 할렐루야. 다른 말로 해서 두 증인이 휴거될 때에 공중휴거도 있다 라고 보는 것이 옳다는 것이다.

[계 11:15]
일곱째 천사가 나팔을 불매 하늘에 큰 음성들이 나서 가로되 세상 나라가 우리 주와 그 그리스도의 나라가 되어 그가 세세토록 왕 노릇 하시리로다 하니

[계 13:1]
내가 보니 바다에서 한 짐승이 나오는데 뿔이 열이요 머리가 일곱이라 그 뿔에는 열 면류관이 있고 그 머리들에는 참람된 이름들이 있더라

바다에서 짐승이 올라오는 시기가 일곱째 나팔이 불리워진 후에 일어난다. 즉 적그리스도의 후삼년 반이 시작되는 시기는 바로 이 바다에서 짐승이 올라올 때부터이다. 그리고 이 일곱째 나팔이 불리워지면 유대인의 하나님의 인을 맞은 자 십사만 사천이 계시록 12장에서 기록된 대로 적그리스도의 후삼년 반 시기에 하나님께서 그들을 양육하기 위하여 특별히 예비한 광야의 어느 장소로 옮겨진다.

그리고 대환난이 시작되기 전에 주님의 공중강림이 일어나고 빛나고 깨끗한 세마포가 준비된 자들이 휴거된다. 이들은 소수인 것이다.

3) 대환난 직후 하나님의 인을 맞은 유대인 십사만 사천이 휴거된다.

계시록 14장은 적그리스도의 후삼년 반 이후에 일어나는 일을 말한다. 왜냐하면 계 13장 16-18절에서 강제로 짐승의 표를 받게 하는 시기가 끝나고 그 다음 또한 계시록 14장 1-5절은 계시록 12장에서 십사만 사천 유대인들을 광야의 특별 예비처에서 한 때, 두 때, 반 때를 양육한다 하였는데 계시록 14장 1-5절을 보면 이들이 시온산에 잠깐 섰다가 하늘로 올리워져서 하늘에서 새노래를 부르고 있기 때문이다.

즉 광야에서의 3년 반 기간 동안의 특별양육이 끝이 나고 휴거된 것을 말하고 있다.

이들은 적그리스도의 후삼년 반 동안의 핍박을 받지 아니한다.

4) 대환난 때에 순교하는 그룹이 있다.

이들도 계시록 7장에서 말하는 하나님의 종들로서 그 이마에 살아계신 하나님의 인을 맞은 그룹이다. 이들은 정작 예수 그리스도께서 공중에 강림하실 때에는 즉 공중휴거 때에는 세마포가 준비되어 있지 않았으나 대환난을 통과하면서 그 믿음이 성장하여 적그리스도의 후삼년 반 동안에 있는 핍박을 견뎌내서 그 짐승과 그 짐승의 우상에게 절하지 않고 그 이마나 손에 짐승의 표를 받지 아니한 자들인 것이다. 이들은 순교하여 그 영이 부활하지 않고 올라가나 천년왕국들어가기 전에 다시 살아나서 부활체로 천년왕국에 들어가게 된다.

[계 14:12-13]
(12) 성도들의 인내가 여기 있나니 저희는 하나님의 계명과 예수 믿음을 지키는 자니라 (13) 또 내가 들으니 하늘에서 음성이 나서 가로되 기록하라 자금 이 후로 주 안에서 죽는 자들은 복이 있도다 하시매 성령이 가라사대 그러하다 저희 수고를 그치고 쉬리니 이는 저희의 행한 일이 따름이라 하시더라

5) 마지막 그룹이 대환난 때에 예수 믿는 믿음을 끝까지 포기하지 않고 살아 남아서 알곡으로 추수되어 진다(이것이 이방인에 대한 두 번째 휴거이다).

(서사라 목사의 천국과 지옥 간증수기 제 5권 83. 대환난 후의 휴거 : 대환난 후의 짐승의 우상에게 절하지 않고 이마나 손에 표를 받지 않은 자들의 추수 (휴거) 참조).

계시록 7장에서 살아계신 하나님의 인을 맞은 자들은 다섯 번째 나팔의 황충 재앙을 지나서 적그리스도의 후삼년 반 기간 바로 전에 공중휴거 되는 그룹이 있다. 이들은 주님이 공중강림하실 때에 세마포가 준비되어진 자들이다. 그러나 대부분의 하나님의 인을 맞은 자들은 빛나고 깨끗한 세마포가 준비되지 아니하여 적그리스도의 후삼년 반 즉 대환난 속으로 들어가게 된다. 이 기간 동안 순교하는 그룹이 있고 또한 이 대환난 기간 동안에 그들의 세마포를 어린양의 피에다가 씻어서 희게 하는 그룹이 있다.

그러므로 이들은 대환난을 거치면서 더 믿음이 자라나서 결국은 그들의 세마포가 준비되는 것이다. 그리하여 알곡으로 추수되는 것이다(계 14:14-16).

[계 14:14-16]
(14) 또 내가 보니 흰 구름이 있고 구름 위에 사람의 아들과 같은 이가 앉았는데 그 머리에는 금 면류관이 있고 그 손에는 이한 낫을 가졌더라 (15) 또 다른 천사가 성전으로부터 나와 구름 위에 앉은 이를 향하여 큰 음성으로 외쳐 가로되 네 낫을 휘둘러 거두라 거둘 때가 이르러 땅에 곡식이 다 익었음이로다 하니 (16) 구름 위에

앉으신 이가 낫을 땅에 휘두르매 곡식이 거두어지니라

그리하여 이들, 알곡으로 추수되는 자들이 이기는 자들에 속하여 결국은 공중휴거 된 자들, 유대인의 십사만 사천, 두 증인, 그리고 대환난 때의 순교자들과 함께 첫째 부활에 참여케 되는 것이다. 할렐루야.

[계 20:4]
나는 또 많은 높은 좌석과 그 위에 앉아 있는 사람들을 보았습니다. 그들은 심판할 권한을 받은 사람들이었습니다. 또 예수께서 계시하신 진리와 하느님의 말씀을 전파했다고 해서 목을 잘리운 사람들의 영혼을 보았습니다. 그들은 그 짐승이나 그의 우상에게 절을 하지 않고 이마와 손에 낙인을 받지 않은 사람들입니다. 그들은 살아나서 그리스도와 함께 천 년 동안 왕노릇을 하였습니다(공동번역).

[계 20:5-6]
(5) (그 나머지 죽은 자들은 그 천년이 차기까지 살지 못하더라) 이는 첫째 부활이라 (6) 이 첫째 부활에 참예하는 자들은 복이 있고 거룩하도다 둘째 사망이 그들을 다스리는 권세가 없고 도리어 그들이 하나님과 그리스도의 제사장이 되어 천년 동안 그리스도로 더불어 왕노릇하리라

09 하나님의 인 +

그러면 이 하나님의 인을 맞지 않은 자들은 어떻게 되는가?

첫째로 계시록 7장에서 하나님의 인을 맞지 않은 자들은 첫째 다섯째 나팔이 불리면 무저갱에서 황충들이 나오는데 그 황충들에게 다섯 달 동안 괴롭힘을 받는다.

[계 9:1-6]
(1) 다섯째 천사가 나팔을 불매 내가 보니 하늘에서 땅에 떨어진 별 하나가 있는데 저가 무저갱의 열쇠를 받았더라 (2) 저가 무저갱을 여니 그 구멍에서 큰 풀무의 연기 같은 연기가 올라오매 해와 공기가 그 구멍의 연기로 인하여 어두워지며 (3) 또 황충이 연기 가운데로부터 땅 위에 나오매 저희가 땅에 있는 전갈의 권세와 같은 권세를 받았더라 (4) 저희에게 이르시되 땅의 풀이나 푸른 것이나 각종 수목은 해하지 말고 오직 이마에 하나님의 인 맞지 아니한 사람들만 해하라 하시더라 (5) 그러나 그들을 죽이지는 못하게 하시고 다섯달 동안 괴롭게만 하게 하시는데 그 괴롭게 함은 전갈이 사람을 쏠 때에 괴롭게 함과 같더라 (6) 그날에는 사람들이 죽기를

구하여도 얻지 못하고 죽고 싶으나 죽음이 저희를 피하리로다

즉 그 이마에 하나님의 인을 받지 못한 자들은 다섯째 나팔이 불리워지면 다섯 달 동안 황충 재앙을 당하게 되는 것이다. 즉 이 때에는 너무 괴로워서 죽고 싶으나 죽을 수 없는 것이다.

둘째로 이들은 일곱째 나팔이 불리워지면 적그리스도가 강제로 짐승의 표를 받게 하는데 그들이 안 받으면 죽이려 하므로 다 받게 된다. 이 때에는 예수를 안 믿는 자들은 다 짐승의 표를 받겠지만 예수를 믿는 자들 중에서도 그 이마에 하나님의 인을 받지 못한 자들은 예수 믿는 믿음을 끝까지 지키지 못하고 짐승의 표 666을 그 이마에나 손에 받게 되는 것이다.

셋째로 그리하여 그 이마에 하나님의 인을 맞지 아니한 모든 자가 그 이마에 짐승의 표 666을 받아서 이 땅 위에서는 하나님의 진노의 포도주를 마시게 되고 사후에는 영원히 불못에 가게 되는 것이다.

그러므로 이 마지막 시대에는 우리가 이 하나님의 인을 받지 않고는 결코 적그리스도의 후삼년 반에 예수 믿는 것에 대한 핍박을 견뎌낼 수 없다.
그러므로 우리 모두가 다 하나님의 인을 받아야 한다.

그래서 우리는 대환난 직전에 공중휴거 되던지, 아니면 큰 환난을 통과하면서 순교하든지 아니면 끝까지 예수 믿는 믿음을 지켜서 그 옷을 어린양의 피에다가 빨아 입어야 하는 것이다.
할렐루야. 그래야 이기는 자의 반열에 속하게 되는 것이다.

10 하나님의 인 ✝

마지막 시대를 사는 우리는
하나님의 인을 맞아야
첫째 부활에 참여하게 된다.

1) 첫째 부활에 참여하는 자들은 복이 있어 그리스도와 더불어 천년왕국에 들어가는 자들이다.

[계 20:4-6]
(4) 또 내가 보좌들을 보니 거기 앉은 자들이 있어 심판하는 권세를 받았더라 또 내가 보니 예수의 증거와 하나님의 말씀을 인하여 목 베임을 받은 자의 영혼들과 또 짐승과 그의 우상에게 경배하지도 아니하고 이마와 손에 그의 표를 받지도 아니한 자들이 살아서 그리스도로 더불어 천년 동안 왕 노릇하니 (5)(그 나머지 죽은 자들은 그 천년이 차기까지 살지 못하더라) 이는 첫째 부활이라 (6) 이 첫째 부활에 참예하는 자들은 복이 있고 거룩하도다 둘째 사망이 그들을 다스리는 권세가 없고 도리어 그들이 하나님과 그리스도의 제사장이 되어 천년 동안 그리스도로 더불어 왕 노릇 하리라 (개역성경 번역)

[계 20:4]

나는 또 많은 높은 좌석과 그 위에 앉아 있는 사람들을 보았습니다. 그들은 심판할 권한을 받은 사람들이었습니다. 또 예수께서 계시하신 진리와 하느님의 말씀을 전파했다고 해서 목을 잘리운 사람들의 영혼을 보았습니다. 그들은 그 짐승이나 그의 우상에게 절을 하지 않고 이마와 손에 낙인을 받지 않은 사람들입니다. 그들은 살아나서 그리스도와 함께 천 년 동안 왕노릇을 하였습니다 (공동번역)

개역성경과 공동번역의 차이점은 공동번역에서는 예수의 증거와 하나님의 말씀을 인하여 목 베임을 받은 자의 영혼들이 짐승이나 그 우상에게 절하지 않고 이마와 손에 낙인을 받지 않은 사람들과 동일한 사람들이라고 적혀 있는데 개역성경에서는 예수의 증거와 하나님의 말씀을 인하여 목 베임을 받은 자의 영혼들과 짐승과 짐승의 우상에게 절하지 않고 이마나 손에 낙인을 받지 아니한 그룹이 다른 그룹처럼 적혀 있다는 것이다.

그래서 나는 이 구절을 영어로 보았다. 이들은 NIV나 KJV에서 동일한 사람들로 적혀 있다. 그러므로 개역성경의 번역이 잘못되었음을 말하고 있는 것이다.

[계 20:4]
I saw thrones on which were seated those who had been

given authority to judge. And I saw the souls of those who had been beheaded because of their testimony for Jesus and because of the word of God. They had not worshiped the beast or his image and had not received his mark on their foreheads or their hands. They came to life and reigned with Christ a thousand years.(NIV)

[계 20:4]
And I saw thrones, and they sat upon them, and judgment was given unto them: and [I saw] the souls of them that were beheaded for the witness of Jesus, and for the word of God, and which had not worshipped the beast, neither his image, neither had received [his] mark upon their foreheads, or in their hands; and they lived and reigned with Christ a thousand years.(KJV)

그러므로 첫째 부활에 참여되는 자는 크게 두 그룹으로 보좌에 앉아 심판하는 권세를 가진 자들과 순교한 자들인 것이다.

(i) 여기서 보좌에 앉아서 심판하는 권세를 가진 자들은 이기는 자들 (계 3:21) 로서 네 그룹으로 나눌 수 있다.

[계 3:21]
이기는 그에게는 내가 내 보좌에 함께 앉게 하여주기를 내가 이기고 아버지 보좌에 함께 앉은 것과 같이 하리라

차례로 보면
1) 공중휴거 되는 자들
2) 두 증인
3) 유대인의 십사만 사천
4) 계시록 14장 14-16절에 알곡추수 되는 자들이다

이들이 다 첫째 부활에 참여되는 자들이다. 우리 주님은 공중휴거 사건 때에 이미 죽은 자들을 부활시켜서 데리고 오는데 이들을 제외하고는 모두가 다 계시록 7장에서 일어나는 다 하나님의 인을 받은 자들이다.

(ii) 순교한 자들의 그룹이다.
이들도 계시록 7장에서 일어나는 다 하나님의 인을 받은 자들로서 대환난 때에 순교한 자들이다. 이들은 죽어서 그 영혼이 낙원에 갔을 뿐이지 아직 부활한 상태가 아니다. 그러나 보좌에 앉은 자들은 다 부활된 상태이다.
그리하여 계시록 20장 4절에 보면 이 순교한 그룹은 '다시 살아서' 혹은 '다시 살아나서' 천년왕국에 들어간다고 기록하고 있는 것이다.

그래서 이 대환난 때에 짐승의 표를 받지 않고 순교한 자들의 그룹은 아직 부활되지 않은 상태이므로 이미 부활되어 올라가 있는 보좌에 앉은 자들과 구별이 되어지는 것이다. 그리하여 첫째 부활에 들어가는 자들이 보좌에 앉은 자들(이미 부활된 자들)과 순교자들(아직 부활상태가 아닌)로 구분이 되어져서 기록이 되어 있는 것이다.

그러므로 마지막 시대를 살고 있는 우리는 반드시 계시록 7장에서 나오는 하나님의 인을 받아야 이 첫째 부활에 들어가게 될 것이다. 그리고 이 첫째 부활에 속한 자들은 복이 있고 거룩한 자들로서 그리스도와 함께 천년동안 왕노릇하게 될 것이다.
할렐루야. 아멘.

2) 첫째 부활과 둘째 부활과의 차이

[계 20:4-5]
(4) 또 내가 보좌들을 보니 거기 앉은 자들이 있어 심판하는 권세를 받았더라 또 내가 보니 예수의 증거와 하나님의 말씀을 인하여 목 베임을 받은 자의 영혼들과 또 짐승과 그의 우상에게 경배하지도 아니하고 이마와 손에 그의 표를 받지도 아니한 자들이 살아서 그리스도로 더불어 천년 동안 왕 노릇하니 (5)(그 나머지 죽은 자들은 그 천년이 차기까지 살지 못하더라) 이는 **첫째 부활이라**

여기서 나머지 죽은 자들이라고 하는 것은 믿지 아니한 자들과 또한 믿었어도 이기는 자의 삶을 살아내지 못한 자들이라 할 수 있다. 이들은 나중에 둘째 부활에 참여할 것이다. 즉 천년왕국 이후이다.

그리하여 천년왕국 이후에 곡과 마곡전쟁이 일어난 후에 백보좌 심판이 일어나는데 이때에 그 나머지 모든 자들이 부활하는 둘째 부활이 일어나는 것으로 보인다.

[계 20:11-15]
(11) 또 내가 크고 흰 보좌와 그 위에 앉으신 자를 보니 땅과 하늘이 그 앞에서 피하여 간데 없더라 (12) 또 내가 보니 죽은 자들이 무론대소하고 그 보좌 앞에 섰는데 책들이 펴 있고 또 다른 책이 펴졌으니 곧 생명책이라 죽은 자들이 자기 행위를 따라 책들에 기록된 대로 심판을 받으니 (13) 바다가 그 가운데서 죽은 자들을 내어주고 또 사망과 음부도 그 가운데서 죽은 자들을 내어주매 각 사람이 자기의 행위대로 심판을 받고 (14) 사망과 음부도 불못에 던지우니 이것은 둘째 사망 곧 불못이라 (15) 누구든지 생명책에 기록되지 못한 자는 불못에 던지우더라

여기서 죽은 자들이 무론대소하고 그 보좌 앞에 섰다는 말은 모든 죽은 자들이 이 때에 부활하여 심판을 받는 것으로 보여진다.

3) 첫째 부활에 참여하는 자들의 영광

(1) 예수님의 신부로서 그리스도와 함께 천년동안 왕노릇한다.

[계 19:7-9]
(7) 우리가 즐거워하고 크게 기뻐하여 그에게 영광을 돌리세 어린 양의 혼인 기약이 이르렀고 그 아내가 예비하였으니 (8)그에게 허락하사 빛나고 깨끗한 세마포를 입게 하셨은즉 이 세마포는 성도들의 옳은 행실이로다 하더라 (9) 천사가 내게 말하기를 기록하라 어린 양의 혼인 잔치에 청함을 입은 자들이 복이 있도다 하고 또 내게 말하되 이것은 하나님의 참되신 말씀이라 하기로

어린 양의 혼인 기약이 이르렀고 또 그 아내가 예비된 상태에서 예수님께서 백마 타고 오셔서 적그리스도와 거짓선지자를 산채로 유황 불못에 던지고 난 이후에 사단은 무저갱에 천년동안 감금한 후 이들 준비된 신부들과 함께 천년왕국에 들어가게 되는 것이다. 그리하여 천년동안 그리스도와 함께 왕노릇하게 되는 것이다. 할렐루야!

(2) 계시록 21장에서 말하는 새 하늘과 새 땅이 열리고 새 예루살렘 성이 하늘에서 내려올 때에 이들은 모두가 다 이기는 자들로서 즉 주님의 신부들로서 새 예루살렘 성안에 들어가는 영광을 차지한다.

[계 21:1-4]
(1) 또 내가 새 하늘과 새 땅을 보니 처음 하늘과 처음 땅이 없어졌고 바다도 다시 있지 않더라 (2) 또 내가 보매 거룩한 성 새 예루살렘이 하나님께로부터 하늘에서 내려오니 그 예비한 것이 신부가 남편을 위하여 단장한 것 같더라 (3) 내가 들으니 보좌에서 큰 음성이 나서 가로되 보라 하나님의 장막이 사람들과 함께 있으매 하나님이 저희와 함께 거하시리니 저희는 하나님의 백성이 되고 하나님은 친히 저희와 함께 계셔서 (4) 모든 눈물을 그 눈에서 씻기시매 다시 사망이 없고 애통하는 것이나 곡하는 것이나 아픈 것이 다시 있지 아니하리니 처음 것들이 다 지나갔음이러라

[계 22:1-4]
(1) 또 저가 수정 같이 맑은 생명수의 강을 내게 보이니 하나님과 및 어린 양의 보좌로부터 나서 (2) 길 가운데로 흐르더라 강 좌우에 생명 나무가 있어 열 두가지 실과를 맺히되 달마다 그 실과를 맺히고 그 나무 잎사귀들은 만국을 소성하기 위하여 있더라 (3) 다시 저주가 없으며 하나님과 그 어린 양의 보좌가 그 가운데 있으리니 그의 종들이 그를 섬기며 (4) 그의 얼굴을 볼 터이요 그의 이름도 저희 이마에 있으리라

[계 22:14-15]
(14) 그 두루마기를 빠는 자들은 복이 있으니 이는 저희가 생명 나무에 나아가며 문들을 통하여 성에 들어갈 권세를 얻으려 함이로

다 (15) 개들과 술객들과 행음자들과 살인자들과 우상 숭배자들과 및 거짓말을 좋아하며 지어내는 자마다 성밖에 있으리라

(새 하늘과 새 땅에서의 새 예루살렘 성안에 들어가는 자와 성밖에 남는 자에 대하여서는 서사라 목사의 천국지옥 간증수기 제 5권 계시록 이해의 요약편 15. 이기는 자와 이기지 못하는 자와 제 6권 지옥편 Part III : 이기지 못하는 자들이 가는 곳, 성밖편을 참조)

Part 2

내 사역에 실제로
하나님의 인
사역이 시작되다

01 하나님의 인 +

내 사역에서 하나님의 종들의 이마에 십자가가 그려지는 인 사역이 시작되다.
(2014.11.24)

나는 내 사역에 하나님께서 하나님의 종들의 이마에 십자가가 그려지는 것을 보기 시작하였다. 이것이 공식적으로 처음 나타난 것이 2014년 11월 24일 내가 한국에 집회를 하러 갔을 때이다.

전남 강진에 아주 작은 교회에 담임 목사님이 나를 그분의 집으로 초대하였다. 교회와 집은 붙어 있었다.

그 담임목사님과 사모님 그리고 그 딸, 그리고 목사님의 장모되시는 권사님과 함께 아침에 기도를 조그마한 성전에서 아침 7시부터 9시까지 각자 자신이 앉은 자리에서 방언으로 기도하기로 한 것이다. 강대상에서 서서 보면 오른편에는 담임 목사님이 앞쪽에 앉아서 기도하셨고 그리고 사모님과 장모님은 담임목사님 뒤로 좀 떨어져서 나란히 앉아 기도하고 있었다. 또 나는 강대상에서 보면 왼편으로 뒤쪽으로 앉아서 기도하고 있었고 딸은 왼쪽 앞쪽에서 기도하고 있었다.

그리고 각자 방언으로 크게 기도하고 있었다.

그런데 기도를 시작한지 20분도 안 되어서 갑자기 흰 옷을 입으

신 예수님이 실제로 교회 중앙에 와서 서신 것이 눈에 보였다. 이
것은 환상이 아니었다. 꿈도 아니었다. 실제로 주님이 오신 것이
다. 이것은 실제로 사람이 와서 서는 것과 같은 것이다.

나는 앉아서 눈을 감고 방언기도를 하고 있었는데 이것이 다 보
이는 것이었다.

와우~ 나는 얼마나 놀랐는지.....

예수님은 나를 바라보고 계셨다. 나는 도저히 앉아서 기도할 수
가 없었다. 왜냐하면 예수님이 그곳에 오셨기 때문이다. 나는 일
어섰다. 그리고 방언기도를 계속하였다. 눈도 뜰 수 없었다. 안
떠도 다 보였기 때문이다. 그리고 나는 예수님이 여기에 오신 것
이 너무 좋고 신기하여 제발 예수님 가시지 말라고 방언으로 기
도하고 있었다.

그런데 저어기 앞에서 기도하던 담임 목사님이 내가 일어선 것
을 아시고 일어나셔서 내 뒤로 왔다 갔다 하셨다. 앉아서 기도하
던 내가 일어서 있는 것이 이상하게 보이셨던 것 같았다. 그러나
나는 그럼에도 불구하고 움직일 수가 없었다. 왜냐하면 오신 주
님이 가실까봐 나는 그대로 눈감고 주님이 가시지 말라고 방언
으로 기도하고 있었다. 그러자 그 담임목사님은 자신의 자리로
도로 가서 앉아서 기도하기 시작하였다. 그런데....그 다음에 일
어나는 일들이 보였다.

내 눈에는 눈을 감고 있는데도 다 보이는 것이, 그 다음은 흰 옷
입은 두 천사가 강대상 앞에 양옆으로 오른편에 하나 왼편에 하
나 나타나더니 앞에서부터 각각 오른편과 왼편에 있는 사람들에

게 각 사람의 이마에 먹물로 십자가를 그리는 것이 보였다. 나는 그것을 보면서 '이것이 무슨 일이지?' 하면서 신기하여 하면서 그냥 보고 있었다. 그러면서 나는 계속 방언으로 기도하고 있었다. 그러더니 그 다음에는 다시 위에서부터 하얀 세마포가 내려오는데 이 세마포는 납작하게 잘 접어진 상태로 내려오는데 이 교회 담임목사님의 머리 위에 하나 그리고 내 머리 위에 하나 이렇게 내려오는 것이 내가 눈을 감고 있는데도 다 보이는 것이었다. 이러한 일들이 일어나는 동안 주님은 계속 그 성전 중앙에 서 계셨다.

나는 순간적으로 너무나 당황하였다.

'아니, 저 세마포가 왜 두 사람밖에 안 내려오지? 다 내려와야 하는데….'

나는 순간적으로 얼마나 안타까왔는지 모른다. 나는 그 순간에 조마조마하는 마음과 안타까와하는 마음으로 계속 기도하고 있었다.

나는 그 때 왜 두 사람에게만 이렇게 세마포가 내려왔는지 그 이유를 알 수가 없었다. 나는 이러한 일을 본적이 없으므로 그 때에 사실 무슨 일이 일어나고 있는지 전혀 눈치를 못 챘었다.

그 다음에는 어떤 일이 일어났느냐면 강대상 앞쪽으로 그리고 위쪽으로 하늘이 열렸다. 그리고 그 열린 곳에서 천상에서 내가 만났던 믿음의 선진들이 와 있는 것이 보였다. 나는 그 순간 내 영이 내 몸 밖으로 걸어나와 그 하늘이 열린 곳으로 걸어 들어가서 그 믿음의 선진들을 만나고 다시 내 자리로 돌아온 것이다. 그 때까지 주님은 그렇게 한 시간을 그 교회 중앙에 서 계셨던 것이

다. 와우~

그런데 나는 이것이 한참 후에야 계시록 7장에서 일어나는 하나님의 종들의 이마에 하나님의 인을 치는 사건과 연관된다는 사실을 알게 되었다. 할렐루야.

미국에 LA 근처 약 3시간 운전하여 가는 거리에 빅토빌이라고 하는 지역이 있는데, 평소에 마지막에 대하여 깨어 있으시면서 내가 쓴 책을 다 읽으시고 또 그 성도들에게도 다 읽도록 권유하시는 박 목사님이라고 하시는 분이 계신다. 그런데 이 분이 어느 날 나에게 전화를 하신 것이다. 이 사건이 일어난 약 1년 반 정도 이후에 전화를 걸어오신 것이다.

나는 그분이 나에게 전화할 당시에는 이미 계시록 이해의 책은 출판이 끝난 지 수개월이 지났었고 그 다음에는 여섯 번째 책인 지옥편을 출판하기 위하여 원고의 교정을 보느라고 아주 바쁘게 지내고 있을 때였다.

그런데 이 분이 계시록 이해의 책을 읽으시고 나에게 전화를 거신 것이다.

그는 이렇게 말했다.

"목사님, 계시록 이해 책의 203페이지에 일어난 사건이 무슨 사건인지 아십니까?" 나는 계시록 이해의 책을 내가 썼지만 그 책은 800페이지나 되고 그리고 203페이지에 무엇을 썼는지 알 리가 없는 것이다. 책을 펴놓고 보지 않는 이상은. 그래서 '글쎄요?'

라고 말했다.

그러자 그 목사님은 다시 이렇게 말씀하셨다. '계시록 이해의 책 203페이지에 나타난 즉 2014년 11월 24일, 전남 강진에 목사님이 조그만 교회를 방문하였을 때 주님이 그 교회에 나타나시고 천사들이 나타나서 이마에 십자가를 그린 사건이 무슨 사건인지 아십니까?'라고 물었다.

아하~ 나는 그제야 기억이 났다.

"아~ 네~, 그 때에 주님이 그 교회의 중앙에 나타나시고 천사들이 나타나서 각 사람의 이마에 먹물로 십자가를 그리고 또 하늘에서 세마포가 두 개만 내려온 사건요?"

그렇게 말씀드렸더니

그분은 "그래요 맞아요. 목사님, 그 사건요."

"그런데요?"

'그런데 그것이 즉 천사들이 나타나서 사람들의 이마에 먹물로 십자가를 그린 사건이 무슨 사건인지 아십니까?'라고 다시 묻는 것이었다.

나는 다시 '글쎄요'라고 말했다.

그랬더니 그 목사님은 갑자기 음성이 격하게 올라가시면서 '그것이 바로 계시록 7장에 나오는 하나님의 종들의 이마에 인을 치는 사건입니다.'하고 말씀하시는 것이었다.

그는 아주 흥분된 목소리였다.

그런데 그 때에 내 머릿속이 반짝하는 섬광이 지나가듯이 알아지는 것이었다.

"오호~ 그러네요. 그런데 왜 저는 그 생각을 못했지요?"
나도 흥분이 되는 것이었다.
나는 이것에 대하여 1년 반이 지나서 그분이 내게 전화를 걸어서 알려 주시는 바람에 내가 깨어난 것이었다.
아하, 바로 그 당시에는 내가 그 사건을 명확히 이해하지 못하였었는데 이제는 그 모든 것이 이해가 되는 것이었다. 할렐루야. 계시록 7장의 사건과 강진에서 일어난 그 사건이 명확히 맞아 들어가는 사건이라는 것이 알아지는 것이었다.
왜냐하면 우리가 바로 지금 여섯째 인을 뗀 상태에서 살고 있기 때문이다. 그리고 계시록 7장의 하나님의 종들의 이마에 인을 치는 사건이 바로 여섯째 인을 떼고 일곱째 인을 떼기 전에 일어나는 사건이기 때문이었다.
할렐루야.
와우~ 나는 그분이 나에게 전화를 걸어서 그 전남 강진에서의 그 사건이 계시록 7장에 나오는 하나님의 인을 치는 사건이라는 것을 나에게 말하여준 이후에야 나는 그 때에 왜 천사들이 나타나서 거기에 있는 모든 자들에게 먹물로 이마에 십자가를 그렸으나 그 후에 바로 두 명에게만 세마포가 내려왔는지가 이해가 되어졌다.
그것은 이러한 것이었다.
계시록 7장에는 하나님의 종들의 이마에 인이 쳐진다. 그런데 이 인맞은 그룹들은 다시 나뉘어지는 것이다. 먼저 대환난 전에 공중휴거 되는 자들, 그리고 대환난을 통과하는 자들로 나뉘게 될 것이다. 그리고 그들의 이마에 하나님의 인을 맞은 자들 중에서 대환난 전에 주님이 공중강림하실 때에 세마포가 준비된 신부들만 공중으로 끌어올려질 것이고 그리고 비록 이마에 하나님의 인은 받았으나 아직 세마포가 준비되지 아니한 자들은 대환난을 통과하면서 그들의 두루마리를 어린양의 피에다가 빨아서 그 옷을 희게 하는 자들이라는 것이 깨달아진 것이다. 할렐루야. 그리고 이마에 하나님의 인을 맞았는데 대환난을 거치면서 순교하는 자들도 있을 것이다. 그래서 강진에서 주님이 교회 중앙에 서시고 그 이후에 천사들이 나타나서 먹물로 모든 사람들의 이마에 먹물로 십자가를 그렸지만 두 사람에게만 세마포가 내려온 것이 바로 이러한 그룹들로 나뉘어지기 때문이라는 것이 알아졌다.

[살전 4:16-18]
(16) 주께서 호령과 천사장의 소리와 하나님의 나팔로 친히 하늘로 좇아 강림하시리니 그리스도 안에서 죽은 자들이 먼저 일어나고 (17) 그 후에 우리 살아 남은 자도 저희와 함께 구름 속으로 끌어 올려 공중에서 주를 영접하게 하시리니 그리하여 우리가 항상 주와 함께 있으리라 (18) 그러므로 이 여러 말로 서로 위로하라

나는 놀라웠다. 아니 하나님의 인에 대하여 내가 다시 깨어난 것이다. 나는 이것을 심각하게 생각하여 보아야 했다.
왜냐하면 '왜 내 사역에서 이러한 일들이 일어나는가?'에 대하여 심각하게 생각하여 보아야 했기 때문이었다.

그리하여 나는 내 사역에 처음 인치는 사역이 나타난지 1년 반이 지난 후에야 그것을 깨닫고 심각하게 기도하기 시작한 것이다. 만일에 내 사역에 이러한 인치는 사역이 정말로 나타난 것이라면 이것은 정말로 중요한 사건이기 때문이다. 왜냐하면 우리는 정말 이 마지막 시대를 살고 있고 여섯째 인을 뗀 상태에서 살고 있으므로 계시록 7장의 사건이 실제로 지금 우리 시대에 일어나고 있다는 것을 증명하는 사건이기 때문이다.

즉 여섯째 인을 뗀 후에 일어나는 계시록 7장의 사건이 바로 지금 우리에게 일어나는 사건이라는 것을 보여주는 사건이기 때문이다. 그리고 천사들에 의하여 이마에 인을 맞지 아니하는 자들은 결국 앞으로 다가올 적그리스도의 후삼년 반의 통치 기간 동안에 그 핍박을 참지 못하여 믿음을 지키지 못하고 그들의 이마나 손에 짐승의 표 666을 받게 될 것이기 때문이다.

그리하여 그들의 마지막은 결국 계시록 14장 9-11절에서 말씀하듯이 유황 불못에 들어가기 때문이다. 주여!

[계 14:9-12]
(9) 또 다른 천사 곧 세째가 그 뒤를 따라 큰 음성으로 가로되 만일 누구든지 짐승과 그의 우상에게 경배하고 이마에나 손에 표를 받으면 (10) 그도 하나님의 진노의 포도주를 마시리니 그 진노의 잔에 섞인 것이 없이 부은 포도주라 거룩한 천사들 앞과 어린 양 앞에서 불과 유황으로 고난을 받으리니 (11) 그 고난의 연기가 세세토록 올라가리로다 짐승과 그의 우상에게 경배하고 그 이름의 표

를 받는 자는 누구든지 밤낮 쉼을 얻지 못하리라 하더라 (12) 성도들의 인내가 여기 있나니 저희는 하나님의 계명과 예수 믿음을 지키는 자니라

그들은 거룩한 천사들과 어린 양 앞에서 불과 유황의 고난의 연기가 세세토록 올라가도록 처하여질 것이다. 즉 받았던 구원도 짐승의 표를 받게 되므로 결국 그 구원을 잃어버리게 되는 것이다.

그러므로 예수를 구세주로 믿어도 (성령의 인침을 받았어도) 이 마지막 시대에 살아계신 하나님의 인을 그 이마에 맞지 아니하면 결국 짐승의 표 666을 받게 되어 유황 불못에 가게 되는 것이다. 그러므로 우리는 지금 천사들이 나타나서 우리의 이마에 인을 치고 있다면 필히 우리는 우리의 이마에 그 하나님의 인을 맞아야 할 것이다. 할렐루야.

그러므로 나는 그 다음부터 실제적으로 내 사역에서 나타나는 즉, 이마에 먹물로 십자가를 그리는 것이 무엇을 의미하는지 심각하게 기도하기 시작하였다.

 하나님의 인 ✝

천국지옥 간증 집회를 마치고 각자 회개 기도하는 시간에 천사가 나타나서 교회에 있는 모든 자들의 이마에 먹물로 십자가를 그려주다.

(2016. 7. 18)

나는 최근에 빅토빌에 있는 박 목사님의 전화를 받고 내 사역에 천사들이 나타나서 하나님의 종들의 이마에 먹물로 십자가를 그려주는 일이 왜 일어나는가를 놓고 기도하고 있는 즈음이었다. 그러는 중에 이 날은 내가 시무하는 교회에서 매주 월요일 저녁마다 천국지옥 간증집회를 한다. 미국이나 한국이나 천국 지옥에 대하여 관심이 많지가 않아서 그런지 이 매주 있는 집회에 참석하는 인원도 그렇게 많지 않았다. 그러나 이들은 정말 천국과 지옥이 실제로 있는 것을 알고 또한 천국을 보기 사모하며 그래서 나의 최근의 천국지옥 방문간증을 듣고 그들도 회개하기 위하여 이 집회에 매주 참석한다. 그 중에 열심히 회개하여 영안이 열려서 천국을 보는 분도 한 분 생겼다.

이 날도 월요일 저녁에 천국지옥 간증을 마치고 각자가 각자의 자리에 앉아서 회개하는 기도시간이었다.
사람들은 교회에서 각자 자기의 자리에서 기도하고 있었고 나는 강대상 뒤로 돌아와서 단상위 내가 기도하는 자리에 앉아서 기도하고 있었다.

특별히 나는 왜 내 사역에 인을 치는 사역 (천사들이 나타나 먹물로 이마에 십자가를 그리는 사건) 이 나타나며 앞으로 내가 이것에 어떻게 해야 할지에 대하여 진심으로 간절히 주님께 물으면서 방언으로 기도하고 있었다.

그런데 갑자기 내 이마에 먹물로 십자가가 그려지더니 내 영안으로 내 몸안에 사람의 키만 한 아주 아름답고 황홀하게 빛나는 황금 십자가가 서 있는 것이 보였다. 와우~

그 십자가는 참으로 아름다웠으며 횡으로는 내 두 팔의 길이와 종으로는 내 머리끝에서 발끝까지의 길이와 같은 십자가로 꼭 사람의 키만 한 크기의 십자가였다. 그리고 그 황금 십자가 앞쪽으로는 누군가가 달려 있었는데 나는 그것이 예수님이라는 사실을 알았다. 그 달려 있는 예수님도 황금이었다. 그렇게 나는 눈을 감고 기도하고 있지만 내 몸안에 황금 십자가가 보이기 시작하자 내 몸은 어디로 온데간데 형태가 없어지고 황금 십자가만 보이는 것이었다.

그리고 갑자기 내 머리 위 앞쪽으로 영적인 세계가 열리고 천상이 보였다. 그리고 그곳에는 까만 십자가가 하나 보였다. 나는 왠 하늘에 까만 십자가가 있을까? 의문이었다. 그러나 그 다음 일어나는 것이 내 안에 있던 황금 십자가가 내 몸에서 나와서 갑자기 그 천상으로 올라가더니 그 까만 십자가와 하나가 되는 것이었다. 와우~

나는 그것을 눈을 감은 채로 보고 있었다. 그러나 그 순간에도 나는 왜 하늘에 있는 십자가가 까만색인지를 이해할 수 없었다. 그러나 나는 보이는 대로 단지 기록할 뿐이었다. 나는 도무지 그 때에는 그 까만 색깔의 십자가를 이해할 수 없었으나 나중에야 왜 그 하늘에 있는 십자가가 까만색이었는지를 이해하게 되었다.

그런 후 (황금 십자가와 까만 십자가가 하나가 된 이후에) 에 나는 내 양손에 말로 형용할 수 없는 큰 힘이 들어오고 있는 것을 느꼈다. 나는 순간 그것이 매우 이상했고 그리고 나는 어찌할 줄을 몰라 내가 지금 즉시 일어나서 지금 현재 교회에서 기도하고 있는 모든 자들에게 이 손으로 이마에 안수를 해야 한다는 생각이 번쩍 들었다. 그래서 나는 벌떡 자리에서 일어나 기도하고 있는 한 사람 한 사람의 이마 위에 잠깐씩 손을 얹고 지나갔다. 그들은 잘 모른다. 왜 내가 그렇게 이마에 손을 얹고 가는지를....

그들은 계속 기도하고 있었다. 그리고 나서 나는 다시 내가 기도하는 자리인 강대상 뒤로 돌아와 앉아서 기도하고 있었다. 그 때 같이 기도하고 있었던 사람들은 나 말고 여섯 명이었다.

그런데 내가 강대상을 등 뒤로 하고 십자가가 걸린 쪽으로 바라보고 눈을 감고 기도하고 있는데 내 머리 뒤쪽으로 천사가 교회에 나타나서 그 때에 기도하고 있는 자들 한 사람 한 사람의 이마에 인을 치는 것이 갑자기 보이기 시작하는 것이었다. 와우~

나는 분명 눈을 감고 기도하고 있었고 그리고 나는 십자가가 걸려 있는 곳을 앞을 바라보고 강대상 뒤에서 기도하고 있었다. 그런데 내 뒤쪽은 강대상인데 그 강대상 너머로 그 때에 교회 안에 무슨 일이 일어나고 있는지가 다 보이는 것이었다.
와~ 얼마나 감격적이었는지....
나는 그 순간 너무 감격적이고 그리고 너무 감사하여 강대상 뒤에서 나 혼자 하나님 앞에서 엉엉 울었다.

할렐루야. 할렐루야. 나는 내 손에 이상한 힘이 들어와 벌떡 일어나 그들의 이마에 잠시 손을 얹고 지나갔는데 그 후에 바로 천사가 나타나 거기 기도하고 있는 여섯 명의 모두에게 이마에 먹물로 십자가를 그려주는 것이었다.
그것을 보는 나는 얼마나 감격하였는지.....
실제로 그들의 이마에 십자가가 그려진 것이다.
이전에 1년 반 전에 전남 강진에서 일어났던 일이 지금 다시 우리 교회에서 일어나기 시작한 것이다.
'나는 도대체 이것이 무슨 일일까?'하면서 궁금하여 하였다.
그리고 나는 내가 그들이 다 하나님으로부터 인침을 받았다는 사실을 알게 된 것이다. 그리하여 나는 갑자기 울음을 멈추고 내가 기도하던 자리에서 일어나서 바로 조금 전에 그들에게 무슨 일이 일어났는지를 설명해 주었다.
'즉 조금 바로 전에 천사가 나타나서 그들의 이마에 십자가를 그렸습니다. 그리고 이것은 여러분들이 인을 받은 것을 의미합니다'라고 선포한 것이다. 그러자 그들은 너무나 좋아하였다. 왜냐하면 이렇게 인을 받는다고 하는 것은 참으로 감사한 일이었기 때문이다.

그들은 왜 우리가 하나님의 인을 받아야 하는지를 내 강의를 들어서 잘 알고 있었다.

그리고 나는 이 날의 일을 꼭 기록하여 두어야 할 것 같아서 기록하여 두었다.

즉 하나님께서는 2014년 11월 24일에 주님과 천사들이 나타나서 각 사람들의 이마에 십자가를 그리는 사역을 내 사역에서 보여주셨지만 내가 깨닫지 못하니 침묵하고 계시다가 최근에 이것을 깨닫고 기도하기 시작하였더니 기다렸다는 듯이 내가 시무하는 교회에서부터 그 인 사역이 시작된 것이었다.

이것은 내 사역에 처음으로 이마에 십자가가 그려지는 것을 본 후에 꼭 1년 반 정도가 지난 2016년 7월 18일에 다시 내 사역에서 보여지기 시작하였다.

03 하나님의 인 +

주님이 천상에서 내 인 사역을 너무 기뻐하시고 그리고 그 인 사역을 도와줄 40명의 천사들을 보여주시다.

(2016. 7. 19)

나는 아침에 여러 시간을 기도한 후에 천국에 올라가게 되었다. 나를 수레바깥에서 수호하는 천사가 웃으면서 '주인님, 저는 악기가 필요해요' 하면서 달팽이 같이 동그랗게 생긴 황금 나팔 같은 것을 가지고 있었다.
이 수호천사가 자신이 이러한 나팔을 가진 것은 좋은 일이 있으니 기뻐하여야 한다는 의미였다. 나는 안다. 그런데 무슨 좋은 일이 있는지는 모른다. 이 천국에서 일어날 일을 이 천사는 미리 알고서 기뻐하고 있는 것이다. '나는 무슨 일일까?' 하고 궁금해 했다. '오늘 천상에서 무슨 일이 있을까?' 하고.

그리고 말들도 너무나 싱싱하게 또렷이 잘 보였고 그들은 발랄하며 눈이 초롱초롱하면서 그들도 매우 기뻐하는 눈초리였다. 그리고 수레를 모는 천사도 무슨 일인지 모르지만 너무 기뻐하는 것이었다. 이 모든 것이 내게는 나를 데리러 온 천사들과 말들의 표정이 지금 내가 천국에 올라가면 기쁜 일이 있을 것이라는 것을 예시하고 있는 것이었다.

그리고 오늘 나를 데리러 온 수레의 모양은 여태껏 보지 못한 희고 아주 크고 기이하게 생긴 (모양이 거문고의 윗부분 모양같이 나선형처럼 생겼으면서 길게 생긴 수레였다) 것으로 지금까지 그 모양을 보지 못한 수려하고 참으로 아름다운 수레였다. 와우~
그리고 내가 수레 쪽으로 올라가는 곳에 대개는 문이 있어서 그 문을 통하여 수레로 들어갔는데 오늘 온 이 수레는 창문도 없고 문도 없고 그냥 올라가면 되었다. 즉 오픈된 상태였다.
와우~ 나는 그 수레가 너무 아름답고 웅장하고 예뻐서 감탄사가 나왔다. 여태까지 나를 데리러 온 수레가 오면 수레의 문을 열고 들어갔었는데 '오늘은 신기하네. 문도 없고....' 하면서 오픈된 수레에 올라 탄 것이다.
물론 나를 수레바깥에서 수호하는 그 천사는 문이 닫힌 수레 안에서도 내가 무엇을 하는지 원래 다 투시하듯이 보고 알지만 지금은 아예 수레가 다 보이도록 열려 있었다.
나는 오늘처럼 기이하게 생긴 수레를 처음 보았다. 나는 그렇게 기이하고 아름다운 수레를 타고 천국에 올라갔다.
수레는 즉시 천국에 도착했다.
수레가 천국에 도착하자마자 내가 수레에서 내리려 하니 계단이 순식간에 아래로 생기면서 주님이 계신 곳까지 빨간 융단같이 생긴 것이 쫙~ 펴지는 것이었다. 이러한 것은 천국에서는 순식간에 일어난다.

나는 수레에서 내려서 그 아름다운 빨간 융단 위를 걸어서 주님께로 갔다.
나는 아주 아름다운 드레스를 입고 있었는데 위쪽에는 망사로 장식되어 있는 아름다운 드레스였다. 주님께서는 나를 맞이하여 주시면서 '딸아' 하고 부르셨다.

그러시고서는 주님은 즉시 나를 생명수 폭포수가 앞쪽으로 있는 절벽 위로 데리고 가셨다. 거기서 주님은 천사들이 가져온 생명수가 담긴 대야 같은 곳에 내 손들을 담구시더니 내 손을 먼저 씻어주시고 그리고 그 생명수에 내 발도 씻어주셨고 또한 내 얼굴도 씻어주셨다.
그런데 오늘 주님은 울고 계셨다. 내 손과 발과 얼굴을 씻어주시면서……
'아니, 주님이 왜 울고 계실까?' 나는 의아하여 하였다.
그래서 '주님, 왜 우세요?' 하고 물었다.
주님이 말씀하신다.
"내가 너를 보니 반가워서다."
'아니, 주님이 저 같은 것을 보시고 왜 반가워하세요?' 하고 나는 반문하듯이 물었다. 왜냐하면 나는 정말 그러할 만한 자격이 없다고 생각했기 때문이다. 그런데 나는 주님이 우시는 것을 본 것이다. 내 손과 발과 얼굴을 씻기시면서…
그러자 천사들이 긴 항아리에 생명수를 담아서 가져왔다. 이런 경우는 이 천사들이 생명수가 흐르는 폭포수에서 그 생명수를 담아서 날아서 온다.

주님이 말씀하셨다.

"부어라"

즉 주님이 천사들을 보고 내 몸에 부으라는 것이다.

내 몸에 생명수가 머리 위에서부터 부어졌다.

늘 그러하시다. 여기에 오면 먼저 손과 발, 그리고 얼굴을 대야에 있는 생명수 물에 씻고 나면 천사들이 긴 항아리에 생명수를 담아 와서 머리 위에 부으면 몸 전체가 옷을 입고 있는데도 깨끗하게 씻겨진다. 이렇게 깨끗함을 입고 나서 나는 천국을 구경한다.

그러고 나서 주님은 나를 데리고 구름을 타고 매우 빠르게 이동하셨다. 그런데 주님과 내가 도착한 곳은 오색찬란한 무지개 빛이 지붕 위로 아름답게 감도는 뾰족뾰족한 지붕이 있는 아름다운 하얀 궁이었다.

오 마이 갓! 아름답다! 하고 감탄이 흘러 나왔다.

그리고서는 어느 새 주님과 나는 벌써 그 궁 안으로 들어서고 있었다. 그 궁 안에는 바닥이 살색과 노란색의 중간인 대리석 같은 보석으로 된 바닥이 아주 넓은 궁이었다. 그런데 내 눈에 보이는 것은 그 넓은 궁 안에서 검은 옷을 입은 자들이 듬성듬성 여기저기에서 보이는 것이었다.

나는 놀라워했다.

"어머나~ 아니, 웬 천국에 저렇게 검은 옷을 입고 있는 사람들이 있지?" '내가 지금 잘못 보고 있는 것은 아니야?'하고 너무 놀라워서 순간적으로 주님께 물었다.
"주님 여기가 혹시 지옥인가요?"
그런데 순간 여기가 분명히 지옥이 아니라는 것이 알아진다. 왜냐하면 그 큰 하얀 궁의 바닥은 살색의 대리석같이 보이는 넓은 보석돌로 된 너무나 아름다운 궁이었기 때문이다.
그런데 분명 여기에 있는 이들은 검은 색의 옷을 아래위로 입고 있었다.
"주님 도대체 이들이 누구예요?"
나는 놀라움을 금치 못하고 물었다.
주님이 말씀하셨다.
"이들은 천사들이란다."
"네?"
나는 더 놀랬다.
그러자 그중의 한 명이 뒤를 돌아보면서 나를 보고 씩~ 하고 웃는 것이었다. 그리고 그 웃음속의 메시지는 '주인님 잘 모르시겠지요?'하는 짓 궂은 미소였다. 아니 그런데 저 천사가 나보고 씩~ 하고 웃으면서 나를 마음으로 '주인님' 하고 부르는 것이었다..
'저 검정 옷을 입고 있는 저 천사가 나보고 주인님이라고 부르다니......'
나는 더 놀랬다.
그리고 그 천사가 뒤로 나를 돌아보면서 씩~ 웃는 모습은 마귀부하 즉 귀신이 씩~ 하고 웃는 것과는 근본적으로 달라 보였다.
마귀부하가 웃을 때에는 섬뜩한 느낌이 드는데 그런데 이 천사가 나를 뒤돌아보면서 씩~ 웃는 것은 약간 유머스럽기까지 했다.

나는 그들이 나를 주인님이라고 부르는데 또한 그들이 천사라는데 왜 그들이 까만 옷을 입고 있는지 싫어서 '주님, 까만 옷이 싫어요' 했더니 그들의 옷이 순식간에 병아리 색깔의 노란색으로 변했다. 천국은 이런 곳이다. 순식간에 입은 옷이 다른 옷으로 바뀐다.

나는 또 놀랐다. '아니, 검정색의 옷이 샛노란 노란색으로 변하다니...'

나는 천사들이 노란색을 입는 것도 싫었다. 그래서 나는 그들이 흰색을 입기를 원했다. 그랬더니 그들의 옷이 또 순식간에 하얀색으로 변했다.

나는 그제서야 안심을 하듯이 마음이 놓였다.

왜냐하면 나는 천사들이 도대체 검정색의 옷을 입고 있는 것이 마음에 안 들었기 때문이다. 그러나 나는 이것이 나의 편견이라는 것을 나중에 알게 되었다. 즉 천사들이 꼭 하얀색의 옷을 입고 있어야 한다는 것이 아니라는 것을 알게 되었다.

그런데 나는 도대체 이 천사들이 무슨 일을 하는지를 알 수 없었다. 그래서 주님께 물었다.

"주님, 도대체 이들이 누구예요?"

그러자 주님이 가르쳐 주셨다.

"이들은 바로 네가 지상에서 인 사역을 감당할 때 너를 도울 천사들이란다."

"와우~"

나는 또 한 번 놀랬다.
'이들이 내가 지상에서 인 사역을 할 때에 나를 도울 천사들이라니?'
나는 다시 물었다.
"몇 명인데요?"
주님은 '40명이란다.'라고 말씀하셨다.
할렐루야.

[히 1:7]
또 천사들에 관하여는 그는 그의 천사들을 바람으로, 그의 사역자들을 불꽃으로 삼으시느니라 하셨으되

[히 1:14]
모든 천사들은 부리는 영으로서 구원 얻을 후사들을 위하여 섬기라고 보내심이 아니뇨

와우~ 주님께서 내가 지상에서 인 사역을 할 때에 도울 천사 40명을 내게 붙여주신 것이다. 할렐루야.

나는 오늘 여기까지 천국을 보고 내려왔다.
나는 천상에 올라가기 전에 나는 지상에서 내가 과연 인 사역을 해야 될지 말아야 할지에 대하여 주님께 기도를 많이 하고 올라왔는데 천상에서 주님은 아예 나보고 지상에서 인 사역을 감당

하라고 천상에서 이렇게 40명의 천사들을 붙여주신 것이었다.

나는 또 이 글을 지금 쓰면서 이전에 주님께서 신유와 축사사역을 위해 나에게 60명의 천사들을 붙여주신 것을 기억한다. 즉 내 사역에서 신유와 축사사역을 할 때에 60명의 천사들이 나와 함께 일할 것이라는 것을 보여주신 적이 있다. 그런데 이번에 주님께서 내게 인 사역을 하시라며 붙여주신 천사의 수는 정확히 40명이었다.

또 주님은 내게 알게 하시는 것이 내가 이 인 사역을 감당하면 이 크고 하얀 이 궁을 내게 상으로 주신다는 것이었다.
'와우~ 또 하나의 궁을 내게….'
이 궁은 무지개 빛이 감도는 하얀 아름다운 궁으로 궁 안의 바닥은 아주 크고 넓었고 빛이 나는 살색의 대리석으로 깔려 있었다.

어쨌든 하나님께서는 지상에서의 나의 기도를 천상에서 아예 이렇게 응답하신 것이었다.

나는 내려와서 천상에서 있었던 일을 기록하다가 나는 그제서야 이해가 가는 것이 있었다.
그것은 첫째, 나를 수레바깥에서 수호하는 천사가 무엇이 그리 기쁜지 달팽이 같이 생긴 황금 나팔을 가지고 '주인님 저는 악기가 필요해요'라고 하면서 즐거워한 이유를 이제야 알겠다. 그는 내가 천국에서 주님으로부터 40명의 천사를 선물 받을 것을 알고 있었고 그리고 내가 인 사역을 감당하게 된 것을 기뻐한 것이었다.

말들의 눈들이 너무나 기뻐 찬란하게 보일 정도로 기뻐한 이유를 알겠다. 또한 말을 모는 천사도 왜 그렇게 기쁜 얼굴을 하였는지 이제야 알겠다.

그리고 오늘은 특별히 나선형의 거문고 윗부분과 같이 생긴 하얗고 아름다운 수레가 왜 왔는지 이제 알겠다.

둘째, 그리고 왜 주님이 생명수가 흐르는 폭포수 앞에서 나를 직접 씻겨주시면서 왜 우셨는지 이제 이해가 가는 것이었다.

주님은 내가 지상에서 인 사역을 하는 것을 매우 기뻐하신 것이다. 아니 너무 기쁘셔서 우신 것이다.

할렐루야. 할렐루야.

그리고 나는 그 크고 하얀 궁에서 왜 천사들이 검정 옷을 입고 있었는지 나중에야 알게 되었다. 그것은 지상에서 인 사역을 감당할 때에 사람들의 이마에 먹물로 십자가를 그리는데 이 먹물 색깔이 바로 그들이 입고 있었던 색깔이었던 것이다.

할렐루야. 그런데 나는 이 검정 색깔의 옷을 왜 입고 있는지를 이해를 못하니까 자꾸만 싫다고 했는데 지금에 와서야 이것은 어디까지나 나의 편견이었음을 고백한다.

그리고 나는 134-135p에 언급된 천상에서 보인 까만 십자가가 이제야 이해가 되었다. 즉 그것은 먹물색깔의 십자가를 말하는 것이었다. 하나님의 종들의 이마에 그려질 먹물색깔의 십자가를 뜻하는 것임을 이제야 알게 된 것이다.

나는 솔직히 그 당시에는 천상에 까만 십자가가 보인다는 사실에 매우 당황하였었다. 그래서 당시는 혹 내가 무엇인가를 잘못 보고 있는 것이 아닌가하였다. 그런데 그것이 아니었다. 이제야 이해가 가는 것이었다. 오~ 나는 너무나 정확하신 하나님께 감사와 찬양을 올려 드리지 아니할 수가 없는 것이다.

주님을 찬양합니다.

 하나님의 인 +

수요 예배시간 전에 먹물 색깔의 옷을 입은 천사가 나타나서 내 어머니 권사님에게 그리고 알고 지내는 선교사님의 이마에 먹물로 십자가를 그려주다.

(2016. 7. 20)

수요일 저녁 예배를 보기 위하여 준비하고 있었다.
저녁을 준비하기 위하여 일찍 오신 내 어머니 권사님이 계셨고 또 수요예배 전에 일찍 상담하러 온 선교사 한 분이 교회 안에 있었다. 우리는 다른 사람들이 오기 전에 찬양을 시작하였다.
'주 하나님이 지으신 모든 세계'라는 찬양을 부르고 있었는데 갑자기 흰 옷을 입으신 예수님이 교회 중앙에 서신 것이 보였다. 나는 눈을 감고 노래를 부르고 있었다. 그런데 눈을 감았는데도 다 보이는 것이었다. 그리고 그 분은 흰 옷을 입으셨고 나를 보고 계신 것이 느껴졌다.
'오 마이 갓! 주님이 오셨네!'
그리하여 나는 찬양을 하다가 내 어머니 권사님과 그 선교사님에게 이렇게 말했다. '오늘 찬양하는 가운데 여러분이 진심으로 하나님을 찬양하면 지금 주님께서 여러분의 이마에 인을 쳐주실 수 있습니다'라고 공포하였다.
그리고 우리는 다시 '하나님이 지으신 모든 세계'라는 찬양을 부르기 시작하였다. 그러자 갑자기 어제 천상에서 보았던 검은 옷 입은 천사가 한 명 나타났다.
오 마이 갓! 그는 분명 내가 천상에서 보았던 검은 옷 입은 천사였다.
그래서 나는 노래를 부르면서 주님께 속으로 말했다.
'주님, 저는 검은 색은 싫어요. 저 천사가 흰색을 입게 하여 주세요' 하였더니 그 천사가 갑자기 또 흰 옷으로 순식간에 바꾸어 입은 것이 보였다. 와우~
이 천사는 덩치가 상당히 큰 천사였다. 그리고는 그 천사는 예배당 뒤에 앉아계신 내 어머니 권사님에게 가더니 내 어머니 권사님의 이마에다가 먹물로 십자가를 그리는 것이었다. 그러고서는 고개를 나에게 돌려서 힐끗 뒤돌아보면서 미소를 지으며 '되었지요?' 하고 반문하였다. 앗! 저 얼굴은 어제 바로 천상의 그 흰 궁 안에서 나를 힐끗 돌아보며 '주인님' 하면서 미소짓던 바로 그 얼굴이었다. 그리고 이 천사는 내 어머니에게서부터 선교사님 쪽으로 가더니 또 그 선교사님의 이마에다가 먹물로 십자가를 그리는 것이 보였다. 그러고서는 다시 내게로 힐끗 뒤돌아보면서 이렇게 말하는 것이 알아졌다. '되었지요?' 그는 그렇게 말하면서 미소지었다.
'오 마이 갓!' 이 미소는 어제 내가 천상에서 보았던 그 미소였다. 바로 그였다. 그 천사가 내려와서 내 어머니 권사님과 선교사님의 이마에다가 먹물로 십자가를 그려준 것이다. 할렐루야. 나는 눈을 지긋이 감고 찬양을 하고 있었으나 눈을 뜬 것처럼 교회 안에서 일어나는 일이 확연히 내게 다 보였다.

나는 갑자기 감격하여 눈물이 울컥 쏟아져 나왔다.

너무나 감사하여서이다. 오늘 주님은 내 사랑하는 어머니에게 그리고 그 선교사님에게 천사를 시켜서 이마에다가 인을 쳐 주신 것이다.

할렐루야. 할렐루야. 주님 감사합니다.

05 하나님의 인 +

기도시간에 주님이 인 사역에 대하여 말씀하시기 시작하시다. 인 맞은 자는 베리칩을 받지 않게 될 것이라 말씀하시다.
(2016. 7. 21)

기도할 때에 주님께서 인 사역에 대하여 말씀하시기 시작하셨다. "내가 너와 함께 하리라"
즉 내가 지상에서 인 사역을 감당할 때에 주님께서 함께 하여 주시겠다는 약속이시다.
그리고 또 말씀하신다.
"40명이 적으면 더 보내주겠다."
나는 대답했다.
"아닙니다. 주님 충분합니다."
그리고 나는 계속 인 사역에 대하여 걱정하고 염려하면서 기도하고 있으니 다시 주님이 내게 말씀하신다.
"내가 한다."
그렇다. 그분이 하시는 것이다.
그리고서 또 말씀하신다.
'너는 공포만 하라.'라고 말씀하신다.
그렇다. 나는 공포만 하면 되는 것이다.

그리고 주님은 또 말씀하시기를
'네가 가는 곳곳마다 인치는 역사가 일어날 것이다.'라고 말씀하셨다.
"오 할렐루야. 감사 감사드립니다. 주님."
"네가 나에게 모든 것을 다 맡기겠느냐?"
"네 하나님 그렇게 하겠습니다. 주님이 하시옵소서.
모든 영광 주님이 받으시옵소서."
또 말씀하신다.
"내가 너와 함께 일할 것이다."
"네 할렐루야 주님."
대화가 계속되었다.
"너는 내 것이라."
"네 주님 그러하나이다."

"너는 내 종이라"
"네 주님 그렇습니다."

"내가 너를 통하여 역사할 것이다."
"네 아멘. 주님."

"너는 내가 하는 것을 보게 될 것이다."
"네 할렐루야 주님."

"나는 너의 하나님이라"
"주여~, 감사합니다."

"내가 너를 내 손에 놓을 것이다."
"네, 할렐루야. 주님."

"너는 내 것이라."
"네, 할렐루야. 주님."

"세계 만방에 나를 전파하여라."
"네, 할렐루야. 주님."

"곧 베리칩 시대가 올 것이다. 준비시켜야 한다."
"네, 주님."

"인 맞은 자는 베리칩을 받지 않게 될 것이다.
인은 아주 중요하단다."
"네, 주님."

"그들로 하여금 인을 맞게 하여 준비시켜라."
"네, 할렐루야. 주님."

"너는 내 종임을 잊지 말라."

"네, 주님."

"너의 인 사역을 이단이라고 말하는 자는 인을 맞지 못할 것이다."
"그러면 그는 어떻게 되나요?"
"베리칩 즉 짐승의 표를 받게 될 것이다."

"그런데 주님, 계시록 14장에 보면 이마에 인이 어린 양의 이름과 아버지의 이름이라고 적혀 있다 하였는데 제 사역에서는 천사가 나타나 이마에 인을 칠 때에 십자가를 긋는 것은 왜 입니까?"
"그것은 어린 양의 이름과 아버지의 이름은 결국 예수인데 십자가는 예수를 뜻하는 것이란다."
"오 할렐루야 감사합니다. 주님 가르쳐 주셔서 감사합니다. 오호라 그래서 인 맞은 자 안에는 사람 크기의 황금 십자가가 보이는 것인가요?"

"주님, 제가 주님이 원하시면 인 사역을 하구요 원치 아니하시면 안 하겠습니다."
"너는 해야 한단다."

"그런데 주님, 왜 이제 와서야 이것을 말씀하시는 건가요?"(이 말은 이전에 1년 반 전에 전남 강진에서 처음으로 인치는 사건이 나타났을 때에 이렇게 말씀하시지 않고 왜 지금 와서 말씀하시느냐고 물었다.)
"나는 네가 인에 대하여 열리기를 기다린 것이다."

"내가 너와 함께 하리라.
  내가 너에게 준 것을 지킬 수 있느냐?"
"주님, 그것이 무슨 말씀입니까?"

"내가 너에게 말하지 않은 것으로 말하지 말아야 한다."
"네 알겠습니다. 주님, 감사합니다."

06 하나님의 인 +

천상에서 성부 하나님께서
내가 지상에서 인 사역을 감당해야
한다는 것을 확실히 하여 주시다.

(2016. 7. 21)

아침에 기도한 후에 천국에 올라갔다.

수레바깥에서 나를 수호하는 천사가 달팽이같이 생긴 큰 황금나팔을 가지고 있으면서 그는 이렇게 말한다. "저는 이 악기가 필요해요." 즉 계속 경사스런 일에 대하여 기뻐한다는 뜻이었다. 열 마리의 말들도 기뻐하는 모습이었고 말을 모는 천사도 그러하였다. 오 마이 갓! 오늘 나를 데리러 온 수레도 바로 엊그제 보았던 그 나선형의 아름다운 크고 흰 수레였다. 나는 계단을 올라 수레에 올랐다. 이 수레는 지붕이 없고 올라갈 때에 문도 없다. 그리고 나는 내 자리에 와서 앉았는데 내가 나를 보니 하얀 이쁜 드레스에 긴 머리를 하고 있었고 귀 뒤편으로는 분홍색 꽃을 달고 있었다. 그리고 머리에는 여전히 아름다운 다이아몬드 면류관을 쓰고 있었다. 나를 태운 수레는 즉시 사뿐히 천국 안에 도착하였다. 내 마음은 주님께로 급하게 달려가고 싶었다. 그리하여 내가 수레에서 내리자마자 어린아이처럼 주님께로 달려가고자 하였다. 그런데 보통 내가 수레에서 내리면 그때부터 나를 주님께로 데리고 가는 두 천사가 급한 마음을 가진 나를 약간 제지하고서는 그들이 나를 정중히 수종하여 주님께로 데리고 가는 것이었다. 주님은 나를 어린아이 같이 반겨주시면서 '내 딸아'하고 맞아주셨다.

그런 후 주님은 보통 나를 생명수가 흐르는 폭포수 앞 절벽으로 데리고 가셔서 씻기시는데 오늘은 그곳을 살짝 지나치셔서 그냥 위로 위로 올라가서 성부 하나님이 계신 궁으로 나를 데리고 가신 것이다 (나는 솔직히 어떤 때는 씻기시고 어떤 때는 아니 씻기시는 이유를 잘 모른다. 다만 내가 추측하는 것은 주님 보시기에 내가 충분히 천국에 올라오기 전에 지상에서 기도할 때에 회개가 잘 된 경우는 그냥 지나치지 않나 싶다.)
주님과 나는 성부 하나님이 계신 궁 안에서 늘 서는 자리가 있는데 그곳에 와서 섰다. 이곳은 저 앞의 성부 하나님께서 앉아계신 보좌에서 약 100m 정도 떨어진 곳이다.
주님은 늘 내 우편에 서신다.

그런데 그곳에 선 내가 똑바로 제대로 서 있을 수 없음을 알게 되었다. 즉 내 몸이 자꾸만 옆으로 구부러지면서 넘어지려 하였다. 내 힘으로는 도저히 바로 몸을 세울 수가 없었다. 불가항력적이었다.
그래서 나는 주님께 말씀드렸다.
'주님, 저는 바닥에 앉을게요.' 하면서 주저앉자 자연스럽게 바닥에 엎드리게 되었다. 그리고 성부 하나님 앞에서 울음이 터졌다. 그것은 내 안에서 주님께 불순종하는 마음이 있었기 때문이다. 어떤 불순종하는 마음인가 하면 주님은 내가 지상에서 인 사역을 감당하기를 원하시는데 나는 핍박을 겁내어서 하지 않기를 원하는 그런 마음이었다. 이것이 성부 하나님 앞에서 그 마음이 다 드러나는 것이었다. 그래서 그러한 불순종하는 마음이 있을 때에는 성부 하나님 앞에서 나는 똑바로 설수 없음을 이전에도 한번 이번과 같이 동일하게 경험한 적이 있었다. 그것은 지옥편을 쓸 때인데 나는 지옥편을 쓰기 싫어했다. 그 때에 내가 성부 하나님 앞에서 똑바로 서지 못하고 쓰러지듯이 엎드린 경험이 있었다. 지금 그러한 불순종의 마음 때문에 나는 주님 앞에 성부 하나님 앞에 똑바로 서 있을 수가 없었던 것이다.

그리고 엎드려서 우는 내 울음소리가 성부 하나님이 계신 궁에서 크게 확성되어 들리듯이 들렸다.

그러자 저 앞에서 성부 하나님의 음성이 들렸다.

"사라야!"

그 음성은 그 궁 전체를 흔드는 소리였다.

그리고 그 다음 성부 하나님께서 말씀하신다.

"나는 네가 좋다."

와우~ 성부 하나님께서 나를 좋아한다고 말씀하시다니~

나는 그 말씀에 너무나 부끄러워 울다가 얼굴이 홍당무가 되었다.

'아니 성부 하나님께서 나를 좋아하신다고 말씀하시다니...'

나는 결국 엎드려서 울다가 갑자기 얼굴이 홍당무가 되어 웃고 있었다.
그때 내 옆에 서계신 주님도 나를 보고 웃으셨다.

그 다음 성부 하나님이 또 이렇게 말씀하셨다.
"너는 예수의 말을 들으라."
(즉 이 말씀은 예수님이 내가 지상에서 인 사역을 하기를 원하니까 너는 그것에 순종하라 이 말씀이었다)
나는 그 순간 '네~' 하고 크게 대답하였다.
그러자 그 순간 이상한 일이 일어났다.
나는 조금 전까지만 해도 스스로 일어나지 못하고 몸을 똑바로 가눌 수가 없었던 나였는데 그런데 내가 성부 하나님 앞에서 예수님의 말에 순종하겠다고 대답하자마자 갑자기 내 몸이 벌떡 일어서더니 성부 하나님 앞에서 똑바로 가슴을 펴고 오뚝이같이 서는 것이었다. 와우~ 나 스스로도 놀라움을 금치 못했다.
'그렇구나! 성부 하나님 앞에서는 조금이라도 불순종하는 마음이 내게 있으면 그분 앞에서는 똑바로 설수 없는 것이 인간이구나!' 하고 알아졌다.
나는 그 때에 노란색이 비치는 상아색의 아름다운 드레스를 입고 있었고 그리고 귀 뒤편으로는 분홍색 꽃을 달고 있었으며 머리에는 다이아몬드 면류관을 쓰고서 말이다. 내가 순종하는 마음으로 돌아서자 나는 가볍게 오뚝이같이 일어나서 성부 하나님 앞에 똑바로 서게 된 것이었다. 그리고 내가 불순종하는 마음을 가졌을 때에는 내 몸이 그렇게 무엇엔가 무겁게 짓눌리는 느낌을 받았는데 순종하겠다고 하는 순간 내 몸이 날아갈 듯이 가벼워지고 상쾌하여짐을 알게 되었다.

그런 후에 주님과 나는 그 성을 나와서 어디론가 갔는데 그곳은 바로 엊그제 방문하였던 그 장소 무지개 빛이 그 뾰족뾰족한 지붕들 위에 도는 아름답고도 하얀 궁이었다.
그 궁 안에서는 먹물 색깔의 옷을 아래위로 입은 40명의 천사들이 모두가 다 뒷짐을 지고 차렷 자세로 두 줄로 차례로 서서 나를 맞아주었다. 그들은 내가 지상에서 인 사역을 할 때에 나를 도울 천사들이었다.
주님과 나는 이 모습에 너무 좋아하였다. 그래서 입이 다물어지지 않았다.
그리고 나는 또 인 사역을 하게 된 것이 너무 좋아서 소리내어 '하하하' 웃었다. 이전의 불순종하는 마음이 언제 없어졌는지 온 데간데 없어져 버렸다. 나는 이 하얀 궁에서 그 천사들을 보면서 좋아서 웃었다.
그래서 나는 이 모든 것이 이렇게 일어나는 것은 지금 주님이 내가 지상에서 인 사역을 꼭 잘 감당해내야 한다는 것을 확신시켜 주시기 위하여 나를 성부 하나님이 계신 궁으로 데리고 가셨구나 하고 알아진 것이다.
할렐루야.
그러더니 저쪽에서 두 줄로 옆으로 나란히 서 있던 그 40명의 천사들이 한 손들을 치켜 올리면서 동시에 일제히 '화이팅!' 하고 외쳐주는 것이었다.

할렐루야.

그리고서는 나는 내려왔다.

나는 성부 하나님 궁에서 왜 내 몸이 처음에 가누지 못할 정도로 눌리는 것 같았는가 그리고 주님이 말씀하신 인 사역을 하라고 하실 때에 왜 내 몸이 눌리듯이 그러다가 아주 가볍게 되어 기분 좋게 일어나는 그러한 역사가 왜 일어났나를 나는 생각하여 본다.

나는 아직도 주님 앞에서 성부 하나님 앞에서 내가 인 사역을 해야 하는지에 대하여 100% 확실하지 아니한 것을 아시고 이것이 내게는 짓눌리는 것으로 몸을 가누지 못하는 것으로 표현이 되었다 생각이 들었다 (즉 인간인 내가 성부 하나님 앞에서 불순종 하려고 하는 마음이 조금이라도 있으면 이렇게 되는 것 같다). 그리고 내가 인치는 사역을 꼭 해야 한다는 것을 알고 동의하는 순간 내 몸은 아주 가볍게 되어 사뿐히 그 자리에서 일어나서 서게 된 것이다. 할렐루야.

이러한 동일한 일이 저번에도 한번 있었다. 성부 하나님이 계신 곳에서 내가 지옥편을 들고 섰는데 제대로 설 수 없어서 주저앉았던 기억이 난다. 나는 내가 꼭 지옥편을 써야 하는지에 대하여 마음에 불편한 것이 좀 남아 있었다. 그러나 내가 지옥가는 인생

이 불쌍하여 하나라도 지옥에서 건지는 마음을 가지고 하나님의 마음을 가지고 꼭 써야 하는 것이구나 알아졌을 때에 나는 성부 하나님 앞에 꼿꼿이 바로 설 수 있었던 때가 기억이 난다.
할렐루야.
순종하지 아니하는 마음을 조금이라도 갖고 있으면 우리 인간은 성부 하나님 앞에 바로 설 수 없는 것이다. 할렐루야.

 **07** 하나님의 인 †

그 40명의 천사들 중 대장 천사의 이름이 '시온'이라는 것을 알게 되다.
(2016. 7. 23)

아침에 기도한 후에 천국에 올라갔다.

수레바깥에서 나를 수호하는 천사가 먼저 흰 옷을 입고 나타나더니 숟가락을 가지고 흰 쌀죽 같은 것을 내 입에다가 먹였다. 이것은 이전에도 이런 적이 있었는데 내가 기도하다가 울면 그런다. 즉 한국을 위하여 기도하면 눈물이 쏟아진다. 온 영혼몸이 집중하여 하나님께 기도하면 진이 빠지는 것과 같다. 우리나라를 건져 달라고 용서하여 달라고 큰 교회들의 배도를 용서하여 달라고 그들을 구하여 달라고 기도하였다. 그랬더니 지금 이 천사가 나에게 하얀 쌀죽 같은 것을 스푼에 담아 내 입에다가 넣어주는 것이었다. 나의 기력을 돕는 것이었다. 힘내라는 것이다. 나는 주는 것을 받아 먹었지만 그 쌀죽 같은 것이 무엇인지 나는 모른다.

나를 데리러 온 말들도 건장하였고 나를 데리러 온 열 마리의 말은 오른편에서부터 맨 나중에 나를 수종하게 된 온유라는 이름을 가진 말과 그리고 그 다음 아홉 번째 나를 수종하게 된 충성

(초콜렛 색깔의 말)인 말이 보였다. 그 다음 여덟 마리의 말들의 이름이 차례로 사랑, 지혜, 인내, 승리, 소망, 믿음, 겸손, 찬양이 보였다.

수레를 모는 천사도 나를 반겨주었다.

수레는 꼭 국회의사당 같이 생긴 하얗고 웅장해 보이는 큰 수레가 왔다. 나는 즉시 수레를 탔다. 그리하였더니 수레가 천국에 즉시 도착하였는데 오늘은 주님께서 바로 수레바깥까지 오셔서 나를 맞아 주셨다.

수레바깥에서 늘 나를 수호하는 천사가 예수님을 보더니 이렇게 말했다.

'예수님, 제가 주인님에게 예수님이 명령하신 것을 스푼으로 먹였어요'라고 했다.

즉 나에게 그 쌀죽을 먹인 것은 주님의 명령이었다는 것을 분명히 알 수 있었다.

그렇다. 천사들은 하나님께서 부리는 종들로서 그분의 명령을 따른 것이다. 할렐루야.

주님은 나를 데리시고 바로 인간창조역사관으로 가셨다.

들어가는 현관문 앞에는 흰 옷 입은 천사가 한 명 보였다.

이전같이 주님은 나를 인간창조역사관의 지상 3층으로 데리고 가신다. 이 인간창조역사관은 총 일곱 층으로 되어 있었다.

가운데에는 기본층이 있고 그 다음 그 위로 1층 2층 3층까지 있는데 이곳은 예수님의 생애 이후 신약의 그림들이 있는 곳이다.

기본층은 예수님의 생애를 다루고 있다.

그리고 기본층 아래로 지하 1층 2층 3층에는 가장 아래층에서부터는 창세기부터의 구약의 그림들이 있다.

인간창조역사관의 기본층 위의 제 3층에는 마지막 시대의 그림들을 보여 준다 (서사라 목사의 천국 지옥 간증수기 제 1권 14. 인간 창조 역사관을 가보다 와 39. 인간 창조 역사관에서 베드로와 사도요한을 만나다를 참조, 그리고 제 2권 18. 천국에서 엘리야와 엘리사를 만나다, 19. 인간창조역사관에 전쟁후 북한에 빛이 비춰지는 그림이 있다, 60. 내가 쓰는 천국과 지옥 간증 책이 인간 창조역사관에 보관될 것을 말씀하시다 를 참조).

주님과 내가 가서 선 곳에는 앞에 그림이 하나 크게 걸려 있었는데 그 그림에는 인 맞은 하나님의 종들의 무리가 있다는 것이 그냥 영으로 알아졌다. 이 무리들의 얼굴들이 하나하나 자세히 보인 것은 아니었다. 단지 내가 아는 것은 그들은 하나님의 인을 이마에 맞은 자들이라는 것이다.

주님과 나는 그렇게 하나님의 인을 맞은 흰 무리들이 그려져 있는 그림 앞에 서 있었다.

그러자 먹물 색깔의 옷을 입은 건장한 몸집의 천사 한 명이 나타났다.

이 천사는 이전에 하얀 궁에서 나를 힐끗 뒤를 돌아보면서 '주인님 잘 모르시겠지요?' 하면서 씩~ 웃던 그 천사였고 또 수요예배 때에 내 어머니 권사님과 선교사님의 이마에 십자가를 그렸던 그 천사였다.
아니, 그 천사가 여기 나타난 것이다.
주님이 그 천사에게 이렇게 말씀하셨다.
"시온아, 사라 옆으로 바짝 붙어라."
그러자 그 천사가 내 옆으로 바짝 붙었다.
그리고 주님이 그렇게 하신 말씀의 의미가 알아지는데 이 천사는 내가 언제 어디로 가든지 내가 가는 곳마다 사람들에게 인을 치기 위하여 나에게 붙는다는 것이 그냥 알아졌다.
오 마이 갓!
그리고 주님이 그 천사의 이름을 '시온' 이라고 불렀기 때문에 나는 이제 이 천사의 이름이 시온이라는 사실을 알게 되었다.
즉 이 천사의 이름이 시온이다.
이 천사는 아무래도 사람보다는 조금 키도 덩치도 큰 것 같았다.
그리고 그는 먹물 색깔의 옷을 아래위로 입고 있었다.
나는 왜 이들이 먹물 색깔의 옷을 입고 있는가 하고 그 이유를 처음에는 잘 몰랐지만 그러나 이제 이해가 가는 것이 그들이 사람들의 이마에 먹물로 십자가를 그리기 때문이라는 것을 알게 되었다.
그리고 이 시온이라고 하는 대장 천사가 39명의 먹물 색깔을 입은 다른 천사들을 부린다는 것이 알아졌다.
그러고서 나는 궁으로 왔다.
그리고 나는 여기까지 보고 내려왔다.

지상으로 내려와서 나에게서 사라지지 않는 생각은 아무래도 인간창조역사관에서 보았던 그 벽에 걸려 있던 인 맞은 자들의 그림은 아무래도 내 인 사역을 통하여 인을 맞은 자들이라는 것이 감동이 왔다. 그리하여 내 인 사역을 도울 시온이 그곳에 나타났었고 또한 주님은 그 그림 앞에서 시온을 보고 내 옆에 꼭 붙으라고 말씀하신 것으로 보아 말이다.

그리고 한 가지 더 그렇게 보이는 것은 그 그림의 사람들의 얼굴이 자세히 보이지 않았다는 것이다. 이것은 당연한 것이 나는 내 미래의 사역에서 누가 하나님의 인을 받을지 모르기 때문인 것으로 알아졌다.

08 하나님의 인 +

주님은 두루마리에 '너는 인 사역을 할 것이다.' 라고 써주시다.

(2016. 7. 26)

화요일 아침에 기도시간이었다.

한참을 강대상을 등 뒤로 하고 앞에 있는 벽에 걸린 십자가 밑에서 기도하고 있는데 먹물 색깔의 옷을 입은 체격이 건장한 천사 시온이가 내 옆에 와서 앉는 것이 보였다. 이러한 것은 환상이 아니라 실제로 사람이 내 옆에 와서 앉는 것과 같다.

나는 물론 이 시온이라는 천사가 내 인 사역을 도우는 천사이지만 나는 그가 검은 옷을 입은 것이 마음에 안 들었다. 그래서 나는 '예수의 피'를 외치면서 '네가 사단이면 물러가라' 몇 번을 외쳤다.

그런데 시온은 내 옆에서 물러가지 않고 그대로 가만히 앉아 있었다.

그리고 내가 그래도 의심을 하니까 주님께서 그 순간에 어제 시온이라는 이 천사를 보고 인간창조역사관에서 나에게 꼭 붙어 있으라고 말씀하신 것이 생각나게 하셨다.

즉 이 시온이라는 천사는 마귀부하가 아니라 먹물 색깔을 입은 천사로서 내가 인 사역을 할 때마다 나타나는 천사였다.
그래서 나의 의심은 곧 없어졌다.
그러자 시온은 내 옆에 앉아서 나에게 하얗고 동그란 동전 크기의 쌀과자 같은 것을 자꾸만 내게 주기를 원했다. 그래서 나는 그것을 내 손바닥에 놓게 하고서는 그것을 내 입안에 넣었다. 그리고 나는 그것을 씹어서 삼켰다 (이러한 경우는 영적으로 보이는 것이다. 실제로 쌀과자를 내가 씹어 먹는 것이 아니다. 그런데 꼭 그것을 받아 쥔 것같이 영으로 보이는 그것을 입에 넣고 씹어 삼키는 것이다).
나도 이 쌀과자 같은 것이 무엇인지 궁금하였다.

그런데 그것을 씹어먹고 나니 이상한 현상이 내게 펼쳐졌다.
즉 바로 내 앞 위쪽으로 주님의 보좌로 올라가는 계단이 바로 놓인 것이다. 와우~
이것은 환상이 아니다. 실제로 그곳에 영적인 세계가 열려서 내가 거기로 걸어 올라갈 수 있는 것이다. 순간 나에게 이런 생각이 스쳐 지나갔다. '혹 내가 이렇게 시온이가 주는 쌀과자 같은 것을 먹을 때마다 이렇게 내 앞에 영적인 세계가 열리게 될 것인가'하는 생각이 스쳤다.
그리고 앞으로도 이런 일이 있으면 참 좋겠다는 생각이 들었다.
내 앞에 보이는 주님의 보좌 앞으로 올라가는 계단의 양옆에는 흰 두 날개 달린 흰 옷 입은 천사들이 계단의 아래에서부터 위까지 줄줄이 서 있었다. 나는 순간 어린아이와 같이 보였고 그 계단을 막 뛰어 올라갔다. 그러자 주님께서 흰 옷을 입으시고 그 계단의 윗편에 서 계셨다. 그런데 내가 그 계단을 다 올라가니까 내 모습이 갑자기 변했다. 어린아이의 모습에서 내가 천국에 올라가면 보통 젊은 여성의 모습을 하고 있는데 바로 그 모습으로 변한 것이다. 계단을 다 올라왔는데....

마지막 계단 위에서는 나는 머리에 다이아몬드 면류관을 쓰고 있었고 그리고 흰 드레스를 입고 있었다. 분명히 계단을 올라올 때에는 어린아이의 모습이었는데.....

주님의 보좌로 가는 계단의 양쪽으로는 흰 두 날개 달린 흰 옷입은 천사들이 줄줄이 서 있었다. 이들은 내가 주님의 보좌 앞에 갈 때에 늘 보는 천사들의 그룹들이었다. 주님은 벌써 주님의 보좌 앞으로 언제 가셨는지 가셔서 그 보좌에 앉아 계셨다. 그리고 보좌에 앉으신 예수님의 복장이 변하여 있었다. 천국은 금방금방 변한다.

보좌에 앉으신 주님은 금면류관을 쓰고 계셨고 옷도 아까 보았던 흰 옷이 아니라 그 두 소매 양 끝에 황금색으로 장식된 옷을 입고 계셨다. 즉시 바꿔 입으신 것이다. 그리고 나는 그 보좌 앞에 엎드려 있었다.

주님이 말씀하신다.

"두루마리를 가져 오너라."

천사가 두루마리를 가져왔는데 그 두루마리 (너비가 약 30cm)는 아래로 쭉 펼쳐지니까 좌우 양 끝에 약 3cm 정도의 넓이로 황금무늬로 장식이 되어 있었다.
주님은 그 두루마리를 내게 건네 주셨다.
그리고 거기에는 이렇게 쓰여져 있었다.
"너는 인 사역을 하게 될 것이다."
"와우~"
이제 주님께서 나에게 지상에서 인 사역을 하게 될 것을 아예 두루마리에 써서 주시는 것이었다.
'아하, 나는 이제 지상에서 인 사역을 해야 하는 것이구나' 이것이 확실하여진 것이다.
나는 그래도 긴가민가하였었는데 이제는 아예 주님께서 두루마리에 써서 주신다.
두루마리에 써서 주시는 것은 반드시 다 이루어졌고 또 반드시 이루어질 것을 말하는 것이다.

그러고 나서 주님은 나를 컨벤션센터 같은 곳으로 데리고 가셨다. 그곳에는 흰 옷 입은 많은 무리가 있는데 주님과 나는 무대에 섰고 그리고 거기서 주님께서 아까 내게 보여주신 즉 내가 인 사역을 하게 될 것이라고 적혀 있는 그 두루마리를 감은 채로 그것을 한 손에 높이 치켜 드시면서 말씀하시기를
"이제 사라가 인 사역을 할 것이다."
라고 선포하자 그 컨밴션센터에 있는 모든 하얀 옷을 입은 자들이 다 일어나서 환호를 보내는 것이었다. 즉 내가 지상에서 인치는 사역을 하게 된 것을 너무 좋아하는 것이었다.

할렐루야.

오늘 주님께서는 내가 앞으로 인 사역을 할 것을 이렇게 확인시켜 주셨다.

주님의 보좌 앞에서 두루마리에 써서 주셨고 그리고 많은 흰 옷 입은 무리들 앞에서 그것을 공포하신 것이다.

지금까지 주님께서 나에게 두루마리에 써주신 것을 보면 다음과 같다.

1. 베리칩은 666이니라!
2. 공중 휴거는 반드시 일어난다.
3. 네가 지옥편을 쓰게 될 것이다.
4. 그리고 이번 네 번째로

'네가 인 사역을 하게 될 것이다.'라는 것이었다.

오~ 할렐루야!

09 하나님의 인 +

지상에서 인 사역을 할 때에 핍박이 올 텐데 그것으로 인하여 주님은 내게 이기는 자들에게 주어지는 흰 돌을 주시겠다고 하셨다.

(2016. 7. 26)

그러고 나서 (기도할 때에 시온이라는 천사가 내게 나타나 쌀과자를 주어서 그것을 먹고 난 후에 내 앞에 영적인 세계가 열려서 거기로 들어가서 주님으로부터 네가 인 사역을 하게 될 것이라는 두루마리를 받은 후에) 나는 더욱 기도한 후에 보통 때처럼 기도하다가 천국에 올라갔다.

주님은 나를 보시자마자 폭포수 앞에 생명수 있는 곳으로 데리고 가셨다.

주님은 나를 발부터 생명수가 담긴 대야에 담구어서 씻기시고 그 다음 손, 그리고 그 다음은 얼굴을 손수 씻겨주셨다.

그러고 나서 천사들이 긴 보석 항아리에 생명수를 담아가지고 와서 내 머리 위로 부었다. 나의 온 몸이 생명수로 깨끗하게 씻겼다. 그런 후에 주님은 내 손을 잡으시고 저어기 멀리 빛이 있는 곳으로 나를 데리고 가셨다.

그 빛을 통과하고 나서보니 그 곳은 성부 하나님이 계신 곳이었다. 주님과 나는 그 성부 하나님이 계신 그 궁에서 늘 서는 그 장소

(앞에서 약 100m 정도 떨어진 곳) 에 섰다.
그런데 나는 내 모습을 보니 내가 어떤 옷을 입고 있었느냐면 며칠 전 성부 하나님이 계신 곳에서 입었던 노란 드레스를 입고 있었고 머리에는 면류관을 쓰고서 성부 하나님 앞에 똑바로 서 있는 것이었다. 그리고 내 옆에 주님이 서 계셨다.
그러자 저 앞에서 성부 하나님께서 나에게 말씀하시기 시작하셨다.
"사라야! 나는 네가 좋다."
와~~
성부 하나님께서 나를 좋다고 하시니 나는 갑자기 쑥스러워져서 손을 입에다가 대고 조금 부끄러워하였다.
그러고 있는데 성부 하나님께서 또 말씀하신다.
"사라야! 네가 인 사역을 할 것이다."
나는 그것을 알고 있었는데 성부 하나님께서 한번 더 말씀하여 주시는 것이었다.
그러자 내 안에서는
'그런데 내가 어떻게?' 하는 마음이 생겼다.
그러자 성부 하나님께서 그 마음을 아시고 다시 내게 이렇게 말씀하셨다.
"예수가 너와 함께 할 것이다."
그러자 나에게 갑자기 위안이 찾아왔다. 그렇다 주님께서 나와 함께 하신다면 걱정할 필요가 없는 것이었다.
그 순간 나는 내 옆에 서 계신 주님의 얼굴을 쳐다보았다.
그랬더니 주님께서 나를 보시더니 빙그레 미소를 지으시는 것이었다.
할렐루야.

그러고 나서 주님은 나를 흰 돌이 있는 바닷가로 데리고 가셨다. 그곳에는 흰 돌들이 많았다.
그런데 주님의 손에는 여기에 있는 보통의 흰 돌의 크기보다 세 배나 큰 흰 돌이 놓여져 있었다. 그 돌은 약 세배정도로 크고 그리고 전체적인 모양은 약 세모꼴이었다.
완전 세모꼴은 아니었으나. 세모에 가까웠다. 그런데 주님께서는 이 돌을 내게 주신다는 것이었다. 나는 요 며칠 전에 주님께서 이 흰 돌이 있는 바닷가에 오셔서 이 세 배정도 되는 큰 흰 돌을 쥐시고 나에게 주실 것이라 했던 것이 생각이 났다.
'아 그렇지. 나에게 주시겠다고 하는 돌이 저렇게 컸었지.'
'그런데 왜 저렇게 다른 돌보다 세 배나 크지?'
큰 것이 좋은 것은 알겠는데 왜 나에게 주어지는 흰 돌은 다른 흰 돌들보다 세 배나 크느냐 하는 것이 의문이었다.
그래서 나는 주님께 물었다.
"주님, 이 돌의 크기는 무엇을 뜻하는 것이에요?"
그리하였더니 주님께서 알려 주신다.
"이 흰 돌의 크기는 네가 받을 핍박의 크기를 말하는 것이란다."
즉 이 말씀은 내가 다른 사람들보다 더 큰 핍박을 받을 것이므로 그것을 이겨낸 후에야 그것을 받아 쥐게 될 것임을 말씀하고 있는 것이었다.

'오 마이 갓! 이 흰 돌의 크기가 내가 받을 핍박의 크기라니….'
순간 내 눈에는 눈물이 맺혔다. 내가 받을 흰 돌이 다른 흰 돌들보다 커서 잠시 좋아했는데 그 돌이 큰 이유가 내가 다른 사람들보다 더 큰 핍박을 받는 것을 의미한다니 나는 기쁘다고 하기보다는 순간 많이 슬퍼지는 것이었다. 바로 그 때에 주님의 눈에도 눈물이 번듯거렸다.
내가 받을 핍박에 대한 주님의 동정의 눈물이셨다.
그런 후에 나는 천국에서 내려왔다.

10 하나님의 인 +

기도시간에 하나님께서 하나님의 인을 맞게 되는 자의 조건과 내가 왜 인 사역을 해야 하는가에 대한 당위성을 말씀하여 주시다.
(2016. 7. 27)

아침 기도시간에 나는 인 사역에 대하여 어떻게 할 것인가를 생각하며 기도하고 있었다. 그 때에 주님과 대화가 일어났다.
주님이 나에게 말씀하시기 시작하신 것이다.
"나는 아무나 이 인 사역을 시키지 않는다."
나는 이 말씀에 눈물이 왈칵 쏟아졌다.
왜냐하면 내가 선택되어진 것 같아서였다.
그러자 주님이 또 말씀하신다.
"나는 나를 아는 자에게 인 사역을 시킬 것이다."
즉 주님을 아는 자에게 인 사역을 시키신다는 말씀이시다.
그래서 나는 주님께 울먹이면서 이렇게 말씀드렸다.
왜냐하면 나는 사람들의 핍박을 생각하여 내가 아니었으면 하는 마음도 있었기 때문이었다.
"주님, 저는 주님을 잘 모릅니다."
"아니다. 너는 나를 안다."

그러고 나서 주님은 나에게 다음과 같이 말씀하셨다.
"나는 너에게 인 사역에 필요한 모든 것을 보여주었다."

그러자 나는 즉시 주님이 내게 무엇을 보여주셨는지를 빠르게 살펴보았다.
첫째, 나는 내가 지상에서 인 사역할 때 나를 도울 천사들을 보았다. 그들은 먹물 색깔의 옷을 입은 천사들로서 시온이라고 하는 천사가 대장이고 나머지 39명의 천사들이었다. 그리하여 총 40명이었다.
둘째, 이마에 인을 칠 때에 나는 천사들이 먹물을 사용하는 것을 보았다.
셋째, 이마에 인을 칠 때에 나는 천사들이 먹물로 십자가를 그리는 것을 보았다.
넷째, 이마에 먹물로 십자가가 그려진 자는 그 사람의 몸 안에 꼭 그 사람크기만한 십자가가 들어 있음을 보았다.
다섯째, 그리고 그 사람의 몸 안에 들어있는 십자가의 색깔과 재료가 사람마다 다 틀림을 보았다. 어떤 이는 흰색, 어떤 이는 은색, 어떤 이는 황금색, 어떤 이는 회색, 어떤 이는 심지어 검정색도 있었고 또 분홍색도 있었다. 그리고 어떤 이는 나무로 된 십자가, 또 어떤 이는 플라스틱으로 된 십자가, 또 어떤 이는 황금으로 된 십자가, 또 어떤 이는 백금으로 된 십자가, 또 어떤 이는 은으로 된 십자가도 있었다. 얼마나 다양한지....
그러나 나는 아직 잘 모른다. 이 색깔의 의미와 재질의 의미가 무엇을 의미하는지....
여섯째, 천사들이 나타나 사람들의 이마에 십자가를 그리기 전에 반드시 그 사역 현장에 예수님이 먼저 나타나셨다.

그리고 나서 나는 기도하면서 주님께 물었다.
"주님, 사역 현장에서 인치는 천사가 그 이마에 십자가를 안 그리고 그냥 지나가는 자는 어떻게 해야 하나요?"
왜냐하면 나는 이것을 보았기 때문이다. 천사가 그 사람 앞을 머뭇거리다가 그냥 지나가는 것을 보았기 때문이다.
이러한 경우에 주님은 순간적으로 나에게 그런 자는 이렇게 해야 한다고 마음으로 알게 하여 주셨다.
첫째, 그 사람을 더 회개시켜라 (용서하지 못하는 자가 있어서는 안 된다고 하심. 거짓말, 사기 친 것 다 회개하여야 한다고 하심)
둘째, 그 사람이 순교의 각오를 가져야 한다고 말하라
셋째, 세상에 대한 욕심을 끊어내라고 말하라
넷째, 어떠한 노예상태에 있는 것이더라도 그 노예상태에서 놓임을 받아야 한다고 말하라 (이것은 어떤 중독의 상태를 의미하는 것이었다. 술, 담배, 여자 등등)
다섯 번째, 오직 하나님만 바라보라고 말하라

"주님 그러면 그들이 인을 받을 수 있나요?"
그 질문에 주님은 이렇게 말씀하셨다.
"그것이 하루아침에 되는 것이 아니란다. 결단하고 결심하고 죄에서 떠나야 하며 악은 모양이라도 버려야 한단다."
"그러면 주님, 그들도 인을 쳐 주시는 것입니까?"
"그렇단다."

"그러면 제 집회에서 인침을 받을 자는 누구입니까?"
"그들은 인 받을 자격이 거의 된 자들로서 네 집회에 와서 더 회개함으로 말미암아 인을 받게 된단다."

"그러면 주님, 인 받을 자격이 된 자는 제 집회에 안 와도 주님께서 직접 인을 치시는 것이지요?"
"그렇단다."

"아하~ 그래서 흰 말탄 자가 면류관을 쓰고 이기고 이기려고 하더라 라고 성경은 기록하고 있는데 이 흰 말탄 자가 돌아다니면서 인 받을 자에게 인을 치고 있군요."
"그렇단다."

나는 이 흰 말탄 자가 대환난전 공중휴거 될 자들, 대환난시 순교할 자들, 대환난시 666표 안 받고 끝까지 살아남을 자들, 그리고 유대인의 십사만 사천을 그 이마에 인을 치고 있다는 사실이 다시 알아졌다.

"그러면 제가 제 사역 현장에서 천사들이 나타나 먹물로 그들의 이마에 십자가를 그리는 것과 이 흰 말탄 자가 사람들의 이마에 인을 치는 것과 무슨 상관이 있는 것입니까?"
"네 사역은 이 흰 말탄 자가 그들을 (이마에 먹물로 십자가가 그려진 자들) 발견하여 그들의 이마에 인을 치는 것을 준비시키는 것이란다."
"네???"
나는 주님의 이 말씀에 무척 놀랐다.
"그것이 무슨 말씀이신지요?"
그러자 나에게는 갑자기 아래의 성경구절이 생각이 났다.

[계 7:2-3]
(2) 또 보매 다른 천사가 살아 계신 하나님의 인을 가지고 해 돋는 데로부터 올라와서 땅과 바다를 해롭게 할 권세를 얻은 네 천사를 향하여 큰 소리로 외쳐 (3) 가로되 우리가 우리 하나님의 종들의 이마에 인치기까지 땅이나 바다나 나무나 해하지 말라 하더라

여기서 '우리가'라는 복수를 쓰고 있다는 것이다.
그러면 이 흰 말탄 자가 거느린 인을 치는 천사들이 있다는 것이다. 인치는 천사가 한 명이 아니라는 것이다. 즉 이들이 내가 사역하는 현장에서 이마에 먹물로 십자가가 그려진 자들을 발견하여 그들의 이마에 인을 치는 것이다.

그런데 이 흰 말탄 자가 사람들의 이마에 치는 인은 어떤 인인가

하면 계시록 14장 1절에 보면 분명히 유대인의 십사만 사천의 이마에 어린양의 이름과 아버지의 이름이 적혀 있다 하였으니 그 인은 어린 양의 이름과 아버지의 이름, '예수'라는 이름인 것이다 (Part I. 성경에 나타나는 하나님의 인, 6. 하나님의 인이란 하나님의 종들의 이마에 적혀지는 '예수'라는 이름이다. 를 참조).

그리고 나서 나는 다시 주님께 물었다.
"주님, 그러시면 주님께서 직접 그 천사들을 시켜서 그들의 이마에 인을 치시면 되지 왜 제 사역에 천사들이 나타나 먹물로 사람들의 이마에 십자가를 그리는 그 과정이 왜 필요한 것입니까?"

이것은 매우 중요한 질문이었다.
왜냐하면 나는 주님께서 나에게 보여주신 이 지상에서의 인 사역의 당위성 (왜 내가 이 인 사역을 꼭 해야 하는지?) 을 도무지 찾지 못하고 있었기 때문이다.
그런데 이것에 대한 주님의 대답이 내가 왜 지상에서 인 사역을 감당해야 하는지 왜 내 사역에 인치는 사역이 나타나는지를 설명하여 줄 것이기 때문이다.

주님이 말씀하셨다.
"그것은 네 집회를 통하여 사람들이 하나님의 인에 대한 중요성에 대하여 깨어나고 또한 그들을 더욱 회개시켜서 그리고 그와 동시에 순교의 결단까지 있게 하여 하나님의 인을 맞을 자의 수를 늘리는데 그 목적이 있단다."
"와우~"
나는 그제야 내가 왜 인 사역을 해야 하는지에 대하여 이해가 가는 것이었다.
즉 내 인 사역의 목적은 그들로 하여금 더욱 회개시키고 또한 앞으로 있을 환난에 대하여 순교의 각오까지 시켜서 하나님의 인을 맞을 준비를 시키는 것이 내 집회에서 인 사역을 하는 목적이라는 것이었다.
"오~ 할렐루야. 아 주님 정말 그러네요. 정말 그렇습니다.
그래요. 주님, 그렇게 함으로써 인 맞는 자의 수가 더 늘어나겠네요. 할렐루야~ 할렐루야~~"

그러자 주님이 이렇게 말씀하셨다.
"내가 너와 함께 하리라."
"아~ 네. 할렐루야. 주님 아멘입니다."
나는 너무 기뻐하였다.

그리고 나서 나는 또 하나의 질문을 하였다.
"주님, 그러면 제가 저의 집회를 통하여 당신은 인을 맞았습니다 라고 공포하여 주는 것이 무엇을 의미하나요?"
주님이 말씀하셨다.
"첫째, 그들은 자신들이 그들의 이마에 인을 맞은 것을 알게되면 그들의 삶은 이전보다 더욱 정화될 것이다.

둘째, 그리고 그들은 정말 순교의 각오를 더욱 굳혀 가게 될 것이다. 셋째, 그리고 그들은 이제 자신이 자신의 것이 아니라 자신이 하나님의 것임을 더욱 각성하게 될 것이다."
"할렐루야 주님!"

"그러면 주님, 인 맞지 않는 자는 어떻게 되나요?"
"그들은 결국 짐승의 표를 받게 될 것이다."
오 마이 갓! 짐승의 표를 받게 되면 지옥행이다.
"주님, 우리 모두 이마에 하나님의 인을 맞는 자들이 되게 하소서!"
이렇게 하고 나는 주님과의 대화가 끝이 났다.

11 하나님의 인 †

아리조나 주 집회에서
내가 인 사역을 해야 할 것을
주님이 천상에서 말씀하시다.
(2016. 8. 2)

아침에 기도하다가 미국 아리조나 주에 있을 집회 (2016년 8월 4일과 5일 이틀간 집회) 를 위하여 기도하던 중에 하늘에서 나에게 불이 임하고 권능이 임하였다.

그런 후에 갑자기 내 옆에 먹물 색깔의 옷을 입은 천사 시온이가 나타났다. 그는 나에게 쌀과자 같은 것을 건네주었다. 아니 오늘은 내가 먼저 시온에게 그 쌀과자를 달라고 요구했다. 그리고는 나는 그 흰 쌀과자를 입에 넣어 먹었다. 그러자마자 내 앞으로 그리고 위로 영적인 세계가 열려서 보여졌다.

저 위에 흰 옷 입은 주님께서 무지개 색깔의 길 위에 서신 것이 보였다. 주님께서는 내가 그리로 올라오기를 원하셨고 나는 그리로 올라갔다.

그리고 무지개 색깔의 길 아래로는 내가 천국가면 항상 나를 반겨주는 약 100명의 흰 옷 입은 무리가 나를 반겨주고 있는 것이 보였다. 나는 주님과 함께 그 무지개 길을 따라 올라갔는데 도달한 곳은 하얀 구름 위였다. 그리고 그 흰 옷 입은 100명의 무리가 그 구름 위로 올라왔다. 그런데 아까 무지개 색깔의 길 아래에 있던 흰 옷 입은 무리는 그렇게 많아 보이지 않았는데 이 흰 구름 위에 있는 흰 옷 입은 무리는 셀 수 없이 많았다. 이들은 아마도 내가 늘 주님과 함께 갔던 컨벤션센타같은 곳에 가면 만나는 그 흰 옷 입은 무리들로 보였다.
주님은 나를 옆에 세우고 그들의 앞에 서서 이렇게 말했다.
주님과 그들이 떨어져 있는 거리는 약 40m 정도는 되어 보였다.
'사라가 하늘의 권능을 받아 이번 집회 때에 신유와 축사사역을 할 것이다.'라고 말씀하셨다. 아까 기도할 때에 하늘에서 불이 임하고 권능이 임하는 것을 느꼈다. 그랬더니 거기 있는 흰 옷 입은 무리들이 와~ 와~ 하고 소리 내어 기뻐하여 주었다. 주님께서는 나를 안아 들어서 그들 위로 가볍게 던지셨다. 그리하였더니 그들은 나를 그들의 머리 위에서 차례로 빙빙 돌리면서 그렇게 한참을 기뻐하여 주었다.
그런 후에 그들은 그들이 모여 있는 한가운데 원모양의 공간을 만들었다. 그것은 약 직경 20m-30m 정도의 공간인 원을 만들었고 그들은 그 원 주위로 서서히 비켜나가서 섰다. 그러자 나는 그들이 비켜서서 만든 원의 중앙에 머리를 바닥에 대고 주님을 향하여 엎드렸다. 주님은 그들이 만든 원의 바깥에 서 계셨다.
나도 그들처럼 하얀 색깔의 드레스를 입고 있었다.
그러자 주님 쪽으로 가까이 있던 무리들이 길을 비켜서 주님과 내가 보일 수 있도록 길을 만들었는데 그 폭이 약 10m 정도가 되었다. 그리하여 그들이 길을 내어줌으로 말미암아 주님과 내가 서로 바라볼 수 있었다.

그런 후 갑자기 내 뒤로 그들이 만든 원 안에서 검은 옷 입은 천사 40명이 무릎을 꿇고 앉는 것이 보였다. 그중에 시온이란 대장 천사가 바로 내 뒤에 주님을 향하여 무릎을 꿇고 앉았고 그리고 그 뒤 한발자국 뒤쪽으로 39명이 무릎을 꿇고 앉았다.

즉 이들은 내가 인 사역할 때에 사람들의 이마에 먹물로 십자가를 그리는 천사들이다.

주님이 나에게 붙여주신 것이다.

나는 마음으로 주님에게

'제가 이번 아리조나 주에서 인 사역을 해야 하나요?' 라고 주님께 묻고 있었다.

그리하였더니 시온이라는 천사가 내 뒤에 있다가 나에게 두루마리를 가져다주었다. 즉 이 두루마리는 내가 주님의 보좌 앞에서 받았던 그 두루마리였다. 그런데 시온이라는 천사가 그것을 가지고 있다가 나에게 가져다준 것이다.

나는 내 속으로 '왜 저 천사가 이 두루마리를 가지고 있을까?'하고 약간 궁금하였다.

그 두루마리에는 주님이 나에게 주신 말씀

"너는 인 사역을 할 것이다." 라고 적혀 있었다.

'오호라 주님께서 이번에 인 사역을 하라고 하시는구나' 이것이 알아진 것이다.

'나는 주님 알겠습니다. 인 사역을 하겠습니다.' 라고 속으로 말씀드렸다.
또 나는 기도 속에서 내가 주님께 인 사역을 해야 하냐고 질문하였을 때 주님이 함께 하신다고 말씀하셨으니 주님이 함께 하시면 못할 것이 없을 것이라 생각되었다.
할렐루야.

12 하나님의 인 †

처음으로 아리조나 주에서
인 사역을 감당하다.
(2016. 8. 8)

나는 이것을 꼭 기록해 놓아야겠다는 생각에 기록하여 둔다.
지난주 목, 금 즉 8월 4일, 5일 오전, 오후 하루 두 번씩 아리조나 피닉스 구세군 교회에서 천국지옥 간증집회를 열었다.
마지막 날 저녁시간에는 계시록에서 두 번의 휴거가 있을 것을 강의하고 나서 우리는 실제로 여섯째 인을 뗀 상태에서 살고 있으며 이 여섯째 인을 뗀 상태에서 계시록 7장에서 말하는 하나님의 종들에게 인을 치는 사건이 일어나고 있으니 실제로 우리가 회개하면서 천사들이 와서 인을 치도록 하자고 말하고 회개의 시간으로 들어갔다.
나는 강대상 앞에서 마이크를 잡고 그들을 위하여 방언으로 기도하고 있었다.
나는 주님이 그곳에 임하시고 그들의 이마에 천사들이 나타나 십자가를 그려달라고 주님께 간절히 구하고 있었다.
그러자 내가 앉아 있는 (나는 강대상 뒤에서 앉아서 기도하고 있었다.) 곳의 위로 크신 흰 옷 입은 주님이 임하시는 것이 보였다.

그래서 나는 기도하는 자리에서 일어났다. 그리고서는 집회에 참석한 모든 자들을 향하여 섰다.

그러자 먹물 색깔의 옷을 입은 천사들 4명이 성도들을 향하여 오른편 쪽으로 두 명, 왼편 쪽으로 두 명 이렇게 선 것이 보였다. 그 중에 한 명이 먹물 통을 들었는데 꼭 1 갤런짜리 페인트 통만한 것으로 보였다.

그리고 그 통의 색깔은 갈색이었다.

그리고 나는 이들이 사람들의 이마에 인을 쳐주기를 기대하며 계속 기도하고 있었다. 그런데 왼편 가장 앞쪽에서 교회 바닥에 무릎을 꿇고 앉아 기도하고 있는 목사님과 사모님에게 천사들이 십자가를 긋는 것이 보였다. 그리고 그들은 성도들이 있는 곳으로 들어갔다. 그런데 문제는 내 눈에 하나하나를 치는 것이 보이지 않았다. 나는 안타까웠다.

왜 안 보일까? 한 사람 한 사람 그 이마에 십자가를 그리는 것이 안 보이니 나는 누가 받고 안 받았는지 정말 궁금하였다. 이전에 우리 교회에서 6명이 앉아서 기도할 때에는 한 사람 한사람 그 이마에 그리는 것이 다 보였는데 지금 이 교회에 약 60명이 앉아 있는데 4명의 천사들이 그 성도들에게 그 이마에 십자가를 그리기 위하여 들어갔으나 하나하나 그려지는 것이 보이지 않았던 것이다.

그런데 나는 강대상에서 바닥에 무릎을 꿇고 기도하고 있는 목사님을 보았다.

그 목사님 안에 OO색의 큰 십자가가 보였다. '아하! 목사님은 확실히 받으셨네....' 라고 알아진 것이다 (각 사람마다 색깔이 다르므로 여기서는 비밀로 한다.)

그 다음 사모님을 바라보았다. 그 사모님 안에는 OO색의 큰 십자가가 보였다.

'아하! 사모님도 받으셨구나...'

그런데 왜 OO색일까? 하는 의문이 있었다.

그리고 나서 나는 교인들이 앉아 있는 곳을 바라보았다. 그들은 계속 일어서서 기도하고 있었다. 그런데 그 중에 두 명이 그 안에 하얀 십자가가 보였다.

'할렐루야. 저들이 인을 받았구나.'

그러나 나는 나머지 또 누가 받았는지 확실하지 않아서 혹시 보일까 하여 나는 강대상을 내려와서 마이크를 든 채 기도하면서 성도들 쪽으로 들어갔다.

앞쪽에서부터 뒤쪽으로 성도들이 앉아서 기도하고 있는 곳으로 한번 쭉 갔다가 다시 돌아오는데 대강 누가 받았는지가 영적 감각으로 알아지는 것이었다. 그러나 그들 안에 하나하나 십자가가 보이거나 하지는 않았다. 그들 속에 십자가가 보이는 것은 내 경험상 주님께서 특별히 그 십자가를 보여주시고자 할 때에 보여진다. 예를 들면 몇 명이 안 되는 곳에서 그들이 다 인을 받은 경우에 하나하나 내가 보고자 하면 보여주신다. 그런데 이렇게 사람이 많은 경우는 보이지 않는다.

이전에 우리 교회에서 하나님의 인을 받기를 그렇게 기도하였으나 못 받았던 사모님이 오열하며 회개하고 있는 것이 보였다. '아하, 저분은 오늘 받는구나'라고 알아졌다.
그러자 그냥 알아지는 것이 거기 있는 성도의 약 1/2이 받은 것이 알겠다.
그리하여 나는 여러분들 중 약 1/2 성도님들이 받았다라고 선포하였다.
그리고 집회를 끝냈다.
사람들은 이 인 받는 시간을 통하여 엄청나게 회개를 많이 했다.
그리고 인을 못 받은 사람들은 인 받기 위하여 더 회개하라 하였다. 그리하면 이 집회 후에도 하나님께서는 천사들을 보내어 인을 쳐주실 것이라 말했다.
다만 스스로가 인 받을 자격이 되느냐 하는 것이 문제라 했다.
할렐루야.
그리고서는 LA로 돌아왔다.

집회 후기 : 내가 이 집회를 통하여 가진 의문은
'왜 사람이 많은 곳에서는 하나하나 천사들이 십자가를 그리는 것이 보이지 않을까?'하는 것이다.
그러나 그 교회의 목사님과 사모님은 하나님께서 나에게 정확히 그들이 받은 것을 보여주셨다. 인 사역을 하기 전에 주님이 그곳에 나타나시고 먹물 통을 든 네 천사가 나타난 것이 확실히 내게 보였었다. 그들이 나타난 이유는 그곳에 있는 성도들의 이마에 먹물로 십자가를 그리기 위하여 나타난 것이다.
그러나 사람들의 이마에 하나하나 그 십자가를 그리는 것이 보

이지 않았다.

그냥 나는 영으로 느껴지는 것이 천사들이 어디 정도 성도들을 지나가고 있다는 것은 알아졌다. 그리고 그들이 인 사역을 마치고 앞으로 주님 계신 곳으로 돌아오는 것도 알아졌다.

이 아리조나 집회의 인 사역은 내게는 외부에 나가서 처음으로 하는 인 사역이었다.

그래서 아직 나는 모르는 것이 많다.

다음의 집회에서 내가 인 사역을 할 때에는 어떻게 역사하실지 앞으로 참으로 궁금하였다.

사실 사람이 많으면 어찌 내 눈에 한 사람 한 사람 그 이마에 십자가가 그려지는 것이 다 보이겠는가 하는 것이다.

나는 안 보이는 것이 안타까웠지만 그러나 안 보이게 하시는 것이 더 옳다는 생각이 들었다. 왜냐하면 예를 들어 성도들이 약 500명이 앉아 있을 때 천사들이 성도들에게 들어가서 그 이마에 십자가를 그릴 때에 여기저기서 동시다발적으로 그릴텐데 어찌 내 눈이 다 그들을 볼 수 있겠는가 하는 것이다. 그래서 일일이 십자가를 그들의 이마에 그리는 것이 내 눈에 안 보이게 하시는 하나님의 방법이 더 옳다는 생각이 들었다.

또 하나의 다른 이유는 인 사역한 후에 사람들이 내게 와서 제가 받았나요 하고 많이 물을 것이다. 그때에 내가 당신은 받았습니다. 당신은 못 받았습니다 라고 말하여 주는 것이 내가 무슨 대단히 신령하여 그들을 보자마자 그렇게 구분하여 주는 그러한 자가 아니기 때문이다. 아니 그렇게 되면 내가 교주가 될 가능성도

많아 보인다. 그리고 사람들은 나만 쫓아다닐 것이다. 그래서 아마도 주님께서 이것을 막으시는 것이 아닌가 하는 생각이 들었다. 그리고 사실 그것이 내게는 더 감사한 일이다. 그러나 내가 관심이 있어 하는 분 (나와 특별한 관련이 있으시거나 인 사역을 하게 된 그 교회의 목사님과 사모님 등) 은 주님은 또 반드시 알게 하여 주신다. 특히 그 분이 받았는지 아니받았는지 그리고 그 분 안에 들어가 있는 십자가는 어떤 색깔과 재질인지를 다 보여주시더라는 것이다. 나는 이 모든 것도 그분의 주관이라는 것을 안다. 내 주관이 아니다. 나는 다 알 수 없다. 그러나 내가 꼭 보고자 하는 분은 또 알게 하여주시는 그것도 그분의 주관이신 것이다. 할렐루야. 이렇게 부족한 우리를 통하여 그분이 일하시기를 기뻐하시는 주님을 찬양한다.

13 하나님의 인 +

주님께서 2016년 10월에 있을 한국집회에서 내가 인 사역을 하게 될 것이라는 것을 주님의 보좌 앞에서 그리고 컨벤션센터 같은 곳에서 흰 옷 입은 수많은 무리들 앞에서 선포하시다.
(2016. 8. 23)

아침 기도 시간에 시온이라는 먹물 색깔의 옷을 입은 천사가 내 옆에 나타난 것이 알아졌다. 이 시온이라는 천사는 매끄럽게 생긴 동전 크기의 동그란 쌀과자를 나에게 주었다. 나는 그것을 받아 씹어 먹었다.
그리하였더니 바로 내 앞에 주님이 서신 것이 보였다.
"와우~"
주님께서는 나를 보고 따라 올라 오라 하시는데 그 앞에는 계단이 있었다.
그 계단은 주님의 보좌로 가는 황금계단이었다.
내가 그 계단에 올라서자 계단 양옆으로 흰 옷 입은 두 날개 달린 천사들이 주님과 나를 환영하여 주었다.
그 황금 계단을 다 올라가니 주님은 온데간데없이 사라지셨다 (이때 주님은 나를 떠나서 순식간에 그분의 보좌에 가서 앉으신 것이다).

내가 늘 천국에 수레를 타고 도착하면 수레에서 내리는 나를 수종하여 나를 데리고 주님께로 인도하는 두 천사가 있는데 이 두 천사가 내가 그 주님 보좌 앞으로 가는 황금계단들을 다 올라가니 그들이 나를 그 계단의 끝에 서서 나를 반겨주는 것이었다.

'와우~, 그 천사들이 여기에 있네' 하면서 나는 놀라워했다.

이들은 여성천사들로서 머리는 단발로 그 머리 위에 아름다운 링을 하나씩 장식으로 얹고 있는데 그렇게 하는 것이 그들에게는 더 아름다워 보였다. 이들은 두 날개를 가진 천사들로 대개는 살색이나 분홍색의 옷을 입고 있었는데 오늘은 이들이 둘 다 흰 옷을 입고 있었다.

그리고 주님의 보좌까지 나는 걸어가야 했는데 주님의 보좌 앞까지 가는 길에 천사들이 양쪽에서 많이 서 있으면서 나를 환영하여 주고 있었다.

주님은 주님의 보좌에 앉아 계셨다. 그리고 주님의 보좌는 황금으로 빛이 나고 있었다. 주님께서는 하얀 옷을 입고 앉아계셨는데 그분의 발이 먼저 보였다. 그분의 발에는 구멍이 뚫어져 있는 것이 보였고 나는 그것을 보자마자 그분 앞에 엎드러졌다. 나는 주님의 그 발에 나 있는 구멍만 보면 슬프고 아파서 가슴이 내려앉을 것만 같았다.

그러자 주님의 왼편 천사들이 있는 쪽에는 늘 내가 앉는 의자가 있는데 주님께서 나를 보고 '가서 앉으라' 하셨다.

나는 일어나서 그곳에 가서 앉았다.

그런데 나는 그곳에 앉아 있을 수가 없어서 아니 나는 그렇게 앉아 있을 존재가 못된다 싶어서 주님 보좌 앞으로 다시 와서 엎드렸다.

그러자 주님께서 내 앞으로 두루마리를 펼치셨다.

거기에는 '사라가 인 사역을 시작할 것이다.'라고 쓰여 있었다. 그 두루마리가 주님의 허리 위로 가로로 쭉 펼쳐져서 나에게 보였다. 그것을 천사들이 보라고 보여주시는 것 같았다.

그러자 내 뒤로 시온이 와서 고개를 숙이고 앉았다.

그 뒤로 먹물 색깔의 옷을 입은 39명의 천사들이 와서 주님의 보좌 앞에서 엎드렸다.

즉 내가 인 사역을 할 때에 그들이 하나님의 종들의 이마에 인을 칠 자들인 것이다.

그들은 시온을 비롯하여 내 뒤로 쭉 앉았다.

'오호라 그들이 주님의 보좌 앞까지 오는구나!'

나는 새삼 놀라왔다. 왜냐하면 나는 내 생각에 먹물 색깔의 옷을 입은 천사들은 주님의 보좌 앞에 오지 못할 것이라고 생각한 것이다. 그런데 그 생각 자체가 맞지 않았다. 그렇다. 그들이 무슨 색깔의 옷을 입었든지 상관없이 주님이 부르시면 주님의 보좌 앞으로 오는 것이다. 그들은 하나님의 일을 도우는 천사들이다. 주님께서는 그들에게 어떤 목적이 있으셔서 그러한 색깔의 옷을 입히신 것인데 내가 왜 천사들은 꼭 흰색의 옷을 입어야 한다는 고집은 옳지 않다는 것을 알게 되었다. 그리고 나는 천사들이 입는 옷 색깔에 대하여 너무 민감하게 생각하지 않아야 한다는 것도 알게 되었다.

주님의 보좌 앞에서 나는 내가 분홍색 드레스를 입고 거기에는 큰 글자로 '지옥편'이라고 쓴 드레스를 입은 채로 주님 보좌 앞에 선 적도 있었다.

그러므로 주님 보좌 앞에 옷의 색깔이 무엇인지 하는 것은 문제가 되지 않는 것을 알 수 있었다. 할렐루야.

그러자 분명히 주님과 내가 그리고 시온과 그 나머지 39명의 먹물 색깔을 입은 천사들이 주님의 보좌 앞에 있었는데 순식간에 우리 모두가 다 컨벤션센터같이 생긴 곳의 앞의 무대에 서 있는 것이었다.

오 마이 갓! 나는 이것이 너무나 찰나여서 혹 주님의 보좌가 밑으로 내려앉았나 하는 생각이 들 정도로 주님의 보좌에서 바로 그 아래로 순식간에 내려온 것 같았다.

그런데 분명 보좌 앞에는 양옆에 천사들의 무리가 있었으나 이 컨벤션센터 같은 이곳에서는 흰 옷 입은 무리들이 우리를 반겨주고 있었다. 이들은 천사들이 아니었다.

주님께서 그들에게 말씀하신다.

"사라가 인 사역을 시작할 것이다."

그것은 곧 2016년 10월에 있을 한국집회를 두고 말씀하시는 것이었다.

그렇다. 주님께서는 내가 이번 10월에 한국에 가서 인 사역을 하기를 원하시는 것이다.

나는 한국집회를 지난 3월에 갔다와서 10월에야 한국집회를 하게 되었는데 보통 때 같으면 2-3개월마다 나가서 집회를 하였었는데 이번에는 기간이 7개월이라는 기간이 오래 걸렸다.

나는 왜 주님께서 이렇게 한국집회를 3월달 이후 오래 걸리게 하셨는가에 대해서 이해가 되었다.

즉 내가 그동안 인에 대하여 열리고 또 그동안 지옥편을 다 쓰게 하신 이후에야 주님께서는 내 사역에 인 사역을 계획하고 계셨기 때문이라는 것을 알게 하셨다.

그래서 대전 OO감리교회에서 10월에 한국에 와서 꼭 집회를 해달라고 한 것이라는 것이 알아졌다. 모든 것이 주님의 철저한 계획 속에 이루어졌다는 것을 알게 되었다.

그러자 그 컨벤션센터에 있는 흰 옷 입은 많은 무리가 와~ 와~ 하면서 환호성을 보냈다.

'와우~ 너무 좋아하여 주는구나! 이번에 한국집회에서 인 사역을 꼭 해야 하는 것이구나!' 알게 된 것이다.

그러자 '사라가 인 사역을 시작할 것이다.'라고 쓰여진 두루마리가 거기에 있는 모든 무리가 다 볼 수 있게 주님과 내가 서 있는 머리 위로 한참동안 부채처럼 확 펼쳐져 있었다. 그런 후에 그 부채처럼 확 펼쳐졌던 두루마리가 다시 감겨져서 두루마리 제 모습을 찾더니 시온이라는 천사가 자신이 갖고 있겠다고 하면서 주님으로부터 받아 쥐는 것이었다. 할렐루야.
이렇게 내 영이 실제적인 영의 세계로 들어간 후에 내 몸은 온전히 납처럼 굳은 것처럼 보였다.

주님은 내가 지상에서 시온이라는 천사가 주는 쌀과자를 받아먹기를 원하셨다.

(2016. 8. 29)

아침에 기도하고 천국에 올라갔다. 나를 데리러 온 천사가 하얀 긴 옷을 입고 있었다. 수레바깥에서 나를 수호하는 천사가 말이다. 그리고 수레를 끄는 열 마리의 말들이 왔다.

그들의 이름은 내가 붙인 것인데 오른편에서 왼편으로 일렬로 나열하면, 온유, 충성, 사랑, 지혜, 인내, 승리, 소망, 믿음, 겸손, 찬양이다. 여기서 충성이라는 말만이 초콜렛 색깔의 말이고 나머지는 다 흰 색깔의 말들이다. 그리고 수레를 모는 천사는 참으로 아름다운 여성천사이다.

수레는 하얀 옥색이었고 그 지붕은 금색으로 장식한 아름답고 웅장한 수레였다.

나는 그 수레에 타고서는 내가 앉는 자리로 왔다.

수레 안에 있는 테이블들이 다 황금이다. 그리고 거기에 다이닝 테이블(식탁)에 놓여진 황금그릇 안에는 비스켓 같은 것이 놓여져 있었다. 나는 그것을 입에 넣었다. 그러자 수레바깥에서 나를 수호하는 천사가 '주인님 올라갑니다.'라고 말했다. 이 천사는 수레바깥에서도 수레 안을 다 보고 있는 것 같았다.

수레는 황금 대문을 거쳐서 즉시 천국에 도착하였다.

내가 수레에서 내리는데 바닥에 닿기도 전에 나를 수레바깥에서 내릴 때에 수호하는 두 천사가 내게 가까이 왔다. 그리고서는 내 발을 땅에 닿지 않게 하고 바로 생명수가 흐르는 폭포수앞 절벽으로 데리고 가는 것이었다.

주님은 그곳에서 나를 맞아 주셨다. 주님은 오늘 코밑과 턱에 수염이 있는 것이 보였다. (주님은 가끔 수염이 전혀 없이도 나타나시고 또 턱에만 수염이 있게 나타나시기도 한다. 나는 잘 모른다. 왜 턱수염이 있게도 나타나시고 없게도 나타나시는지. 나는 이것을 다윗에게서도 보았다. 다윗도 때로는 턱수염을 달고 나타나고 때로는 없이 나타났다. 즉 천국에서는 수염을 달 수도 있고 뗄 수도 있는 것이다.)

나는 주님 옆에서 손을 씻고 그 다음은 긴 머리를 생명수가 담긴 대야에 담구어서 머리도 씻었다. 아니 이렇게 머리를 씻은 것은 처음이다. 그 긴 머리를 생명수에 다 씻은 후에 머리를 틀어서 머리 뒷꼭지 쪽으로 올림머리같이 갖다가 붙였다. 그리고서는 두 손으로 얼굴을 씻었다. 주님이 말씀하신다.

'오늘은 내가 네 발을 씻어주마' 하시면서 내 두 발을 주님의 구멍 뚫린 두 손으로 씻어주셨다. 주여!

그리고서는 천사들이 항아리에 생명수를 담아가지고 와서 내 머리 위로 부어서 내 몸 전체를 한꺼번에 씻어 주었다.

그런 후에 주님과 나는 어디로 갔느냐면 바로 그 폭포수 있는 곳에서 걸어서 연못가로 갔다. 이 연못가는 내가 한창 계시록이해의 책을 쓸 때에 많이 왔던 곳이다.
그런데 주님은 오늘 나를 이곳으로 인도하셨다.
연못가에 하얀 벤치에 주님과 내가 앉았다.
주님께서는 내 두 손을 펴라고 하셨다. 그랬더니 내 두 손에는 구멍이 뚫려 있다. 그것은 이전에 성부 하나님이 계신 성전에서 꼭 쇠파이프같이 생긴 것이 내 두 손에 내려와서 내 손에 구멍을 뚫었었다. 이전에도 그랬듯이 나는 그 쇠파이프가 다시 내 두 손에 내려와서 그 구멍에 끼여 있는 것을 보았다. 오 마이 갓! 주님께서는 이렇게 보여주심으로 말미암아 다시 한 번 내 손에 구멍이 뚫려 있다는 사실을 새삼스레 인지시켜 주셨다. 그 순간 내게는 이러한 메시지가 전달되었다.
지금 곧 지옥편이 나오는데 너는 그것에 대하여 어떠한 핍박이 오더라도 이 두 구멍을 생각하고 참아라 하는 메시지로 여겨졌다.

그런 후에 주님께서는 또 나를 하얀 돌들이 많은 바닷가로 나를 데리고 가셨다.
오늘따라 흰 돌들이 어찌나 하얗고 뽀송뽀송하게 이쁜지 오늘따라 매우 달라 보였다.
거기에도 내가 받을 보통 돌 크기의 세 배정도 되는 삼각형의 큰 돌이 보였다.
'아하, 저 큰 흰 돌이 내게 주어질 돌이지....' 하면서

'저 흰 돌의 크기는 주님께서 내게 내가 받을 핍박의 크기라고 하셨어.'하면서 나는 이전에 주님께서 나에게 말씀하신 것을 상고하고 있었다.

그러다가 주님께서 나에게 큰 흰 쌀과자 같은 것을 주셨다.
이 쌀과자는 시온이라는 천사가 주는 것보다 4-5배가 두껍게 보였다. 이 흰 쌀과자 같은 것은 주로 시온이라는 천사가 내 옆에 나타나서 주는 과자이다.
이것을 먹으면 바로 내 앞에서 위쪽으로 영적인 세계 천국이 열린다. 그런데 주님이 지금 내게 이 보통보다 4-5배나 두꺼운 쌀과자 같은 것을 주시는 것은 나에게 이렇게 말씀하시는 것이 알아졌다.
'너는 시온이가 지상에서 이러한 쌀과자를 줄 때마다 받아먹으라' 라는 메시지가 왔다.
나는 주님이 그렇게 하기를 원하신다는 것을 알 수 있었다.
그런 후에 나는 내려왔다.
할렐루야.

15 하나님의 인 ✝

이마에 십자가가 그려진 후에 사람 몸속에 들어 있는 십자가가 기울어져 있는 것을 보다.

(2016. 8. 29)

천국지옥 간증집회를 월요일마다 진행하고 있는 중이었다.
순서는 찬양, 간증, 그리고 그 이후에는 회개의 기도시간을 갖는다.

그런데 우리 모두는 찬양하는 중이었다.
교회 천정에 흰 날개 달린 두 천사가 나타나서 보물함을 거꾸로 쏟아붓는 장면이 보였다. 보물함에서 쏟아지는 황금들은 직사각형의 초코렛 모양으로 생긴 약 5cm의 길이였다. 나는 그것을 보면서 너무 놀라서 '오 마이 갓!'
'황금들이 하늘에서 쏟아져 내리네 그런데 이것은 내 눈에만 보이지 다른 사람들의 눈에는 보이지 않을텐데' 하면서 나는 신기해 하며 그것을 보고 있었다.

그리고 나서 수 초가 지난 후에 교회 가운데 주님이 흰 옷을 입고 나타나셨다.
그분의 모습은 꼭 물 위를 걸어서 오시는 주님의 모습 같았다. 즉 입고 계신 흰 옷이 바람에 펄렁이듯 날아갈듯이 보였다.
'오~ 주님이 교회 중앙에 나타나셨구나!'
그리고서 주님은 앉아있는 사람들의 이마에 손을 잠깐 잠깐씩 대시고는 지나가셨다.
내가 알기로는 두 사람(부부)만 빼고는 지난번에 다 이마에 인을 받은 사람들이었다.
그런데 부부인 그 두 사람(아직 인맞지 아니한 자들)에게 주님이 가서 서셨다.
나는 찬양을 하면서 그들 앞에 주님이 서계신 것을 보고 이렇게 말씀드렸다.
"주님, 주님이 직접 그 두 사람을 인을 쳐주시면 안 되나요?"
주님이 말씀하신다.
'아니다.' 하는 순간에 시온이라는 천사가 나타나서 그들의 이마에다가 십자가를 그리는 것이었다.
즉 주님은 주님이 직접 그들의 이마에 십자가를 그리시는 것이 아니라 천사 시온을 시켜서 그들의 이마에 십자가를 그려주신 것이다.
그리할 때에 사람들은 여전히 찬송을 부르고 있었다.
나도 찬송을 부르고 있으면서 이 광경을 지켜 본 것이다.
그러고서는 주님과 시온이 사라졌다.

나는 부르던 찬송을 다 부르고 마이크를 잡고 금방 주님과 시온이라는 천사가 나타나서 저 뒤에 계신 부부에게 인을 쳤다고 발

표를 했다.

그 소식을 들은 그 두 사람은 매우 기뻐하였다. 자신들은 열심히 찬양을 부르고 있었는데 주님과 시온이 나타나서 인을 쳤다고 하니 신기하기도 한 모양이었다.

그들의 얼굴은 밝아졌고 너무 좋아하였다.

그런데 나는 그들의 이마에 십자가가 그려지는 순간에 그들에게 주어지는 십자가를 보았는데 둘 다 플라스틱으로 된 큰 십자가였다. 여자 권사님에게 들어 있는 십자가는 하얀 플라스틱으로 만들어진 십자가였고 남자 집사님에게 들어 있는 십자가는 회색으로 된 플라스틱 십자가였다. 그런데 그 두 십자가가 다 한 방향으로 즉 오른편으로 약 20도 정도 기울어져 보이는 것이 아닌가? 나는 이것이 도대체 무엇을 뜻하는지 알 수 없었다. 나는 사람 속에 들어 있는 십자가가 기울어져 있는 것을 이번에 처음 본 것이다.

내가 잘못 보았나 하는 생각도 들어왔다. 그런데 아니다. 내가 본 것은 정확히 두 십자가가 똑같이 기울어져 있었다. 그러나 그들 안에 있었던 그 기울어져 있던 두 십자가가 나중에 6개월이 지난 후에는 똑같이 똑바로 세워진 것을 보았다. 주여!

나는 아직도 모른다. 왜 한 부부 안에 들어 있는 십자가가 똑같이 한 방향으로 20도 정도 기울어져 있었던 그 이유를....

그러나 분명한 것은 시간이 지나면서 그들이 많이 회개하였다는 것은 사실이다.

16 하나님의 인 +

(1) 계획된 모든 영혼이 구원받기까지 예수님의 발에서 피가 나다.
(2) 인 사역에 대한 책 표지의 색깔이 청색임을 알게 하시다.
(2016. 9. 3)

아침에 기도한 후에 천국에 올라갔다.
나를 수레바깥에서 수호하는 천사가 황금색 트라이앵글을 손에 쥐고 있었다.
나를 데리러 온 수레를 모는 말이 열 마리이다. 가장 오른편 쪽에 온유와 충성 그리고 사랑, 지혜, 인내, 승리, 소망, 믿음, 겸손, 찬양이가 있었다. 이들의 목 부위에도 황금색 트라이앵글을 목에 장식으로 달고 있었다. 그리고 수레를 모는 천사도 환하게 웃으면서 나를 맞아 주었다. 수레는 흰 색의 아주 큰 거의 직사각형으로 생긴 수레인데 곳곳에 황금으로 된 장식들이 있었고 수레에 올라탈 때 그 문이 오늘은 미닫이 형식으로 되어 있었다. 나는 그 문을 열고 계단을 밟고서 올라갔다. 수레 안은 전체적으로 흰 색이었고 그리고 중앙에는 황금색의 테이블이 놓여 있었다.
내가 앉는 쪽에서 보면 나의 왼편 쪽에 책상과 책꽂이가 있었고 그 책꽂이에는 내가 쓴 다섯 권의 책이 나란히 꽂혀져 있었다. 처음에 녹색 표지의 책, 그 다음 빨간색 표지의 책, 그 다음 두 개의 분홍색 책들 그리고 노란색 표지의 계시록 이해의 책이 꽂혀져 있었다. 그리고 중앙에 있는 황금 테이블 위에는 지옥편 책과 그리고 인 사역에 대한 책이 보였는데 인 사역에 대한 책 표지가 청색인 것이 보였다.
'와우~ 그렇구나! 그 다음에 쓸 책의 표지는 파란색이구나!'
주님이 그 책의 표지 색깔을 이렇게 알려 주셨다. 그리고 수레는 진주 황금대문을 거쳐서 천국 안으로 도착하였다.

그러고 나서 나는 내가 수레에서 내릴 때에 보니 머리에는 다이아몬드 면류관을 썼고 또한 다이아몬드로 된 귀걸이를 하고 있었고 머리는 길게 허리까지 내려오고 있었다. 그런데 입고 있는 드레스가 파란 청색의 드레스였다.
'와우~ 내가 청색의 드레스를 입다니! 놀라왔다. 처음이다 (청색의 드레스를 입은 것이 처음이었다). 그 드레스에는 곳곳에 아름답게 작은 보석들로 장식이 되어 있었다.
참으로 아름다웠다. 할렐루야.
나는 이전에 토마스 주남이 아름다운 청색 드레스를 입은 것이 기억이 났다.

주님께서는 나를 생명수가 흐르는 폭포수가 앞에 있는 절벽 위로 데리고 가셨다. 그리고 손수 내 발을 씻어 주셨다. 그래서 나는 민망하여 내가 주님께 주님의 발을 씻겨 드리고 싶다 하였다. 그랬더니 주님의 발이 생명수가 담겨 있는 큰 대야 같은 곳에 담구어졌다. 그리하여 나는 주님의 구멍이 나 있는 두 발을 씻겨 드렸다.

그런데 갑자기 그 두 발의 구멍에서 피가 흘러나와 곧 그 대야에 가득차는 것이었다.
나는 너무나 놀라서
"오~ 주님! 피예요."
"그렇단다."
"주님의 발에서 피가 나요."
나는 이전에 주님의 손에서 피가 나는 것을 본적이 있다.
그리하였더니 주님께서 이렇게 말씀하시는 것이 알아졌다.
"나머지 계획된 모든 영혼이 구원받기까지 내 발에서 피가 날 것이야."
오~ 할렐루야. 아직도 구원받을 영혼들이 있는 것이다. 아니 많은 것이다.
"주여! 그렇군요. 그들의 마지막 한 명까지 구원받을 때까지 주님의 손과 발에서는 피가 흐르는 것이 멈추지 아니하겠군요."
그것은 나에게 매우 감동적이었다.

[요 3:16]
하나님이 세상을 이처럼 사랑하사 독생자를 주셨으니 이는 저를 믿는 자마다 멸망치 않고 영생을 얻게 하려 하심이니라

[벧후 3:9]
주의 약속은 어떤 이의 더디다고 생각하는 것같이 더딘 것이 아니라 오직 너희를 대하여 오래 참으사 아무도 멸망치 않고 다 회개하기에 이르기를 원하시느니라

그리고 나서 주님은 나를 즉시 무지개 빛이 하얀 지붕 위에 아른거리는 흰 궁으로 인도하였다.
이 궁의 안은 거의 살색도 아니고 황토색도 아닌 그러한 색깔인데 대리석으로 쫙 깔린 궁이었다. 아주 넓어 보였다. 즉 이전에 시온이라는 천사와 39명의 나의 인 사역을 도울 천사들이 보였던 곳이다. 주님께서는 이 궁을 내가 인 사역을 하면 내게 주시겠다 하셨다.
그런데 오늘 그 먹물 색깔을 입은 천사들은 보이지 않았다.

나는 청색의 드레스를 입고 있었고 주님은 아주 희게 보이는 긴 옷을 입고 계셨다. 주님과 나는 그 궁에 서 있었다.
오늘따라 주님은 수염이 없는 깨끗한 미남의 얼굴로 나타나셨다. 그러나 머리는 약간 곱슬로 어깨에 닿을 정도의 긴 머리를 하고 나타나신 것이다.
주님이 내게 말씀하신다.
"네가 인 사역에 대하여 여기서 집필하게 될 것이다."
"네? 아~ 그렇군요."
주님께서는 이 궁에서 내가 인 사역에 대한 책을 쓰게 될 것이라

말씀하고 계시는 것이었다.
그런데 아직 아무 책상도 보이지 않았다.
나는 거기까지만 주님과 대화하고 내려왔다.

나는 오늘 다음에 집필하게 될 책 즉 인 사역에 대한 책이 청색의 책 표지를 하고 있다는 것을 알게 되었다.
그리고 주님께서 그 책을 꼭 써야 함을 오늘 밝혀주신 것이다.
할렐루야.

17 하나님의 인 ✝

주님이 10월 한국집회에서의 인 사역에 대하여 '내가 손해보지 않게 하라'고 말씀하시다.

(2016. 6. 2)

아침 기도시간에 곧 있을 2016년 10월 한국의 집회를 놓고 기도하였다.
내가 이번에 가서 하나님의 인 사역을 해야 할지 말아야 할지를 놓고 간절히 기도하고 있었다.
그러자 주님께서는 기도 중에 나에게 '내가 너보다 먼저 가서 준비하겠다.'라고 말씀하셨다. 할렐루야. 나는 주님이 먼저 가셔서 준비하신다 하였으니 정말 안심이 되었다.

그렇게 한참을 기도한 후에 천국에 올라갔다.
나를 수레바깥에서 수호하는 천사가 '주인님 오랜만이에요'라고 한다. 그리고 아예 수레를 모는 천사는 너무 반가워서 우는 표정을 하였다. 그리고 열 마리의 말이 왔는데 가장 오른편에는 온유와 충성이 있었고 그 뒤에는 사랑, 지혜, 인내, 승리, 소망, 믿음, 겸손, 찬양이 있었다. 이들은 다 큰 둥근 눈을 가지고 있었고 다 나를 반겨 맞아주었다.

나는 속히 수레에 탔다. 나는 내가 앉는 자리에 가서 앉자 수레는 즉시 천국에 도착하였다. 수레 안의 중앙에 놓인 테이블 위에는 지옥편인 분홍색 책과 하나님의 인에 대한 책인 청색 책이 보였다.
수레가 천국에 도착하자 수레바깥의 천사가 말을 한다.
'주인님 수레가 도착했어요.' 빨리 내리라는 말이다.
나는 수레에서 내려서 주님을 만났다. 주님께서는 나를 먼저 폭포수 앞의 절벽에서 나의 발과 손, 그리고 얼굴을 씻기시고 천사들로 하여금 내 몸에 항아리에 담긴 생명수를 부어 몸 전체를 씻기셨다.

그런 후에 주님과 나는 이사야의 집에 있는 생명수 강가로 가서 그 옆에 놓여 있는 테이블에 앉았다. 거기에는 벌써 하늘색 옷을 아래위로 입은 이사야가 와 있었고 주님과 이사야가 강 쪽으로 놓인 의자에 앉았고 나는 그 반대편 생명수 강가를 바라보며 앉았다.
이사야가 말했다.
"그것은 주님의 일이에요."
나는 이 말을 듣는 즉시 무슨 말인지를 알아챘다.
아하~ 내가 한국집회에 가서 하나님의 인 사역을 해야 할지 말아야 할지에 대하여 고민하고 있는 것을 알고 이사야가 내게 말하는 것이었다.
천국은 그 상대방의 마음이 다 드러난다. 말을 안 해도……
즉 그 인 사역은 사람의 일이 아니라 주님의 일이라는 것이다.

그리고 바로 이 때에 내가 하루 이틀 전에 기도하는데 주님께서 나에게 말씀하신 것이 생각나는 것이었다. 주님은 이렇게 말씀하셨었다.

"내가 손해보지 않게 하라."

그 때는 무슨 말씀인지 정확히 이해가 안 가다가 지금 이사야의 말을 듣는 순간에 이 말씀이 이해가 가는 것이었다.

아하~, 그 말씀은 내가 한국에 가서 하나님의 인 사역을 하지 아니하면 주님께서 손해 본다는 것이었다. 왜냐하면 한국집회에서 내 인 사역으로 주님으로부터 인 받을 자의 수가 늘어날 것이기 때문이다. 나는 이 내용에 대하여 하루 이틀 전에 기록하지는 아니하였으나 주님은 내게 기도시간에 '내가 손해보지 않게 해라'라고 말씀하신 것이다. 할렐루야.

왜냐하면 하나님의 인을 받는다고 하는 것은 하나님의 인을 받은 그 사람은 주님이 끝까지 '너는 내 것이라'하고 인을 치는 것이기 때문이다.

나는 그렇게 주님의 음성을 기도 속에서 들은 후에도 나는 내가 한국에서 인 사역을 감당하면 나를 핍박하는 자들이 생겨날 것 같아 해야 하나 말아야 하나 고민하고 있었다.

이 고민을 알고 이사야가 내게 '그것은 주님의 일이에요'라고 말한 것이다.

그래서 나는 말했다.

"맞아요. 그것은 제 일이 아니고 주님의 일이네요."

그러자 이사야 집 생명수 강가에 주님과 이사야 그리고 내가 앉아 있는 그곳에 사도 요한이 흰 옷을 아래위로 입고 약간 노란 갈색의 머리를 하고서 나타났다.
그는 내 옆에 앉았다.
나는 주님보고 '주님 사도 요한이 왔어요.'라고 말했다.
그러자 요한은 오자마자 나를 보더니 이렇게 말을 했다.
"그것은 하나님의 일이에요."
즉 이사야가 한 말을 다시 요한이 나타나서 내게 하는 것이었다.
"그래요 해야지요. 그러면 어디서부터 해야 하나요?"
이 말은 즉 인 사역하는 것이 내가 해야 하나 말아야 하나 이런 것이 아니라 그것은 하나님의 일이기 때문에 반드시 해야 한다는 의미이다.
나는 물었다.
'부천 정 목사님 교회가 첫 집회인데 거기서부터 해야 하나요?'라고 물었을 때에 주님은 '그렇다'라고 하시는 것이다.
"그리고 100주년 기념관은요?"
'거기서도 해야 한다.'라고 말씀하셨다.
기독교 100주년 기념관에서도 집회하게 되어 있었기 때문이다.
"주님, 그 다음 열방교회는요?"
여기는 명수가 많다. 교인수가 1500명은 된다.
"주님, 그 교회에서도 마지막에 베리칩에 대하여 말하고 그 다음 하나님의 인을 왜 받아야 하는가에 대하여 말하고 그 다음 인 사역을 해야 하나요?"

주님께서 '그렇단다.'라고 하셨다.

나는 다시 질문하였다.

'주님, 만일 그랬다가 그 목사님이 다음부터 저를 안 부르면 어떡해요?' 하는 걱정스런 마음이 내게 스쳐 지나갔다.

그 때에 에스더가 금홀을 가지고 나타나서 주님 옆에 서는 것이었다. 그러면서 나에게 말하기를 '죽으면 죽으리라'라는 심정으로 인 사역을 감당하라는 것이다.

오 마이 갓!

나는 대전 열방감리교회에서도 해야 하는 것이구나....

나는 다시 주님께 물었다.

"그러면 영암기도원 집회는요?"

주님은 '거기서는 반드시 해야 한단다.'라고 하셨다.

'그 다음에는 약 100명이 모이는 감리교회가 있는데 그곳에서도 해야 하나요?' 라고 물었더니 그곳은 주님께서 상황을 보아서 하라고 말씀하셨다.

와우~ 결국은 내가 이번 10월에 한국집회에 가서 가는 곳마다 주님께서 죽으면 죽으리라 하는 심정으로 하나님의 인 사역을 다 감당하라는 것이었다.

나는 겁이 조금 났다. 핍박이 예상되었기 때문이다.

그래서 나는 이렇게 말했다.

이사야와 요한을 보고

"나 여기 있고 싶어요. 나 여기 같이 살면 안 되요?"

즉 이 말은 지상에 내려가기 싫다는 말이다. 지상에 내려가면 인사역을 반드시 해야 하고 또 그것으로 인하여 핍박을 받을 것이 뻔하기 때문이었다. 그런데 여기 천상에서는 그러한 고민을 할 필요 없이 그냥 그들과 함께 지내면 될 것 같아서 말이다. 그랬더니 이사야와 요한이 내 마음을 알고서 빙그레 웃었다. 그러자 베드로가 흰 옷을 입고 거기에 갑자기 나타났다. 베드로는 보통 사람보다 키가 큰 편이고 갈색의 곱슬머리를 하고 있으며 얼굴은 약간 길고 눈은 크고 둥글둥글하다.

그는 싱글벙글 웃으면서 나타나서 이렇게 말했다.

"사라가 이제야 제 마음을 압니다."

즉 베드로는 감옥 안에서 다음날 목이 날아가도 두 간수 사이에서 쇠사슬에 매인 채로 깊은 잠에 빠졌는데 그렇게 잘 수 있었던 이유는 내일이면 자신이 그렇게 사랑하는 주님께 갈 수 있기 때문에 기뻐서 잤다라고 내게 말했었다.

그런데 그는 지금 갑자기 나타나서 이렇게 말하는 것이었다.

'이제야 사라가 내 마음을 이해하는 군요'라고 말이다.

이 때에 성경구절이 하나 생각이 났다.

'그렇구나! 그 말이 이 말이구나!' 하는 성경구절이 있었는데 그 의미가 이 순간에 확실히 깨달아지는 것이었다.

[계 14:13]

또 내가 들으니 하늘에서 음성이 나서 가로되 기록하라 자금 이 후로 주 안에서 죽는 자들은 복이 있도다 하시매 성령이 가라사대 그

러하다 저희 수고를 그치고 쉬리니 이는 저희의 행한 일이 따름이라 하시더라

즉 '우리가 천상으로 가는 것이, 우리가 지상에서의 모든 수고를 다 마치고 거기로 가서 쉬는 것이구나!' 이렇게 알아진 것이다. 그래서 베드로가 감옥 안에서도 편안하게 잘 수 있었던 것이다.
할렐루야.
하나님을 사랑하는 자는 천국에 가는 것이 즉 이 세상을 떠나는 것은 그분이 계신 곳에 영원히 쉬러 가는 것이다.

그러자 주님께서 말없는 말을 내게 하셨다.
'사라야, 죽도록 충성하라. 네게는 생명의 면류관이 준비되어 있단다.'
나는 그 말씀을 마음으로 전하여 듣고서는 울음이 터져 나와 머리를 테이블 위에 갖다 대고 엉엉 울었다. 그러자 그곳이 갑자기 엄숙하여졌다.
즉 주님은 지상에서 하나님의 인 사역을 하는데 내가 죽도록 충성하라는 말씀이셨다. 그리하면 나에게 생명의 면류관을 주시겠다는 것이었다.
할렐루야.
나는 그러고 나서 내려왔다.
할렐루야.

오늘 주님께서는 내가 한국집회에 가서 인 사역을 해야 한다고 여러 번 내게 말씀하셨지만 그래도 아직 내 안에서 갈등하고 있는 것을 아시고 오늘 주님은 믿음의 선진들 (이사야, 요한, 에스더, 그리고 베드로) 을 동원시키셔서 다시 한 번 그것을 확실하게 하여 주신 것이다.
그래 맞다. 주님을 손해 보게 할 수는 없다.
나는 인 사역을 해야 한다. 주님이 하실 것이다. 왜냐하면 그것은 주님의 일이기 때문이다.
그 일을 하는데 있어서 '나는 없다.'라고 생각해야 한다. 핍박을 두려워하여서는 아니 되는 것이다. 나는 오로지 주님께만 순종해야 하는 것이다.
할렐루야.

[갈 1:10]
이제 내가 사람들에게 좋게 하랴 하나님께 좋게 하랴 사람들에게 기쁨을 구하랴 내가 지금까지 사람의 기쁨을 구하는 것이었더면 그리스도의 종이 아니니라

할렐루야! 주님을 찬양합니다!
오직 주님의 일만이 행하여지게 하옵소서....

18 하나님의 인 +

주님은 '사람들이 믿던 안 믿던 너는 인 사역을 감당하라'고 말씀하시다.

(2016. 9. 11)

저녁에 기도하고 있는데 기도 속에서 영으로 주님이 나타나셨다. 나에게 주님이 보였다. 그리고 주님은 나에게 이렇게 말씀하셨다.
'사라야, 나는 네가 이전에 우물가의 여인처럼 네가 그 우물가에서 생수를 구하고 있을 때에 나타난 바로 그란다.'라고 말씀하시는 것이었다.
이전에 물론 오래 전이지만 약 10년도 넘은 이야기이다.
기도하고 있는데 갑자기 나는 환상 속에서 우물가의 여인이 되어 있었고 주님께서 그 우물가에 나타나신 적이 있었다. 그리고 내게 생수를 주셨다. 이러한 환상이 기도하는데 그냥 보였다.
즉 순식간에 기도 속에서 내가 그 우물가의 여인처럼 되어 있었고 주님이 나를 만나시러 그 우물가에 나타나셨었다.
나는 그렇게 환상 속에서 주님을 만난 적이 있었다. 그 때에 우물가에 나타나신 그 분의 얼굴은 나에게 표현이 불가능할 정도로 자애로워 보였었다. 그리고 그 분은 그 우물에서 물을 떠서 나에게 먹이셨다. 그 우물은 생수였다. 그리고 나는 그때 너무나 기뻤고 또한 나는 내 안에서 생수가 넘쳐나는 것을 경험하였던 것이다.
그런데 주님은 지금 나의 기도 중에 나타나셨는데 그 모습을 내가 영으로 보고 있는데 하시는 말씀이 '그 때 너에게 그렇게 나타난 예수가 바로 지금 네가 보고 있는 나야'라고 말씀하고 계시는 것이었다.
"오~ 할렐루야!" 나는 그 때를 생각하면서 감탄을 금치 못하였다. 지금 기도 속에서 영으로 보여지는 나라고 하시는 이 분은 바로 내가 천상에서 자주 만나 뵈는 예수님이신 것이 순간 알아졌다. 즉 주님은 그 때를 잠깐 나에게 회상시키시면서 '그 때 나타난 예수가 지금 바로 네가 늘 천상에서 만나고 있는 나야'라고 말씀하고 계시는 것이었다.
'오~ 할렐루야. 맞다 맞아. 바로 그분이야! 그분!'
나는 그것을 인정을 하고 나에게 나타나신 주님을 바라보았다.
주님은 흰 옷을 입으셨고 허리에는 갈색의 허리띠를 매고 계셨다.

나는 주님을 보면서 이렇게 말씀드렸다.
"주님, 사람들이 천국과 지옥도 안 믿는데 제가 인 사역을 한다고 하면 그들이 믿을까요?"
그러자 천사 시온이가 진한 갈색의 옷을 입고 (이 옷 색깔은 어떤 때는 먹물 색깔로 어떤 때는 이렇게 진한 밤 색깔로 조금씩 다르게 나타나기도 한다) 벌써 나타났다.
그렇게 물었더니 주님은 이렇게 말씀하셨다.

"그들이 믿건 안 믿건 상관없이 너는 네가 해야 할 일을 하라."
'아하, 그렇지요. 주님'
그렇다. 나는 내가 할 일을 하면 되는 것이다.
내가 해야 할 일은 그들을 회개시켜서 그들에게 결국은 하나님의 인을 맞게 하는 것이다. 즉 나의 사역은 그들을 회개시켜 죽는 결단까지 시켜서 하나님의 인을 맞는 자의 숫자를 늘리는 것이다. 할렐루야.

주님은 오늘도 나에게 이번 10월에 내가 한국을 가서 인 사역을 해야 한다고 말씀하고 계시는 것이었다.

그 다음에는 주님이 흰 옷을 입으시고 우리 교회당 중앙에 서 계신 것이 보였다. 이것은 참으로 희한한 일이다. 왜냐하면 나는 교회 앞쪽에 강대상 뒤에서 십자가를 바라보고 기도하고 있었는데 꼭 내 머리 뒤통수가 열린 것처럼 내 뒤가 다 보이는 것이었다. 이것은 온전히 영으로 보이는 것이었다.
그 다음에는 시온이가 페인트 통같이 생긴 통을 들고서는 교회 앞줄에 서 있는 것이 보였다. 즉 주님은 그렇게 나타나셔서 자신이 인 사역을 하시겠다는 것이었다.
오~ 할렐루야. 주님 감사합니다. 다시 확인시켜 주셔서….
결국 인 사역은 주님이 천사들을 데리고 나타나셔서 직접 하시는 것이다. 나는 그 장소에서 사람들로 하여금 회개시키고 죽을 각오까지 시켜서 인 맞을 자의 수를 늘리면 되는 것이다. 그리고 나는 주님이 나타나시고 천사가 나타난 것을 사람들에게 선포만 하면 되는 것이다.

19 하나님의 인 +

주님은 한국집회에서 하나님의 인 사역을 감당하면 나에게 생명의 면류관을 주시겠다고 하신다
(2016. 9. 13)

기도하는 중에 주님이 나타나셨다.
어떤 의자에 앉으셨는데 흰 옷을 입고 계셨다. 그런데 그분의 발이 대야 같은 곳에 물에 담겨져 있었다. 나는 그 분의 구멍뚫린 발을 씻겨드리기 시작하였다.
그런데 그 구멍에서 피가 나와서 그 대야를 가득 채웠다.
한 발이 한 대야씩 담구어져 있었는데 두 발 다 그 구멍에서 피가 나오므로 두 대야를 다 채웠다. 나에게는 눈물이 흘러 내렸다. 주님이 그것을 통하여 나에게 이렇게 말씀하셨다.
'나는 한 영혼이라도 구원받게 하기 위하여 이 피를 흘릴 수밖에 없다.'라고 말씀하시는 것이 알아졌다. 나는 다시 회개하였다.
나는 지상에 육신의 생각으로는 아직도 내가 한국집회에 가서 인 사역을 꼭 해야 하는 것인가에 대하여 100% 확신을 못하고 의심하고 있는 것을 주님이 아시고 지금 주님께서 영체로 갑자기 기도 속에 나타나셔서 나에게 이렇게 발을 씻기게 하시면서 그분의 피를 보여주시는 것이었다.

나는 눈물이 터졌다. 알았습니다.
'주님, 그렇네요. 한 사람이라도 하나님의 인을 받게 하는 것이 하나님의 뜻인 것을 이제 알겠습니다. 그렇게 할께요.'라고 하였다. 왜냐하면 하나님의 인을 받아야 나중에 짐승의 표 666을 받지 않아 구원을 잃어버리지 않게 되기 때문이다.

[요 6:38-39]
내가 하늘로서 내려온 것은 내 뜻을 행하려 함이 아니요 나를 보내신 이의 뜻을 행하려 함이니라 나를 보내신 이의 뜻은 내게 주신 자 중에 내가 하나도 잃어버리지 아니하고 마지막 날에 다시 살리는 이것이니라

이 성경구절은 정확히 주님의 바로 이 때의 심정을 나타내는 구절이었다. 즉 내게 주신 자는 예수를 믿고 구원을 받은 자인데 마지막 시대에 하나님의 인을 받지 않게 되면 구원을 잃어버리게 되기 때문이다.

그러고 나서 주님은 그 자리에서 일어나셨다. 그리고서는 저 오른편으로 가시더니 나는 흰 드레스를 입고 그분 앞에 섰는데 머리는 허리 정도까지 내려오는 풍성한 긴 머리였다. 주님은 금면류관을 들고 계셨는데 그 금면류관 주위로 빙둘러서 뾰족뾰족한 장식이 꼭 연못에 연꽃모양으로 위로 솟아 있었고 그리고 그 위로 솟아있는 뾰족한 끝마다 보석이 달려 있었다. 그리고 그 금

면류관 전체가 보석과 다이아몬드로 군데군데 장식이 되어 있어 매우 아름다워 보였다. 그런데 주님은 이 아름다운 금면류관을 내게 씌워 주시는 것이었다.
주님이 말씀하신다.
"이것이 생명의 면류관이란다."
즉 내가 하나님의 인 사역을 감당하면 이 생명의 면류관을 나에게 주시겠다는 것이었다. 즉 인 사역을 하는데 있어서 죽도록 충성하라는 말씀이었다. 할렐루야.

[계 2:10]
네가 장차 받을 고난을 두려워 말라 볼지어다 마귀가 장차 너희 가운데서 몇 사람을 옥에 던져 시험을 받게 하리니 너희가 십일 동안 환난을 받으리라 네가 죽도록 충성하라 그리하면 내가 생명의 면류관을 네게 주리라

그 순간 보니 주님도 아름답게 빛이 나는 황금빛의 생명의 면류관과 비슷하게 생긴 금면류관을 쓰고 계셨다.
주님은 나를 데리고 하얀 궁 즉 내가 인 사역을 하게 되면 주시겠다고 하신 그 궁으로 나를 날아서 데리고 가셨다.
가는 도중에 지붕이 오색찬란한 도시를 지나서 위로 더 올라가니 이 궁이 나타난 것이다.
주님과 나는 그 궁 안으로 들어섰다. 벌써 그곳에는 내가 인 사역을 할 때 나를 도울 40명의 먹물 색깔의 옷을 입은 천사들이 한

쪽 무릎을 세우고 바닥에 앉아 있었다. 꼭 하인들이 주인에게 깍듯이 차렷 자세로 앉아 있듯이 있었다. 그들 옆에는 다 페인트 통 같은 먹물 통을 하나씩 옆에 두고 있었는데 그것은 사람들의 이마에 십자가를 그릴 때에 쓸 먹물인 것이다.
나는 이 천사들의 얼굴이 어떻게 생겼는지 궁금하였다.
그래서 그 천사들의 얼굴을 보기 원했다.
그리하였더니 그들의 얼굴들이 보이는데 그들의 얼굴은 모두가 다 꼭 마네킹 같은 느낌을 받았다. 그러고 보니 나는 이전에 천사의 얼굴들이 마네킹 같이 보인다는 말을 한 적이 있다 (서사라 목사의 천국지옥간증 제 3권, 25. 천국에는 아담과 하와라고 이름이 붙여진 천사들이 있다 를 참조, 제 5권, 153. 아기천사들이 정원의 꽃밭을 관리하고 있는 것을 알게 되다를 참조).

주님과 나는 그 궁 안에 놓여 있는 한 긴 테이블이 있는 곳에 나란히 그 40명의 천사들을 바라보면서 앉았다.
그리고 그 테이블 위에는 푸른 청색의 책이 하나 놓여 있었는데 흰 글씨로 '하나님의 인' 이라고 소제목으로 쓰여져 있었다. 즉 이 책이 내가 앞으로 곧 쓸 책인 것이 알아졌다. 바깥 표지 색깔은 청색이다. 그리고 책의 제목, '이제도 있고 전에도 있었고 장차 올 자 예수 그리스도'는 은색으로 보인다. 즉 소제목이 '하나님의 인' 이 될 것이다. 할렐루야.
주님께서 말씀하셨다.
"네가 다음으로 쓸 책이다."

주님과 나는 테이블에 앉았는데 40명의 천사들은 우리를 바라보고 앉은 것이 아니라 저 앞쪽으로 바라보고 앉았는데 우리는 그들의 옆을 보고 있었다. 약 6-7줄로 되어 보였다.

그리고 불현듯 나는 나의 모습을 보게 되었는데 내가 청색 드레스를 입고 있는 것이었다.

'와우~ 내가 청색의 드레스를 입고 있다니….'

나는 분명 흰 드레스를 입고 있었다. 그런데 언제 어떻게 변했는지 몰라도 내가 청색의 드레스를 입고 있는 것이었다. 와우~ 그렇구나! 내 청색의 드레스와 내가 써야 할 책 표지의 색깔이 동일하였다.

할렐루야. 그러고 나서 나는 다시 천상에서 지상으로 내려온 것이다.

즉 나는 기도하다가 잠시 영의 세계에 들어갔다가 온 것이었다. 주여!

20 하나님의 인 +

주일 찬양예배 시간에 천사 시온이 나타나 이 ○○ 사모의 이마에 먹물로 십자가를 그리다.

(2016. 9. 18)

주일 예배시간이었다. 우리 모두는 찬양을 부르고 있었다. 찬송가 40장 '주 하나님 지으신 모든 세계'를 부르고 있었다. 그런데 하얀 옷을 입으신 예수님이 갑자기 교회당 앞쪽 벽 위쪽으로 걸려 있는 십자가 위로 나타나시더니 강대상 바로 내 옆에 와서 서셨다. 그러더니 내 왼쪽으로는 시온이라는 천사가 먹물 통을 가지고 먹물 색깔의 옷을 입고 내 옆에 섰다.
"와우~" 나의 감탄의 목소리였다.
그러더니 앞에 앉으신 이○○ 사모에게 가더니 시온이라는 천사가 먹물로 그 사모님의 이마에 십자가를 그리는 것이 보였다.
와우~
그리고서는 그 천사가 얼굴도 돌리지 않고 내게 그냥 마음으로 내게 물었다.
'주인님 되었지요?' 라고.
이전에 이 천사는 우리 어머니 권사님의 이마에 십자가를 그린 후에도 내 쪽을 돌아보며 꼭 그렇게 물었었다. 그런데 이번에는 돌아보지도 않고 십자가를 그 사모님의 이마에다가 그려놓고 그냥 내게 묻는 것이었다.

나는 순간 너무 고맙고 감사하여 눈물이 날 것만 같았다. 주여!
그런데 그 사모님은 아무 것도 모른 채 눈을 감고 노래를 부르고 있었다.

나는 순간 주님께 기도했다.

'주님, 저 안에 어떤 십자가를 넣어주셨는지 보여주세요'하며 기도하는 마음으로 그 사모님을 바라보는데 하얀 색깔의 뽀얀 큰 십자가가 보였다.

'아하~, 하얗고 뽀얀 십자가이구나!'
그 재질은 보석으로 보였다.
그리고서는 그 찬송가를 다 부른 뒤에 나는 성도들을 향하여 선포하였다.

'주님이 찬양가운데 나타나시고 시온이라는 천사가 나타나서 이OO 사모님의 이마에 인을 쳤습니다.'하고 선포하였다.
그리하였더니 그 사모님의 얼굴이 얼마나 밝아지는지….
너무 감사하였다.

주일 예배시간에 이렇게 나타나셔서 인을 치는 것은 처음이었다. 그러나 지난번에 수요예배 시간 때에 찬양하는 시간에 즉 동일한 찬송가 40장 '주 하나님 지으신 모든 세계'를 부르고 있는데 주님과 시온 천사가 나타나 우리 어머니 권사님과 선교사 한 분의 이마에 십자가를 먹물로 그려준 때가 있었던 것이다.

할렐루야.

나는 잘 모른다. 그러나 이렇게 생각이 들었다. 우리가 예배를 드릴 때에 인을 맞을 준비가 된 자가 있으면 특히 주님을 높이 찬양할 때에 우리의 영이 그 찬양으로 너무 기뻐할 때에 주님과 그리고 천사가 나타나서 그 사람의 이마에 인을 치는 것이다. 특히 찬송가 40장은 '주 하나님 지으신 모든 세계'는 주님이 아주 기뻐하는 찬송인 것이 알아졌다. 이전에 주님과 함께 천국에서 무도회장에서 한없이 끝없이 그분과 함께 춤을 출 때에 이 찬송이 천국에서 울려 퍼지고 있었던 것을 기억한다. 할렐루야. 주님을 찬양합니다.

나는 아직 잘 모른다. 왜 찬송가 40장 '주 하나님 지으신 모든 세계'를 부를 때에 주님이 자주 나타나시고 천사들이 나타나서 사람들의 이마에 십자가를 그려주는지....

나는 생각하여 본다. 찬송가 40장을 부르면 혹 천국이 임하는 것인가? 아니면 찬송가 40장이 하나님을 찬양하는 곡으로 너무 좋은 곡인가? 그런데 내가 이 노래를 부를 때에 확실한 것은 이 찬양을 할 때 나의 영이 매우 기뻐지고 또한 영이 심취되어 높은 곳으로 끌어올려지는 느낌을 받는다. 즉 이 노래를 부를 때에 하나님의 임재하심이 일어난다고 보는 것이다. 그리고 이전에 나는 천상에서 주님과 함께 한참 같이 춤을 출 때에 이 찬송이 울려퍼지는 것을 들었다. 즉 천상에서 이 노래가 울려 퍼지는 것을 들은 것이다. 할렐루야.

 하나님의 인 +

하얀 궁 안에서
인 맞은 자의 이름이 적혀지는
방명록과 같은 인장부를 보다.
(2016. 9. 20)

기도하는 시간에 시온이라는 천사가 옆에 나타나서 쌀과자를 내 손에 올려놓아 주었다.

나는 그 쌀과자를 받아서 씹어 먹었다. 그리하였더니 주님께서 내 앞에 서신 것이 보였다. 주님은 흰 옷을 입으시고 지팡이를 가지시고 나타나셨다.

그리고서는 하얗고 뽀얀 계단 (주님의 보좌로 올라가는 계단은 황금계단인데 이곳은 달랐다) 위로 주님이 올라가셨다.

'어머, 이 계단은 주님의 보좌로 올라가는 계단과는 분명히 다른데 주님이 나를 어디로 데리고 가시는 것일까?'

주님과 내가 그 하얗고 뽀얀 계단들을 다 올라가자 베이지색의 대문이 집 안쪽으로 열렸다. 이곳이 주님의 보좌 앞으로 가는 계단과 다른 점은 주님의 보좌 앞으로 가는 계단 위에는 대문이 없고 그냥 그 계단 끝에서부터 주님의 보좌 앞으로 걸어만 가면 된다. 그런데 문이 열려서 들어가니 여기는 살색의 대리석이 쫙 넓게 깔려 있는 하얀 궁이었다. 즉 주님께서 '네가 인 사역을 감당하면 내가 이 궁을 너에게 주실 것이야!'라고 한 궁이었다. 오~ 할렐루야!

'아하, 그래서 올라가는 계단이 다르고 또한 그 계단 위에는 그 궁으로 들어가는 현관문이 있구나!'

그 궁 안에는 시온이라는 대장 천사와 그를 따르는 39명의 먹물 색깔의 옷을 입은 천사들이 줄지어 한쪽 무릎을 세우고 궁의 바닥에 앉아 있었다. 그리고 그들 옆에는 다 먹물 통 하나씩을 가지고 있었다. 그들의 옆쪽으로 중앙에 긴 테이블이 하나 놓여 있었고 나와 주님은 그곳에 가서 앉았다. 테이블 위에는 내가 인 사역에 대하여 쓸 책 '하나님의 인'에 대한 청색깔의 책이 놓여 있었다.

그 다음에는 내가 앉은 쪽이 아니라 주님 쪽의 테이블 위에 큰 도화지 크기만 한 껍질의 까만 색깔의 꼭 방명록 같은 책이 하나 놓여 있었는데 그 책은 몇 날 며칠 나의 인 사역을 통하여 누가 인을 맞게 되었는지에 대한 그들의 명단이 적혀지는 책이라는 것이 그냥 알아졌다.

즉 그 방명록과 같은 책에 내 인 사역을 통하여 인을 맞을 자들의 이름이 적혀지는 것이었다. 할렐루야.

나는 놀라웠다.

'아니, 이러한 책이 있다니……' 인장부 같았다.

그러고 나서 나는 그 영의 세계에서 나왔다.

즉 위의 일은 내가 기도하는 시간에 시온이라는 천사가 나타나서 나에게 쌀과자를 줌으로써 내가 그것을 먹고 영의 세계로 들어간 것을 기록하고 있다.

 하나님의 인 +

그리고 청색 드레스의 의미를 알게 되다.
(2016. 9. 20)

몇 시간을 기도한 후에 천국에 올라갔다.

열 마리의 말이 나를 데리러 왔고 오늘따라 나를 데리러 온 수레 바깥의 천사와 말을 모는 천사에게서 빛이 엄청나게 나고 있었다. 수레는 참으로 아름다운 황금으로 된 수레였다.

수레 안에는 아름다운 정금 테이블이 놓여 있었고 거기는 지옥편 책과 하나님의 인에 대한 책이 놓여 있었다. 하나는 분홍색에 지옥그림이 있는 책, 하나는 청색 표지를 한 책이었다.

나는 나를 데리러 온 수레 안에서 항상 내가 앉는 자리로 와서 앉았는데 나는 순간 매우 놀랐다. 왜냐하면 이전에는 내가 앉는 자리가 빨간 융단같이 생겼었는데 오늘 보니 내가 앉는 자리가 청색으로 바뀌어져 있었다.

'오~ 주여!'

또한 내가 입고 있는 드레스가 청색이라는 것을 발견하였다.

그러나 내 머리에는 여전히 다이아몬드 면류관을 쓰고 있었다.

나는 내가 앉는 자리에 앉았는데 내 앞에 놓인 다이닝 테이블 위에 투명한 보석 그릇이 놓여 있었고 그곳에 파란색의 뭔가가 담겨져 있었다.

그리고서는 수레는 즉시 천국에 도달하였는데 내가 내리면서 보니 나는 청색 드레스를 입고 있었는데 수레바깥에서 내가 내릴 때에 나를 수종하는 천사들은 흰 드레스를 입고 있었다.

그들은 내 발이 땅에 닿게 하지 않고 바로 폭포수 앞 절벽 있는 곳으로 나를 인도하였고 주님은 벌써 그 곳에 와 계셨던 것이다. 그리고 그 절벽 밑으로는 하얀 옷 입은 무리가 나를 환영하여 주고 있었다.

주님은 나를 씻어주신 후에 나를 이사야의 집 생명수 강가 옆의 테이블 있는 곳으로 인도하여 주셨다.

아래위로 하늘색 옷을 입은 이사야가 나왔고 주님과 함께 이사야와 나는 생명수 강가 옆에 놓인 테이블에 앉았는데 주님과 이사야는 강쪽 편으로 앉고 나는 그 맞은 편에 앉았다. 그런데 갑자기 토마스 주남이 청색 드레스를 입고 나타났다. 머리가 방긋하게 뒤로 올려져서 올림머리 같아 보였다. 그래서 나는 나도 청색의 드레스를 입고 있었고 또한 토마스 주남도 청색의 드레스를 입고 나타나서 주님과 이사야가 앉은 내 맞은편에 앉았다. 나는 그 자리에서 조금 웃음이 나오려 하였다.

왜냐하면 나도 토마스 주남처럼 그렇게 청색의 드레스를 입고 있었기 때문이다.

나는 주님께 질문을 하였다.

"주님, 도대체 이 청색의 드레스가 무엇을 의미하는 것입니까?"
나는 정말 심각하게 묻는 질문이었다.
그리하였더니 주님께서 이렇게 대답하여 주시는 것이 알아졌다.
'그것은 변절하지 않는 마음을 뜻하는 것이란다.'
오 마이 갓!
그렇구나! 토마스 주남은 항상 청색의 드레스를 입고 나타났었고 이제 나도 이 청색의 드레스를 입고 있는데 이 청색의 뜻이 변절하지 않는 마음을 뜻한다는 것이다. 와우~
그렇다. 그러면 나는 이 청색이 나의 인 사역과 어떤 관계가 있는지 궁금하였다.
그래서 나는 이것에 대하여 또 주님께 물었다. 그리하였더니 그것에 대하여서는 이렇게 알아지는 것이었다.
그것은 사람들의 이마에 인을 치는 것은 '너는 내 것이라'하는 변하지 않는 사항을 말한다는 것이 알아졌다.
'아하, 그렇구나. 그래서 이 청색의 의미가 그런 것이구나.'
그리고 또 하나님의 인을 맞는 자들은 결코 하나님을 믿는 믿음에 변심하지 않고 짐승의 표 666을 목숨을 버린다 하더라도 받지 않는 마음을 뜻한다고도 볼 수 있는 것이었다. 할렐루야.

그래서 나는 주님께
'보통 드레스보다 그러면 주님, 저는 청색의 드레스가 더 좋습니다.'라고 말했다. 그리고서는 '저도 청색의 드레스를 입겠습니다.'라고 말한 것이다.

할렐루야.

오늘 드디어 천국에서 청색 드레스의 그 청색의 의미를 알게 되었다.

할렐루야.

23. 하나님의 인 ✝

집회 때 반드시 신유와 축사사역을 하라고 큰 황금봉을 주시다.

(2016. 9. 22)

목요일 아침이었다.

기도하는 중에 시온이가 옆에 나타났다. 그리고 그가 내게 쌀과자를 내 손바닥 위에 놓아주었다. 나는 그것을 씹어 먹었다. 그리하였더니 내 앞에 흰 긴 옷을 입으신 예수님이 나타나셨다. '사라야, 이리 올라오너라' 하신다. 나는 그리로 올라가서 주님의 손을 잡았다. 어머나 주님께로 올라가는 내 모습이 너무 어린아이이다. 약 7-8살 정도로 보인다. 그리고서는 그 계단 즉 주님의 보좌 앞으로 가는 계단을 주님의 오른 손을 잡고 올라간 것이다. 어린아이는 너무 기뻐하였다. 그런데 그 어린아이가 나였다.

그리고서는 그 계단의 끝에 올라섰는데 나는 어느새 어른이 되어 있었다.

머리에는 다이아몬드 면류관을 쓰고 몸에는 흰 아름다운 드레스를 입고 허리까지 내려오는 긴 머리를 가진 젊은 여성이 되어서 그분의 보좌 앞으로 가는 것이었다.

나는 왜 그 계단을 올라갈 때에는 어린아이의 모습이다가 그 계단을 다 올라가면 내가 젊은 여성의 모습으로 약 25세 정도되는 여인의 모습으로 바뀌는지 정말 나는 알 수가 없다. 나의 이 젊은 여성의 모습은 대개 두 천사가 열 마리의 말이 달린 웅장한 수레를 가지고 나를 데리러 왔을 때에 내가 천국에 도착하여 수레에서 내리면 그 내릴 때의 나의 모습이다.

그리하여 천국으로 인도하는 수레에서 내릴 때의 나의 모습과 또 주님의 보좌 앞으로 올라가는 계단의 끝에 올라섰을 때의 나의 모습이 같은 것이다. 그런데 나는 왜 그런지 모른다.

한쪽은 시온이라는 천사가 나타나 쌀과자를 주면 바로 주님의 보좌로 올라가는 계단이 보인다.

다른 쪽은 수레를 가지고 두 천사가 나를 데리러 오는 것이다. 그리하여 천국에 도달한다. 그리고 주님의 보좌 앞으로 갈려면 거기서 한참 날거나 해야 한다. 물론 즉시로 갈 때도 있지만...

주님은 나를 데리고 계단의 끝까지 올라가셨는데 거기서 주님은 사라지셨다. 나중에 보면 그 때에 주님은 주님의 보좌에 앉으시려 사라지신 것이다. 그리고 나는 계단 끝에서 주님이 앉아계신 보좌 앞으로 걸어가야 한다. 걸을 때에 양옆으로 흰 날개 달린 흰 옷 입은 천사들이 많이 서 있었다. 나는 걸어서 주님의 보좌 앞으로 가서 내가 앉는 자리에 가서 앉았다.

나는 주님께서 '왜 나를 오늘 여기로 데리고 오셨을까?'하는 궁금증이 생겼다.

그러자 보좌 앞으로 흰 날개 달린 두 천사가 큰 황금봉을 둘이 같이 들고서 주님 보좌 앞으로 날아왔다. 그 황금봉의 크기는 꼭 사람의 키만 한 것처럼 보였고 그 황금봉의 몸통은 약 그 지름이 7cm 정도 되어 보이는 두꺼운 것이었으며 그 양쪽 끝에는 꼭 정구공 사이즈만 한 황금공 같이 생긴 것이 양쪽에 달려 있었다.
'와우~ 도대체 저것이 무엇이지?'
에스더가 가진 봉과는 전혀 다르게 보였다.
주님께서 나를 보시고 그 황금봉에다가 내 두 손을 갖다 대라고 말씀하셨다.
나는 어느새 내 자리에서 일어나 주님 앞에 서서 그 황금봉에다가 내 두 손을 얹었다. 그 큰 황금봉은 내 앞에서 내 가슴 아래로 공중에 떠 있었고 나는 내 두 손을 주님 앞에서 그 봉에다가 갖다 대면서 그 황금봉을 손바닥으로 그 몸통을 둘러 감쌌다. 그리하였더니 황금봉에 갖다 댄 내 두 손이 붉은 색으로 변하는 것이었다.
꼭 불이 붙어서 붉게 변한 것 같았다.
'와우~ 도대체 이것이 무슨 뜻일까?'하면서 궁금해 하였는데 아하, 그 이유가 즉시 알아지는 것이었다. 즉 집회 때에 사용하라고 내 이 두 손에 신유의 은사와 축사의 은사가 지금 부어지는 것이 알아지는 것이었다.
'아하, 내가 이것에 손을 대면 집회할 때에 주님이 이 손을 통하여 역사하시겠다는 것이구나!'하며 알아졌다.
주님이 말씀하신다.
"네가 이것을 갖고 다녀라."
"네? 이 큰 것을 제가 어떻게 항상 갖고 다니지요?"
"그것은 네가 집회를 인도할 때에 네 옆에 서 있을 것이다."

"와우~"
그러자 나는 내가 신유기도를 하기 전에 그 황금봉에다가 손을 갖다 대고 그 후에 안수와 신유와 축사기도를 해야 한다는 것이 알아졌다.
'아니, 제 옆에는 주님이 와서 서신다 하였는데 어찌 이 봉이 섭니까?' 하였더니
주님은 말씀하시기를 내 앞쪽으로 충분히 이 황금봉이 서 있을 공간이 있고 주님도 내 오른편에 와서 서시겠다는 것이었다.
와우~ 나는 놀랍고 놀랍기만 하다.
여하튼 나는 오늘 이렇게 일어난 일을 기록하여 둔다.

그리고 나서 나는 주님 앞에서 서 있었는데 머리에는 다이아몬드 면류관을 쓰고 머리는 허리까지 내려오는 갈색의 머리에 드레스는 상아색의 예쁜 드레스에 곳곳에 우아한 작은 보석들이 달려서 참으로 우아하게 보였고 그리고 주님이 주신 봉이 거의 노르스름한 황금이라 잘 어울리는 색깔이었다. 나는 순간 왜 내 드레스가 청색이 아닐까 하는 생각이 스쳤다. 왜냐하면 요즘에 나는 늘 청색의 드레스를 입은 것이 발견되었기 때문이다. 그러자 아하, 알아지는 것이 오늘은 인에 대하여 말하는 것이 아니라 집회시에 신유와 축사에 대하여 말씀하시기 때문이라는 것이 알아졌다.
주님의 오른편에 에스더가 와서 선 것이 보였고 주님의 왼편에는 바울이 와서 선 것이 보였다.

늘 신유와 축사를 이야기할 때에 바울이 나타난다.

에스더가 나타난 이유는 내가 이 큰 황금봉을 보는 순간 아니 내가 에스더의 봉, 즉 죽으면 죽으리라 하는 봉과는 다르다라는 생각을 하고 있을 때에 에스더가 나타나서 나보고 그 큰 봉을 받으라고 말했다. 에스더의 봉은 그 지름이 약 2cm, 길이가 약 1m 정도 되어 보였고 그리고 한쪽에만 약 3cm 정도의 지름을 가진 공같이 생긴 것이 달려 있다. 즉 에스더가 가진 봉과 주님께서 내게 주신 황금봉 (지름이 7cm, 길이가 1m 이상, 양쪽에 정구공 사이즈의 공이 달려 있음) 과는 전혀 다른 것이었다. 할렐루야. 주님 감사합니다.

2016년 10월 한 달간 한국에서 집회를 인도하다.

(1) 서울 기독교 100주년 기념관에서 집회 마지막 날 하나님의 인 사역을 감당하다.

기독교 백주년 기념관에서 이틀 동안 천국지옥 간증 집회가 있었다. 집회 마지막 날에는 하나님의 인 사역을 감당하였다.
주님께서 강대상에 임하시고 그리고 천사 두 명이 약 300명 되는 자들을 앞에서부터 인을 치기 시작하였다 (인을 친다는 것은 천사들이 나타나서 사람들의 이마에 십자가를 그리는 것이다). 가장 앞줄에 앉은 모든 자들의 이마에 십자가가 그려졌다는 것이 영으로 그냥 알아졌다. 순간 아하! 그래서 앞자리에 앉는 것이 참으로 중요하구나 하는 생각이 들어왔다.
그리고 그 이마에 먹물로 십자가를 그리는 천사 두 명이 300명에게 부족하여 먹물 색깔의 옷을 입은 천사가 양쪽으로 두 명씩 더 나타났다. 즉 총 여섯 명의 천사들이 사람들의 이마에 십자가를 그리기 시작하였다.

사람들은 자신의 이마에 인이 쳐지기 위하여 온갖 정성을 다하며 전심을 다하여 주님께 기도하고 있었다. 그들의 기도하는 열정은 정말 대단하였다.

그리고 나는 집회에 참석한 자들에게 하나님의 인을 맞기 원한다면 그 하나님의 인을 맞을 조건을 충족하여야 한다고 말했다.

첫째, 철저히 회개하여야 한다고 했다.
둘째, 주를 위하여 죽을 각오가 되어 있어야 한다고 했다.
셋째, 세상에 대한 욕심을 다 버려야 한다고 말했다.
넷째, 중독된 것이 없어야 한다고 말했다.
다섯째, 하나님만 바라보아야 한다고 말했다.

이 다섯 가지의 조건을 다 만족하는 자들에게 주님이 그 이마에 천사들을 통하여 십자가를 그려줄 것이라 말했다.

그러고 있는 중에 주님께서는 나에게 이렇게 말씀하셨다.
"여기에는 내 종들이 많다." 할렐루야!

성경에서는 또 하나의 다른 천사가 땅과 바다를 해롭게 할 권세를 가진 네 천사에게 말하기를 우리가 하나님의 종들의 이마에 하나님의 인으로 인치기까지 땅이나 바다나 나무나 해하지 말라고 말하고 있다.

[계 7:1-3]
(1) 이 일 후에 내가 네 천사가 땅 네 모퉁이에 선 것을 보니 땅의 사방의 바람을 붙잡아 바람으로 하여금 땅에나 바다에나 각종 나무에 불지 못하게 하더라 (2) 또 보매 다른 천사가 살아 계신 하나님의 인을 가지고 해 돋는 데로부터 올라와서 땅과 바다를 해롭게 할 권세를 얻은 네 천사를 향하여 큰 소리로 외쳐 (3) 가로되 우리가 우리 하나님의 종들의 이마에 인치기까지 땅이나 바다나 나무나 해하지 말라 하더라

그런데 주님께서 오늘 특별히 여기 기독교 백주년 기념관에 모인 자들 중에는 하나님의 종들이 많다고 말씀하시는 것이었다.
즉 이 말씀은 이마에 인침을 받을 하나님의 종들이 많다는 것을 시사하시는 것이었다.

즉 지금 주님이 이곳에 나타나셨고 그리고 여섯 명의 먹물 옷을 입은 천사들이 분명히 사람들의 이마에 십자가를 그리고 있는 중인데

나는 주님께 물었다.
'주님, 분명히 지금 제 영적인 눈에 먹물 색깔의 옷을 입은 천사들이 나타나서 지금 사람들의 이마에 먹물로 십자가를 그리고 있다는 것은 알겠는데 왜 제 눈에는 한 사람 한 사람 이마에 십자가가 그려지는 것은 보이지 않나요? 이러한 경우에 저는 이 사람

들에게 어떻게 말하면 되나요?'라고 물었다.

그곳에는 약 300명의 성도들이 앉아서 온 힘을 다하여 기도하고 있었다.
하나님의 인을 받고자 하는 그들의 열정은 정말로 대단했다.
분명히 여섯 명의 천사들이 사람들의 이마에 지금 먹물로 십자가를 그리고 있지만 내 눈에는 하나하나 그것이 보이지 않는 것이었다. 사실 너무 많아 눈도 돌아가지 않는다.

그러자 주님께서 나에게 이렇게 말씀하시는 것이었다.
"너는 이렇게 말하라."
"여기 온 사람들 중에 주를 위하여 죽을 각오가 되어 있는 자들은 그 이마에 십자가가 다 그려졌다라고 선포하라."

'아하, 할렐루야. 정말 그렇구나! 정말 그러네요.
주님. 할렐루야.'
주님의 말씀이 맞는 것이었다.
내 눈에는 하나하나 이마에 십자가가 그려지는 것이 보이지는 아니하나 분명히 지금 천사들이 그리고 있다는 것을 나는 알고 있기 때문이다.
사람의 수가 적을 때에는 하나하나 보이는데 이렇게 많은 경우에는 볼 수도 없고 또 안 보인다. 나는 여기에 하나님의 특별한 이유가 있다고 생각한다.

사람의 수가 적을 경우 그리고 특별히 내가 관심을 가진 사람인 경우는 천사가 하나하나 그리는 것을 잘 보여주신다. 그런데 내 경험상 사람의 수가 수십 명만 되어도 하나님은 한 분 한 분 그 이마에 십자가가 그려지는 것을 보여주시지 아니하신다.

이번 서울 집회는 지난 아리조나 집회 후, 그리고 이번 10월 부천에 장로교회 집회 후 세 번째이다.

그러나 나는 오히려 하나하나 안 보여주시는 것이 다행이라는 생각이 들었다. 왜냐하면 사람들이 내게 와서 묻는다. 내가 받았냐고? 어떻게 보면 내가 그것에 대하여 금방금방 말하게 되면 내가 꼭 무슨 굉장히 신령한 그리고 무엇인가 잘못된 교주가 되는 느낌이다. 그래서 그런지 모르겠으나 주님은 나로 하여금 한 사람 한 사람 그 이마에 십자가가 그려지는 것을 보여 주시지 아니하신다. 그래서 어떤 사람이 집회 후에 와서 내게 물을 때에 나는 실제로 잘 모른다. 그 사람이 인을 받았는지 안 받았는지 말이다. 내가 알려면 그 사람을 놓고 진심으로 주님께 구하여야 알게 하여 주신다.

그러나 내가 한 사람 한 사람에 대하여 그러할 정력도 없고 시간도 없다. 그러나 특별한 경우 그 교회 목사님이나 사모님 같은 경우는 보여주신다. 왜냐하면 그들은 그 교회의 대표되는 사람들로 내가 관심 있어 하는 분들이니까…. 이런 점에 있어서 우리 하나님은 참으로 정확하시고 미묘하시다.

그리고 그분이 하시는 일은 늘 옳으신 것이다.

그리하여 나는 한참 후에 그 여섯 명의 검은 옷을 입은 천사들이 사람들의 이마에 십자가를 다 그리고 나서는 (물론 그려진 자가 있고 안 그려진 자가 있겠지만) 성도들을 다 지나서 끝줄 끝에 각자 먹물 통을 들고 선 것이 보였다.

나는 그것을 보고나서는 그들에게 이렇게 선포하였다.

주님이 말씀하신 그대로.

'여기에 오늘 주를 위하여 죽을 각오가 되어 있는 자들은 그 이마에 십자가가 다 그려졌습니다.'라고 말이다. 그러고 나니 뒤에 있던 먹물 색깔의 옷을 입은 천사들이 다시 강대상 쪽으로 나오더니 주님과 함께 사라졌다. 즉 순식간에 그들이 안 보이는 것이었다. 오~ 주여!

그러므로 기독교 백주년 기념관에서 마지막 집회시간에 내가 인 사역을 감당할 때에 주님이 먼저 나타나셨고 그리고 그 후에 먹물 색깔의 옷을 입은 천사들이 여섯 명이 나타나서 인 맞을 자격이 되는 자들의 이마에 십자가를 그려준 것이었다.

할렐루야. 일하신 주님을 찬양합니다!

나는 심중에 주님께 찬양을 많이 올려 드렸다.

주님은 그 기독교 백주년 기념관에 참석한 자들 중에서 '내 종들이 많다.'라고 하셨는데 주님께서는 그들 중 약 2/3가 그 이마에 십자가가 그려졌다는 것을 영으로 알게 하여 주셨다. 할렐루야.

(2) 대전 OO 감리교회에서의 집회 마지막 날 하나님의 인 사역을 감당하다.

대전 OO 감리교회에서 (임OO 목사님 시무) 10월 9일 주일날 대예배부터 시작하여 하루에 아침과 저녁으로 매일 9일 동안 집회가 이루어졌다.

(i) 집회가 약 1/3정도 진행되었을 때이다. 즉 약 3일째 집회를 인도하고 있는 때였다.

저녁 집회 때 말씀을 전한 후에 전 성도들에게 회개기도를 시켜놓고 앞에 나온 자들에게 안수기도를 한 후에 나는 강대상 위에서 혼자 십자가 옆에서 기도하고 있었다.
그 때 먹물 색깔의 옷을 입은 시온이가 내 옆에 나타났다.
그리고 그는 내게 쌀과자를 주었다.
나는 그것을 받아먹었다.
그러자 내 앞에 위쪽으로 벌써 영의 세계가 열려져서 나는 주님의 보좌 앞에 가서 서 있었다. 와우~
주님께서는 나에게 두 손을 펴게 하시더니 그 위에 큰 황금으로 된 금고열쇠를 주셨다. 그 황금으로 된 금고의 열쇠의 크기는 길이가 약 50cm는 족히 되어 보였고 넓이는 울룩불룩하면서 가장 넓은 곳이 10cm는 되어 보였다.
무진장 큰 황금열쇠였다.
즉 나는 오늘 조금 전에 저녁 집회에서 내가 원장으로 있는 주님의 사랑 세계선교센터가 아프리카에 우물 100개를 파고 100개의 교회를 세우는 것을 목표로 하고 있다고 말했는데 그것에 대한 주님의 답이신 것 같아 보였다. 오~ 할렐루야.
그러나 그 돈을 이 교회를 통하여 주신다는 말씀인지 아니면 주님께서 이 교회가 아니라 다른 사람들을 통하여 주실 것인지는 확실하지 아니하였으나 그러나 확실한 것은 이 교회의 강대상 뒤에서 기도할 때에 주님께서 그 큰 금고열쇠를 나에게 주셨다는 것이다.

그 후에 집회를 마치고 담임 목사님과 사모 목사님이 나에게 이렇게 말씀하셨다. 즉 자신들이 들어 놓은 3개의 적금통장을 털면 그 돈이 약 5만불 정도 되는데 그것으로 아프리카에 제일 먼저 우물을 파고 또 교회를 세우고 싶다고 하시는 것이었다. 할렐루야. 나는 순간 조금 서운했다. 차례를 뺏기는 것 같아서.... 우리 선교센터에서 제일 먼저 우물을 팔려고 했는데...
그러나 나는 참으로 기뻤다. 그들의 헌신이 참으로 감사하였다. 그래서 나는 기쁘고 좋아서 웃음이 저절로 나왔다.
그리고 목사님은 연이어 말씀하셨다. 이번 집회가 끝나고 나면 다섯 명의 장로들을 새로 세우는데 그들에게 한 사람이 우물 하나씩을 파게 하시겠다는 것이다. 할렐루야.
오~ 나는 주님을 찬양하지 아니할 수가 없었다.
나는 생각했다.
'아하~ 이것이 하나님의 역사의 시작이구나!'
'할렐루야. 주여 감사합니다.'
이것이 내가 강대상에서 주님으로부터 큰 황금열쇠를 받았는데 그것과도 관련이 있어 보였다. 즉 주님께서 아프리카에 우물 파는 재물을 계속 보내시겠다는 것으로 받아졌다. 할렐루야.

(ii) 10월 16일(화요일) 저녁집회 때 즉 인 사역하기 전날 집회 8일째 되는 밤.

저녁집회 때에 설교를 마치고 앞에 나온 자들에게 안수기도를 한 후에 그들이 각자 자리로 돌아가 앉아서 회개기도 할 때였다. 나는 강대상 뒤쪽에서 무릎을 꿇고 앉아 기도하고 있었다.
갑자기 주님이 강대상 중앙에 놓여 있는 십자가 쪽에서 나타나셨다. 그분은 정말 하얗고 하얀 옷을 입고 계셨는데 참으로 잘생기신 얼굴이셨다.
그리고서는 한참을 거기 계셨다. 주님께서 무엇을 하시기 위하여 나타나셨을까 하고 궁금하였다. 주님이 인을 치기 위하여 오셨을까? 그런데 천사들은 보이지 않았다. 그러다가 천사 두 명이 나타났다. 한 명은 시온이었다. 이들은 사람들에게 인을 치기 위하여 나타났다는 것이 알아졌다. 그래서 나는 마음으로 간절히 먼저 담임 목사님부터 인을 쳐 주기를 원했다. 그리하였더니 그 중 천사 한 명이 가더니 담임 목사님의 이마에 갈색으로 십자가를 그리는 것이 보였고 그리고 그 담임 목사님 안에는 큰 십자가가 보였는데 그 십자가는 반짝반짝 빛이 나는 백금 십자가인 것이 알아졌다. 그리고 또한 사모 목사님에게는 다른 천사가 가서 그 이마에 십자가를 그려주기를 내가 간절히 소원하였다. 그리하였더니 다른 천사가 가서 그 이마에 십자가를 갈색으로 그려준 것이 보여졌는데 그 사모 목사님 안에 있는 십자가는 순금으로 된 십자가였다.

나는 놀랐다. 주님은 내 안에는 빛이 나는 황금십자가를 보여주신 적이 있는데 그 사모님에게도 같은 색깔의 순금십자가를 본 것이다. 나는 여지껏 이렇게 금으로 된 십자가를 나 외에는 본적이 없었기 때문이다. 하여간 나는 너무 반가워했다. 할렐루야. 오늘은 이 교회의 담임 목사님에게 그리고 그 사모님에게 그 두 분에게 주님과 천사들이 나타나서 그들의 이마에 십자가를 그려준 것이다. 할렐루야. 그리고 내일 저녁집회에서는 성도들에게 그들의 이마에 십자가를 그려 줄 것이다.

그런 후에 주님은 내일 성도들의 이마에 십자가를 그리는 천사들이 몇 명이 필요한지를 내게 물으셨다.

나는 성도들이 앉는 구역이 다섯 군데가 있으니 한 구역에 천사 세 명씩 열다섯 명이 필요하다고 말씀드렸다.

즉 한 구역에는 약 다섯 명씩 앉을 수 있는 긴 의자가 뒤로 약 스무 개가 놓여 있었다.

그래서 이들이 다섯 군데이니 이마에 십자가를 그릴 천사가 약 15명이 필요하다고 말씀드렸다.

그랬더니 주님께서 오케이 하셨다.

(iii) 10월 17일(수요일) 마지막 저녁집회 때 하나님의 인 사역을 감당하다.

대전 OO 감리교회에서의 집회는 참으로 뜨거웠다. 사람들이 9일 동안 아침 저녁으로 천국지옥 간증을 듣고 매일 매집회 때마다 울면서 회개기도를 하였다.
드디어 수요일 저녁 마지막 집회 시간이 되어서는 하나님의 인 사역을 감당한 것이다.
교회 예배당이 커서 사람들이 앉아 있는 의자가 한 의자에 약 다섯 명이 앉는 긴 의자가 20줄이 있는 것이 한 구역이라 한다면 이러한 구역이 여섯 구역 정도 되었다. 그리고 그러한 긴 의자는 한 구역에 스무 줄까지 뒤로 계속 놓여져 있었다. 그리고 이 여섯 구역 다 합하여 약 450명 정도가 앉아 있었다.
그런데 마지막 여섯 째 구역에는 사람의 수가 적게 앉아 있었다. 그리하여 나는 어제는 다섯 구역에만 사람들이 앉은 것이 보여서 각 줄에 천사 세 명씩 15명의 천사들을 보내달라고 주님께 말씀드렸었는데 오늘 앉은 것을 보니 여섯 구역이다.
그리하여 나는 그 곳에 나타나신 주님께 18명의 천사들이 필요하다 하였는데 정작 나타난 것은 16명의 천사들이 나타났다.
그 이유는 여섯 번째 줄에는 사람들이 아주 적게 앉아 있어서 천사 한 명으로 족하기 때문이었다. 주님이 옳으셨다.
그래서 내가 그 천사들을 볼 때에 오른편에서부터 하여 세 명씩 다섯 구역에 배치되었고 각각의 구역 줄에는 사람들이 약 80-90

명 정도가 앉아 있었다. 그리고 여섯 번째 구역에는 한 명의 천사가 배당되어 사람들의 이마에 먹물로 십자가를 그리려고 서 있는 것이 보였다.

그리고 먹물 색깔의 옷을 입은 천사들이 사람들이 회개기도와 주를 위하여 죽을 결단을 하고 있을 때 앞에서부터 뒤쪽으로 그들의 이마에 먹물로 십자가를 그리고 나가기 시작하였다. 물론 자격이 되는 자들만 십자가를 그린다. 내 눈에 천사들이 계속 뒤쪽으로 진행하는 것이 보였다. 그러나 아쉬운 것은 누구에게 정확히 그 이마에 십자가가 그려지는 지가 보이지 않았다. 거기에는 약 450명 정도의 성도의 수가 앉아 있어서 그런지 16명의 천사들이 다니면서 십자가를 그렸다.

그러고 나서 각 천사들은 앞에서부터 뒤로 사람들의 이마에 십자가를 그린 다음 저 뒤편에 나란히 서는 것이 보였다.

이들은 한참을 뒤에 나란히 서서 내 쪽을 보고 있었다. 그러는 사이에 성도들은 더 회개하고 있었는데 그러자 그중에 회개가 더 된 사람 몇몇 사람들에게 이 천사들이 앞으로 오면서 그 이마에 인을 쳤다.

그러고서는 이들은 맨 앞줄로 이동하여 다시 나란히 섰다. 그러더니 시온 천사와 함께 모여 서 있더니 모두가 곧 보이지 않게 되었다. 물론 주님도 더 이상 보이지 않았다.

나는 그들 중 도대체 얼마나 인침을 받았는지 알고 싶어 강대상에서 주님을 향하여 그분을 찬양하며 그것을 알게 하여 달라고 간절히 기도하고 있었다. 그러자 시온이가 다시 내 옆에 나타나 쌀과자를 내 손에 쥐어 주었다. 나는 그것을 받아먹었다.
그리하였더니 내가 궁금해 하던 숫자가 떴다. 그것은 147이었다.
'아하 147명이 오늘 인침을 받았구나!' 그냥 알아졌다.
그리고 나서 나는 사람들과 함께 찬양을 몇 곡을 부르고 나서 끝을 맺으면서 나는 시온이라는 천사가 내게 쌀과자를 주어 먹고 난 후에 보여준 숫자 그대로 나는 사람들에게 '여기 계신 분들 중에서 147명이 그 이마에 인을 받았습니다.'라고 공포하였다. 그리하였더니 그들은 손뼉을 치며 너무 좋아하였다.
할렐루야.
성전에는 약 450명 성도 중 1/3이 그 이마에 인침을 받은 것이다.
할렐루야.
하나님께서는 내 눈에 일일이 그 이마에 천사들이 십자가를 그리는 것을 보여주시지는 아니하셨으나 다 마치고 나서 나에게 인 맞은 자의 수를 가르쳐 주셨다. 할렐루야.

그리고 나서 대전 OO 감리교회에서 모든 집회 일정을, 즉 9일동안 아침 저녁으로 18번의 집회를 마치고 호텔로 돌아가는 중이었다. 정말 대장정이었다.
나를 항상 집회 장소로 데려갔다가 또 호텔로 데려다주시는 안수 집사님이 계셨는데 그가 나를 마지막으로 호텔로 태워다 주시면서 이렇게 말하는 것이었다.
'목사님, 제 아내(여전도회 회장)가 아까 인 사역할 때에 자기 손에 금가루가 내렸데요.'라고 말하는 것이었다. 와우~

나는 내심 놀랬다. 나는 한 번도 이 지상에서는 하늘에서 내린 금가루를 본 적이 없었기 때문이다. 신기했다. 나는 천상에서 유리바다 앞에 있는 모래사장의 모래들이 다 금가루라는 사실을 천상에서 알게 되었는데 그 때도 나는 거기서도 얼마나 놀랐는지 모른다. 유리바다 앞의 모래들이 다 금가루라니.....

그리고 그 때에 천사가 한 명이 나타나서 나에게 가르쳐 주기를 지상에서 어떤 집회에 금가루가 뿌려졌다고 하는 것은 바로 이 유리바다의 금가루를 천사가 한 주먹 쥐어서 그 집회 장소에 뿌리는 것이라 말하여 주었다. 나는 그때까지 누가 집회 장소에서 금가루가 뿌려졌다고 했을 때 설마 하면서 안 믿었었다. 그러나 그 천사의 설명을 듣고 나서 '아하~ 그렇구나! 그럴 수 있겠네'하면서 수긍이 갔었던 것이다. 그런데 그 금가루가 대전 열방감리교회의 마지막 인 사역 집회할 때에 여전도회장의 손에 뿌려졌다는 것이다. 와우~, 그러나 나는 그것을 내 눈으로 그것을 확인하지 못하였으므로 믿기도 그랬고 안 믿기도 그러하였다. 그러나 여전도회장이 그렇게 말했으면 아마도 뿌려졌을 것이라 믿는다. 그러나 나는 한 번도 지상에서 그 금가루를 본적이 없다. 그러나 나는 믿는다. 그 금가루가 뿌려졌다면 말이다.

이번 집회 동안에 강사인 나를 얼마나 깍듯이 호텔에 와서 집회 장소로 모셔가고 또 집회가 끝나면 기다려서 호텔로까지 모셔다 드리고 하시는지.... 할렐루야. 그리고 그 아내 여전도회장 권사님은 매일 저녁상을 얼마나 멋있게 차려놓는지.... 감탄할 정도였다. 그 정성은 참으로 갸륵하게 여겨졌다.

그런데 이 권사님에게 마지막 날에 그 손에 금가루가 뿌려졌다는 것이다. 할렐루야. 그것이 무엇을 의미할까? 나는 잘 모르겠지만 그러나 확실한 것은 주님께서 대전 열방감리교회에서의 그 집회를 기뻐하셨다는 증거로 본다.

이 금가루 사건은 그 다음 금산 풍성한 교회의 집회 중에서도 일어났다. 한 여자 목사님이 이틀째 계속되는 집회에서 새벽집회 중에 강사인 내가 강대상에서 성경말씀을 읽는데 자신의 손에서 금가루가 반짝반짝 빛나고 있었다고 한다. 그래서 그 금가루를 한 손가락으로 이 손에서 저 손으로 옮겨보아도 반짝 반짝 빛이 났다고 했다. 이 여자 목사님은 이전에도 성전에 뿌려진 금가루를 본 적이 있다고 한다. 어찌하였든 이번 한국집회 때에 주님이 여러 가지로 기뻐하시는 증거를 보여주신 것 같았다. 주님을 찬양합니다!

(3) 영암기도원에서 하나님의 인 사역을 감당하다.

(i) 나를 중심으로 한 전도와 선교 그리고 신부단장을 목표로 한 '주님의 사랑 세계선교센터' 카톡방 식구들 중심으로 이날 모임이 시작되었다. (목요일 저녁)

숫자는 약 48명이 모였다.

그리고 저녁 7시부터 하나님의 인에 대하여 강의하고 그리고 인 사역이 시작되었다.
이날 저녁은 카톡방 식구들의 간곡한 부탁으로 그들만을 위한 인 사역을 감당한 시간이었다. 그러나 그 다음 날부터는 영암기도원에서 이틀 동안 다른 사람들 상대로 천국지옥 간증집회가 열리게 되어 있었다.

인 사역을 할 때 일어나는 일들을 차례로 간략히 적어보면
가장 먼저 주님이 그 인 사역 하는 곳에 나타나신다.
그리고 주님이 인 사역의 모든 것을 컨트롤하신다.
그래서 주님은 내게 인 사역을 감당해야 한다고 하셨으나 나는 인 사역을 어떻게 해야 하나 하고 고민하며 기도하고 있을 때에 주님이 나에게 이렇게 말씀하신 것이다. '내가 한다. 너는 공포만 하라.'라고.
그렇다. 이 인 사역은 내가 하는 것이 아니라 내 사역에 주님이 나타나시고 주님이 하신다. 나는 그냥 그 모든 것을 지켜볼 뿐이다. 할렐루야.
주님이 먼저 인 사역하는 곳에 나타나시면 그 다음은 인 사역을 감당할 먹물 색깔의 옷을 입은 천사들이 나타난다. 대장 천사 시온과 함께 나타나는 천사들의 수는 성도가 얼마나 많은 가에 따라서 성도 수에 맞게 나타난다.
그리고 이들은 성도들 안으로 들어가서 하나님의 인을 맞을 자격이 되는 사람들의 이마에만 먹물로 십자가를 그린다.

그러고 나면 그들 안에는 각자의 사람 크기만 한 십자가가 들어가는데 그 십자가의 색깔과 재질은 사람마다 다 다르다는 것을 주님이 내게 알게 하여 주셨다.

그리고 주님께서 나에게 가르쳐 주신 것은 이렇게 내 사역에서 먹물로 그 이마에 십자가가 그려진 자들을 흰 말탄 자가 와서 다시 그 이마에 예수라는 이름으로 인을 친다는 것을 내게 가르쳐 주셨다.

그리고 내가 이 인 사역을 감당해야 하는 이유는 이렇게 사람들을 회개시켜서 그리고 주님을 위하여 죽을 각오까지 시켜서 하나님의 인을 맞을 자의 수를 늘리는데 그 의미가 있다고 하신 것이다. 할렐루야.

이 영암기도원에 모인 카톡방 식구들 모두가 그들의 이마에 인을 받기 위해 회개기도를 열심히 하고 있었다.

그러자 갑자기 주님이 나타나셨는데 내가 강대상 뒤에서 앞에 있는 십자가를 바라보고 기도하고 있을 때에 나의 오른편쪽 강대상에 나타나신 것이다. 와우~

그리고 9명의 먹물 색깔을 입은 천사들이 나타나서 앉은 자들의 이마에 십자가를 그리기 시작하였다. 성도들 속으로 들어가 그들의 이마에 십자가를 그린 후에 그 9명의 천사가 앞으로 나왔다.

나는 그중의 몇 명이 인침을 받았는지 매우 궁금하였다.

다른 사람들에게서는 안 보였으나 가장 앞에 앉으신 권 목사님과 이 목사님 안에는 그들 속에 들어 있는 십자가가 보였다. 십자가가 그 안에 보인다는 것은 이 두 목사님은 천사들이 그들의 이마에 십자가를 그렸다는 것이다. 이 목사님 안에는 바깥쪽으로 녹색깔이 아른 거리는 황금십자가가 그 안에 있는 것이 보였다. 나는 순간, 저 녹색깔이 아른거리지 않으면 저 십자가가 더 아름다울 것 같다는 생각을 했다. 권 목사님 안에는 은으로 된 맑고 투명한 것 같은 십자가인데 거기에는 황금빛이 감돌며 아름다워 보였다.
이들은 내가 특별히 관심을 가지고 보고자 하는 분들이다. 그리하여 주님께서 이들에 대해서만 그들이 받은 십자가를 보여주시는 것 같았다.

그리하여 나는 나머지 전체 몇 명이 받았는지 궁금하여 그것을 알게 하여 달라고 주님께 기도하였다. 그 때 시온이라는 천사가 내 옆에 나타나서 쌀알 같은 과자를 주었다. 나는 그것을 얼른 받아 씹어 먹었다.
그러자 내 앞으로 영의 세계가 열려서 보이는데 11이라는 숫자가 보이는 것이었다.
그 순간 내가 그냥 알아지는 것이 '아하 오늘 11명이 이마에 인침을 못 받았구나' 하며 알아지는 것이었다. 즉 이번은 이 숫자가 인을 받은 숫자가 아니라 인을 받지 못한 자의 숫자라는 것이 그냥 영으로 알아졌다.
그래서 나는 찬양 몇 곡을 같이 부르고 나서 그들에게 공포하기를 48명 중에 11명이 인을 못 받았다고 선포하였다. 그러나 앞으로 이틀 동안 집회 후에 다시 마지막 시간에 인 사역이 있을 것이니 오늘 인을 못 받았다고 생각하는 자들은 더 회개하고 또 주를 위하여 죽을 각오를 더욱 하여 그 때에 또 받을 수 있도록 하라고 선포하였다.
할렐루야.
주님께서는 내가 한국오기 전에 영암 기도원에서는 꼭 이 인 사역을 하라고 하시더니 48명중에 37명 즉 3/4이상을 그 이마에 하나님의 인을 받을 수 있도록 십자가를 그려준 것이다. 할렐루야. 할렐루야. 일하신 주님을 찬양합니다!
주님은 내가 이 한국집회 오기 전에 나에게 '내가 손해보지 않게 해라'라고 말씀하셨다. 즉 주님의 것, 즉 이마에 인을 받는 자들은 주님의 것이다. 그 주님의 것을 찾도록 내가 죽도록 충성하라는 말씀이셨다. 할렐루야.

(ii) 영암기도원에서 천국지옥 간증집회 마지막 날 토요일

영암기도원에서 금요일 토요일 아침 저녁으로 이틀간 천국지옥 간증집회가 계속되었다. 시간 시간마다 주님의 도우심으로 회개가 많이 터졌다.

그러나 천국지옥 간증집회 마지막 집회 시간에는 하나님의 인에 대한 강의, 즉 '왜 우리가 하나님의 인을 이 마지막 시대에 맞아야 하는가?', 또 '어떻게 그 인 사역이 내 사역에서 일어나고 있

는가?', 또 그 '하나님의 인을 받으려면 어떻게 해야 하는가?' 등의 강의를 먼저 마치고 그러고 나서는 실제적으로 그 인 맞을 자격이 되는 자들에게 주님이 나타나시고 그 다음 천사들에 의하여 먹물로 그 이마에 십자가가 그려지게 하기 위하여 인 사역으로 들어갔다.

목요일 저녁 첫날 인 사역을 통하여 그들의 이마에 십자가가 그려진 48명 이외에 그 이후에 새로 참석한 자들이 31명이나 되었다. 그래서 새로 온 참석한 자들을 왼편으로 모여 앉으라 하였고 그리고 첫날 목요일 날 이틀 전에 인 사역 받은 자들은 오른편으로 모여 앉으라 하였다. 즉 두 부류로 나누어 앉혔다.
그리고 우리가 모두 하나님 앞에 간절히 회개기도를 할 때에 주님이 그곳에 나타나셨다.
그리고서는 시온이라고 하는 대장 천사가 나타나서 먼저 오른편에 앉은 자들 중에서 그 이마에 십자가가 목요일 날 그려지지 아니한 자들 중 (11명이었다) 몇 명을 그 이마에 십자가를 그리는 것이 보였다. 이들 중 3명이 받았다는 것이 그리고 누가 받았는지 알아졌다. 그리고 그중에 정말 받았으면 하는 장로님이 받으신 것이 알아져서 내 눈에 눈물이 핑 돌았다. 감사하여~. 또 그중에 꼭 받았으면 했던 집사님이 받은 것이 알아졌다. 할렐루야.
그리고 왼편에 앉은 새로 온 자들에게는 3명의 먹물 색깔을 입은 천사들이 붙여지더니 이들이 앞에서부터 그들의 이마에 십자가를 그려나가기 시작하였다. 그들은 다 그리고 나서 뒤에 서 있다가 앞으로 다시 나와 그리고는 사라졌다.

그런데 나는 이 새로운 자들 중에서 얼마나 그들의 이마에 인이 쳐졌는지가 궁금하였다. 그러자 시온이가 나타나 나에게 쌀과자를 주었다. 나는 그것을 얼른 받아먹었다. 그랬더니 그냥 알아지는 것이 왼편의 새로 온 그룹, 31명중 20명에게 십자가가 그려졌다는 것이 알아졌다.

'아하~ 할렐루야. 주님, 가르쳐 주셔서 감사합니다.
그리고 이 일을 행하신 주님을 두 손 들고 찬양합니다.'
그리하여 영암기도원에서도 모든 일정을 마치게 되었다.
할렐루야. 모든 영광을 주님께!

(4) 금산 OOO 교회에서 마지막으로 한국에서의 집회를 인도하면서 또 인 사역을 감당하다.

금산 풍성한 교회에서도 하나님께서 허락하셔서 천국과 지옥 간증집회를 3일간 하게 되었다. 매시간 하나님의 역사로 사람들에게 많은 회개가 터졌다.

그리고 가장 마지막 집회 시간에는 역시 이 교회에서도 인 사역을 감당하였다. 주여!

그 교회에서도 인 사역 감당할 때에 주님이 먼저 그곳에 나타나셨고 그리고 시온이라는 대장 천사를 비롯하여 먹물 색깔의 옷을 입은 천사들이 나타나서 먼저 목사님과 사모님에게 그 이마에 십자가를 그렸다. 두 분이 강대상 앞쪽으로 나오셔서 주님 앞에 무릎을 꿇으셨다. 주님께서는 이 두분에게 어떤 십자가가 들어가게 되었는지를 정확히 보여주셨다. 그리고 거기 참석한 사람 중에 약 27명에게 그들의 이마에 십자가가 그려진 것을 알게 하여 주셨는데 그 숫자는 집회 참석자 약 55명 중에 약 1/2이 하나님의 인을 받을 자격이 되었다는 것이다.
할렐루야. 일하신 주님을 찬양합니다!
성도들이 천국지옥 간증 집회를 통하여 계속 회개하고 눈물 뿌리면서 시간 시간마다 그리고 마음을 결단하여 그들이 노예 되어 있는 모든 중독에서 벗어나고 또한 세상을 사랑하지 아니하고 오직 주님만 바라보겠다고 결단하며, 결국은 주를 위하여 목숨까지 아끼지 않겠다고 결단하게 된 자들이 마지막 집회시간에 하나님의 은혜로 그들의 이마에 십자가가 그려지게 된 것이다.
할렐루야. 얼마나 감사한지....
우리를 통하여 일하시는 주님을 찬양합니다!

 하나님의 인 +

2016년 10월 한국집회를 다녀온 후에 주님은 내게 인 사역을 잘 감당하였다고 말씀하셨다.

(2016. 11. 8)

한국집회를 다녀와서 아침시간에 한참을 기도하는데 시온이가 옆에 와서 앉는 것이 느껴졌다. 시온은 먹물 색깔의 옷을 입은 천사이다. 그는 우리 보통 사람보다 키가 크고 몸집도 있고 또한 머리는 짧은 검정머리에 얼굴은 약간 짓궂은 막내 동생처럼 생겼다. 얼굴의 생김새는 보여주지 아니하고는 정확히 열거하기가 어렵다.

그가 이번에는 내 오른손 바닥이 아니라 내 왼손 바닥에 흰 쌀가루 과자를 '탁'하고 놓아 주었다. 나는 왼손으로 그 쌀가루 과자를 입에 넣고 씹어 먹었다.

그리하였더니 어두움 속에서 하얀 형광등 빛이 나는 주님이 나타나셨다. 그리고서는 나보고 '이리로 올라오라'고 하셨다.

내가 올라가는데 보니까 내가 어린아이였다. 일곱 살 정도 되어 보이는 계집아이이다. 계집아이인 나는 좋아서 팔짝팔짝 뛰면서 주님께로 올라가는데 주님의 보좌로 가는 계단 위에 주님과 내가 서 있었다. 계단의 색깔이 처음에 약간 쑥색의 색깔로 보이더니 밝아지면서 계단의 가장 윗부분까지 주님과 함께 걸어 올라갔다. 그 계단 끝에는 머리에 링을 쓴 두 여성천사가 나를 기다리고 있었다. 이들은 이전에 내가 수레를 타고 천국에 올라가면 수레에서 내리는 나를 주님께로 인도하는 천사들이다. 그런데 이들이 계단의 끝에서 나를 맞이하고 있었던 것이다. 와우~. 이들이 여기도 있네……

계단의 가장 윗부분에서 주님은 사라지시고 이 때에 주님은 주님의 보좌에 가셔서 앉으신다. 그리고 나는 계단을 올라올 때의 어린아이의 모습은 온데간데없고 즉시 어른의 모습으로 바뀌어져 있었다. 나는 갈색의 긴 머리를 하고 있었고 머리에는 다이아몬드 면류관을 쓰고 있었으며 하얀 긴 드레스를 입고 있었다.

나는 거기서부터 주님의 보좌 앞까지 걸어가야 했다. 그 걸어가는 길 양쪽으로 흰 옷을 입은 흰 날개 달린 천사들이 쭉 나열하고 있었다.

나는 그들이 보는데서 나도 모르게 우쭐우쭐하면서 주님의 보좌 앞으로 걸어가는 것이었다. 아니, 내가 왜 이렇게 천사들이 보는데서 우쭐대며 자신 있게 걷지? 하면서 내가 생각해도 이상할 정도였다. 원래 천사들 앞에서는 우리의 신분은 그들보다 높다. 그렇다. 우리의 신분이 천사들보다 높은 것은 내 안에서 반영되어져서 그런 것 같았다.

주님의 보좌 앞에서도 주님의 자녀는 앉는 자리가 있지만 그들은 서 있어야만 한다. 하기야 성경에 기록되었듯이 천사들은 하나님께서 부리는 종이라 하시고 우리는 그분의 자녀의 신분을 가지고 있다.

[히 1:7]
또 천사들에 관하여는 그는 그의 천사들을 바람으로, 그의 사역자들을 불꽃으로 삼으시느니라 하셨으되

[고전 6:3]
우리가 천사를 판단할 것을 너희가 알지 못하느냐 그러하거든 하물며 세상 일이랴

천사들 앞을 지날 때에는 우쭐하던 마음이 있던 내가 정작 주님이 앉아계신 보좌 앞에 오니 그냥 엎드려서 울기 시작했다. 이것은 아이러니했다. 천사들 앞에서는 우쭐대다가 주님 앞에 와서는 무조건 죄인이었다. 아무 소리를 할 수 없는 죄인. 그래서 마냥 그렇게 울기만 했다.
그러자 구멍이 뚫어진 주님의 발들이 보였다.
그것을 보는 순간 나는 더욱 소리 없이 울었다.
그리고서는 나는 주님께 말했다.
'주님, 저는 이번에 한국에 부흥회에 가서 천국과 지옥 간증집회를 하면서 인 사역을 감당하였었는데 제가 그 집회들에서 주님이 말씀하시고자 하는 것들을 잘 대언하였는지 궁금하고 민망하고 송구스럽습니다.' 하면서 울었다.
그러자 주님이 나를 보시고 '잘 감당하였다.'라고 말씀하셨다.

그러고 나서 나는 지상으로 내려왔는데 시온이라는 천사가 계속 내 옆에 있었다.

즉 시온이가 내게 쌀과자를 주어 그것을 먹고 나서 지금 나는 영의 세계로 올라갔었는데 내가 내려올 때까지 시온 천사는 내 옆에 앉아 있었던 것이다. 와우~

나는 시온에게 말을 걸었다.

내가 한국 집회에서 인 사역을 감당할 때에 '네가 거기 있었느냐?'고 물었다. 그랬더니 시온이라는 천사가 이렇게 말했다.

'주인님, 우리는 그 현장에서 주님께서 하라는 대로 다 했어요' 라고 명확히 말했다.

얼마나 맞는 말인가! 물론 알고 있다. 주님이 다 지시한다는 사실을....

할렐루야.

이 말은 다시 한 번 내게 인 사역시에 주님이 직접 이 인 사역을 주도하신다는 사실을 깨우치게 해 주었다. 나는 거저 그 자리에서 주님과 함께 천사들이 나타나는 것을 볼 뿐이고 또한 천사들이 사람들에게 가서 이마에 십자가를 그리는 것을 볼 뿐이다. 그리고 본 것을 선포할 뿐인 것이다.

나는 인 사역에서 나의 역할은 참석한 자들로 하여금 더 회개시켜서 그리고 주를 위하여 죽을 각오까지 시켜서 인 맞는 자의 수를 늘리는데 있다. 할렐루야. 시온의 말은 이러한 사실을 다시 한 번 내게 확인시켜 주는 것이었다.

할렐루야. 주님을 찬양합니다.

그리고 나는 사실 집회 장소마다 인 사역을 할 때마다 사실 시온 천사가 나타남을 보았다. 그는 먹물 색깔의 옷을 입은 천사들과 함께 사람들 사이를 다니면서 먹물로 그들의 이마에 십자가를 그렸다. 그리고 나서 나는 내가 인 사역 후 '몇 명이나 인을 받았을까?'하고 궁금해 하면 시온 천사가 나타나 내게 쌀과자를 건네준다. 그러면 내가 그것을 현장에서 받아먹으면 주님께서는 그날 그 집회 때에 인 맞은 자의 숫자를 내게 알으켜 주셨던 것이다. 할렐루야.

또한 주님은 내게 인 맞은 자의 수를 앞으로도 계속 집회 때마다 이렇게 알으켜 주시겠다고 하시는 것을 알 수 있었다 (그러나 사실 나중에는 이 쌀과자가 없어도 그냥 그 숫자를 가르쳐 주셨는데 이 시점에는 내가 너무 쌀과자에 의존하였던 것 같았다), 이 쌀과자를 얼마 전에 성부 하나님께서 성부 하나님이 계신 궁에서 충분히 많이 있음을 보여 주신 적이 있다. 그것을 보여주신 이유는 이 쌀과자들을 시온이라는 천사가 가지고 있다가 내게 주면 집회 때마다 인 받은 자의 수를 알려 주시겠다는 의미로 받아졌던 것이다.

그리고 또 내 옆의 시온이가 나에게 이렇게 말했다.
'제가 쌀과자는 얼마든지 가지고 있으니 염려하지 마세요'라고....
즉 그 인 받은 자의 숫자를 알려 드릴 테니 그것에 대하여는 염려하지 말라는 것이었다. 할렐루야. 그러고서는 시온 천사는 계속 내 옆에 있으면서 나를 떠나지 않고 한참동안 나와 이야기하였다. 그런데 그 내용은 마치고 나서는 생각이 나지 않았다.

26. 하나님의 인 +

(1) 주님께서는 북한 지도 위에 황금성을 보여주심으로 북한에 복음이 들어감을 알게 하시다.
(2) 임○○ 목사님의 집을 보다.
(2016. 11. 8)

기도한 후에 천국에 올라갔다.
나를 데리러 온 천사 즉 수레바깥에서 나를 수호하는 천사와 수레를 끄는 열 마리의 말들, 그리고 그 열 마리의 말을 모는 천사가 모두가 그들의 눈에 눈물이 한 방울씩 글썽거려 보였다 (이들이 왜 울까? 나중에야 대강 알게 되었다). 그리고 수레는 천정이 반달모양으로 둥근 하얀 옥 색깔에 다이아몬드 장식으로 너무나 아름답게 생긴 수레가 왔다. 나는 그 수레가 너무나 아름답고 예뻐서 입이 벌어졌다. 그리고 수레에 올라타는 문도 그 수레 안도 너무나 아름다웠다.
그리고 수레 안의 침대가 이전에는 수레 안에서도 계단 아래로 내려가 있었는데 이제는 위로 올라와 있었다. 그리고 수레중앙에 놓여있는 테이블 위에는 청색깔의 책이 놓여 있었다.
수레 안에서 내가 앉는 자리가 빨간색이었는데 이제는 청색으로 변하여 있었고 앞의 다이닝 테이블도 흰 색깔의 보석으로 너무나 아름다워 보였다.

수레바깥에서 나를 수호하는 천사가 천국의 대문에 있는 천사들에게 말한다.
"문을 여시오"
그러자 그들이 문을 활짝 열어준다.
그러면 그 아름다운 수레는 천국에 즉시 도착하고 말들은 히이잉~ 하고 소리 내며 멈추어 서는 것이었다.

그 다음 수레에서 내리는데 주님이 보였다. 내가 수레에서 내릴 때의 모습은 형광등 빛이 나는 하얀 드레스를 입고 있었고 그 흰 드레스에는 다이아몬드 장식이 군데군데 되어 있어서 그 아름다움이 넘쳤다. 그래서 내가 수레에서 내릴 때에 나를 수호하는 두 천사가 그 아름다움에 압도당하였던 것이다. 그런데 주님의 옷은 형광등 빛이 나지 않는 하얀색이었다. 내가 조금 민망스러울 정도였다. 이런 경우는 어떻게 설명이 가능한가 하면 지상에서 올라오는 나는 천국에서 아름답게 보이고 싶어 안달이다. 그래서 실제적으로 그렇게 입히신다. 그러나 주님은 빛이시지만 얼마든지 그 빛을 감하여서 나타나실 수 있는 분이신 것이다.

주님께서는 곧바로 나를 유리바다로 데리고 가셨다.
거기에는 희고 둥글게 생긴 넓은 보트가 있었는데 주님과 나는 나란히 이쪽에 앉았다. 바다 저편 위에 북한의 지도가 떠 있는 것이 보였고 그 지도 위에는 황금성이 보였다.
"아~ 북한이다. 주님, 황금성이 보여요."

그러자 갑자기 주님과 내가 타고 있는 보트 안에 어린아이들이 와서 가득 앉았다.

북한의 아이들인 것이 그냥 알아졌다. 그들은 주님과 내 쪽을 바라보고 앉아 있었다.

나는 순간에 '저 아이들이 주님을 알고 주님의 입에서 나오는 하나님의 말씀을 그대로 받아 먹을 수 있을까? 하는 염려가 생겼다. 그리고서는 주님과 나를 실은 그 보트가 그 지도로 된 북한으로 들어가는 것이었다. 그런 후에 북한에 주님이 서시고 나도 주님 옆에 섰는데 갑자기 그 보트 안에 있던 어린 아이들이 실제 어른들로 변하면서 내가 그들 앞에서 주님을 전하고 있는 모습이 보였다. 와우~

그런 후에 갑자기 장면이 바뀌어서 주님과 나는 다시 유리바다 위에 흰 보트 안에 앉아 있었는데 이번에는 주님과 내가 그 보트의 이쪽 끝과 저쪽 끝에 마주보고 앉아 있었다.

그리고 내가 주님께 이렇게 묻는 것이었다.

'주님, 이번에 2016년 11월 12일 민중총궐기로 좌파들이 청와대를 엎으려 하는데 그렇게 되면 연방제가 되던지 하여 우리나라가 적화통일이 될 텐데 어떡해요'하고 물었다.

그러자 주님께서는 다시 바다 위의 북한 지도에서 그 황금성은 온데간데없고 완전히 초록색으로 된 것을 보여주셨다.

이것이 내가 질문한 것에 대한 대답이셨던 것이다.

즉 북한 지도가 녹색으로 변하였다는 것은 북한을 우리 대한민국이 주도가 되어 통일시킨다는 것을 말씀하고 계시는 것이었다. 즉 이번 민중궐기로 인하여 우리나라가 연방제등 적화통일 되지 아니할 것을 시사하고 계셨던 것이다. 오~ 할렐루야.

나는 내가 천국 올라올 때에 '나를 수레바깥에서 수호하는 천사, 수레를 모는 천사, 그리고 수레를 끄는 열 마리의 말들이 왜 그들의 눈에 눈물이 고여 있었을까?' 생각을 하여보니 그들의 눈물은 북한에도 복음이 들어가기 때문이라는 것이 알아졌다. 즉 북한 지도 위에 황금성이 보였던 것이다.
할렐루야. 그리고 내가 보트 안에 탄 그 아이들이 북한 지도 위에서는 어른들로 변하였는데 내가 그들 앞에서 복음을 전하였다는 사실이다.
아마도 이 모든 것이 곧 미래에 닥칠 일이라 생각이 든다.
할렐루야.

그런 후에 나는 다시 주님께 물었다.
"주님, 임OO 목사님 집을 보고 싶어요."
그리하였더니 주님께서는 즉시 가볍게 일어나셔서 나와 함께 임OO 목사님의 집으로 갔다. 그 임 목사님의 집은 아주 아름다운 하얀 궁으로 아주 크게 보이는 궁이었다. 주여!
순간적으로 '와우~ 다윗의 궁처럼 크네'하는 생각이 들었다.
그 크고 아름다운 흰 궁 안에 들어서기 전에 임 목사님이 흰 옷을 입고 나오셔서 주님과 나를 반기셨다 (이러한 경우는 임목사님은 현재 지구상에서 살아계신 분이시다. 그런데 내가 어떻게 그 분을 천국에서 보는가 하면 가끔씩 하나님께서는 살아 있는 사람의 영을 그 사람이 모르게 불러 올리신다. 내가 영계로 가는 것처럼...)
주님과 나를 마중하러 나온 임 목사님은 현재 지상에서의 모습 그대로 하고 계셨다.
머리도 희고....
궁을 나와서 주님과 나를 반겨주셨다. 그리고 그 와이프 목사님도 그 궁에서 나오셨다. 나는 깜짝 놀랐다.
'아니, 와이프 목사님이 벌써 이집에 와 있다니.......'
이것은 내가 생각하기에 아마도 이들이 세상을 떠난 후에 사모님이 임 목사님의 궁에서 같이 살게 되지 않나 하는 생각이 들어왔다. 이전에 사라가 아브라함의 궁에서 나온 것처럼 말이다 (즉 주님은 천국에서 부부가 원하면 같은 집에서 살게 하여 주시겠다고 하셨다). 주여!

그리고 안으로 들어섰는데 궁 안이 이전에 본 다윗의 궁처럼 아주 넓고 크다.
그러나 차이는 다윗의 집은 벽들이고 궁의 천정이고 모두가 다 아주 화려하고 호화롭고 정교한 보석들로 하나하나 되어 있는데 임 목사님의 집은 벽도 희고 지붕도 흰 아주 아름답고 큰 궁이다. 모두가 원탁 테이블에 앉았다. 주님, 나, 임 목사님, 그리고 사모님.
상 위에는 많은 음식들이 차려져 있었다.

테이블 위에는 꼭 한식을 먹는 밥상처럼 차려져 있었는데 밥그릇은 스테인레스 그릇같이 생긴 뚜껑이 밥그릇을 곱게 덮고 있었고 스테인레스로 된 젓가락들이 곱게 놓여 있는 것이 보였다. 꼭 한식으로 한상 푸짐하게 차린 것 같았다. 그리고 테이블 중앙에는 여러 개의 녹색 채소들로 된 싱싱한 샐러드 등이 차려져 있었다. 할렐루야.
지상에서도 이 두 부부 목사님들은 남을 섬기는 것을 좋아하시는데 천국에서도 테이블 위에 차려 놓은 것이 많았다.
주님과 우리 모두는 그 테이블 위에 있는 것을 먹으면서 이야기하였는데 내려오니 도무지 무엇을 나누었는지 생각이 나지 않았다. 할렐루야.
하여간 오늘 임 목사님의 집을 보았다는 사실이 중요하였고 그 궁이 크고 희고 아름다운 다윗의 집과 같이 큰 궁이었다는 사실이 중요하였고 또한 그 궁에서 사모님이 나왔다는 사실이 내게 중요하였다. 할렐루야.

그리고 그분의 집이 다윗의 궁과 같이 컸다는 사실은 내게 또 하나의 다른 의미를 부여하고 있었다. 그것은 이러하다.
내가 천상에서 다윗의 집에 가면 다윗의 집에는 늘 수백 명의 사람들이 있었다. 나는 이들이 누굴까 하고 궁금하여 하였는데 다윗이 내게 말하기를 이들은 그가 사울 왕에게 십수 년 쫓겨다닐 때에 생사를 같이 하였던 무리라는 것을 내게 가르쳐 주었다. 즉 이들은 십수 년을 다윗과 함께 지내면서 다윗의 하나님을 만나 천국에 와 있는 것이었다. 이것처럼 이 임 목사님의 교회서도 주일날 출석하는 성도가 약 1500명이 넘었는데 이들 95%이상이 놀랍게도 다 그 교회에서 전도한 영혼들이라는 것이었다. 그러니 얼마나 성도들이 목사님과 사모님 중심으로 한마음이 되어서 전도에 힘을 썼는지 알 수 있었다. 그리하여 아마도 이들이 천국에 가면 임 목사님의 집에 자주 오지 않을까 하는 것이다. 할렐루야. 마찬가지다. 주님은 내게 내가 전도한 영혼들과 또한 나와 동역한 자들이 내 집에 자주 올 것을 가르쳐 주신 적이 있다. 할렐루야.

27 하나님의 인 +

(1) 나에게 자꾸 북한 아이들이 보이다.
(2) 천국에서 약을 받아먹다.

(2016. 11. 9)

아침에 기도하는 시간이었다. 한참을 기도한 후였다.
이제는 조금 있으면 천국에 올라가야지… 하고 있는데 벌써 시온이라는 천사가 옆에 와 있었다.
그는 멜빵이 있는 가방을 메고 있었는데 그 속에는 쌀과자가 많이 들어 있었다. 시온은 그중에 하나를 꺼내어서 내게 주었다. 그는 가방을 열어서 그 속에 쌀과자가 많이 들어 있음을 보여주었다. 그렇게 가방 속에 쌀과자가 많은 것을 보여주는 것은 쌀과자가 없어서 내가 천국을 보지 못하는 것이 아닐까 하는 걱정을 할까보아 미리 보여주는 것이었다. 쌀과자가 얼마든지 있으니 걱정하지 말라는 것이었다.
(지금 생각하여보면 나도 참 어리석었다. 이 쌀과자가 떨어졌다고 하여 하나님께서 보여주실 천국을 안 보여주실리는 없기 때문이다. 왜 나는 어린아이같이 그 쌀과자에 연연하였는지를 지금도 모르겠다).

나는 오른손에 놓여진 그 쌀과자를 입에 넣고 씹어 먹었다.
그러자 내 앞 위쪽으로 자꾸만 어린아이들이 모여 있는 것이 보였다. 이 어린아이들을 나는 어저께도 보트 안에서 보았는데 이들은 누구냐면 북한의 어린아이들이었다.
'주님, 이들이 북한의 어린아이들 맞아요?'하고 물으니
'그렇다.'라고 하셨다.

그리고서 그 아이들이 모여 있는 곳을 넘어서서 주님의 보좌로 올라가는 계단이 쭉 위로 놓여 있는 것이 보였고 주님께서는 흰 옷을 입으시고 그 계단에 서셔서 나를 기다리고 있었다.
주님과 내가 계단 끝까지 올라와서 서니 나는 즉시 다른 모습으로 하고 있었다.
즉 나는 햇병아리 같은 색깔의 노란 드레스를 입고 있었고 머리에는 다이아몬드 면류관을 쓰고 있었다.
그렇게 새로운 모습을 한 나는 계단의 끝에서부터 시작하여 주님의 보좌 앞으로 걸어가야 했다. 양쪽에는 흰 옷을 입은 흰 날개 달린 천사들이 쭉 서 있었다.
나는 천사들이 내게 이렇게 말하는 것이 알아졌다.
'힘내세요!' 라고 말이다.
나는 걸어서 주님 보좌 앞으로 쭉 걸어갔다.
분명히 주님은 계단의 끝에서 나랑 서 계셨는데 어느새 보좌에 와서 앉아 계셨다.
나는 그분 앞에 엎드렸다.

그리하였더니 천사가 주님께 약 두 알을 준다. 주님께서 나에게 그 약 두 알을 내게 주시면서 먹으라 하신다.
천사가 보석으로 된 주전자에 생명수 샘물을 가져왔다.
나는 그 두 알을 하나씩 물과 함께 삼켰는데 나는 즉시 한 알은 내가 지금 수술하여 그 수술한 자리가 특히 어제 너무 아파하였는데 그 곳을 낫게 하는 약이고 그 다음 한 알은 한국서 온지 얼마 안 되어 시차적응이 잘 안 되어 애를 먹고 있는 나에게 그 시차적응을 빠르게 하는 약이라는 것이 알아졌다.
나는 이 순간 내 병을 낫게 하기 위하여 주님께서 이렇게 약으로 주신다는 것이 먹으면서도 조금 우스운 생각이 들었다. 왜냐하면 주님은 나를 그냥 낫게 하실 수도 있는데 약을 주시다니.....
그러나 이렇게 보여지는 약으로 주님 보좌 앞에서 내게 먹이시는 것은 주님께서 반드시 그렇게 낫게 하시겠다는 것을 말씀하시는 것 같았다.
나는 약으로 먹는다는 것이 약간 우스웠다. 그러나 우리 인간들은 어쨌든 눈으로 봐야 한다. 그래야 믿는 경향이 있다. 그래서 아마도 주님은 이 방법을 내게 택하신 것 같았다. 할렐루야.

[출 15:23-25]
(23) 마라에 이르렀더니 그곳 물이 써서 마시지 못하겠으므로 그 이름을 마라라 하였더라 (24) 백성이 모세를 대하여 원망하여 가로되 우리가 무엇을 마실까 하매 (25) 모세가 여호와께 부르짖었더니 여호와께서 그에게 한 나무를 지시하시니 그가 물에 던지매

물이 달아졌더라 거기서 여호와께서 그들을 위하여 법도와 율례를 정하시고 그들을 시험하실새

이 경우도 마찬가지다. 하나님께서 그냥 쓴 물을 달게 순간적으로 하실 수 있으시나 가지를 던져서 달게 하신 것이다.

어쨌든 내가 그렇게 요구하지 아니하였는데도 주님께서 이렇게 내가 지상에서 육체적으로 괴로워하는 것을 아시고 천상에서 약 두 알을 주셔서 고쳐주시겠다고 하신 것이다. 할렐루야. 주님 감사합니다. 얼마나 감사한지….
왜냐하면 나는 지상에서 이 두 가지 때문에 무척 고통스러워하고 있었기 때문이다.

그리고서는 주님의 손에는 내가 앞으로 써야 하는 책, '하나님의 인' 이라고 쓰여진 청색의 표지를 한 책이 들려져 있었다.
즉 이것은 주님께서 내게 이 책을 꼭 써야 한다는 것을 보여주시는 것이었다.

그러자 청색깔의 드레스를 입은 토마스 주남이 나타나서 주님의 보좌 앞에 천사들이 서있는 그곳에, 항상 내가 앉는 자리가 있는데 그곳에 와서 앉아 있는 것이 보였다.
나는 내심 놀라워하였다.
'어머나 토마스 주남이 나타났네….'

그러면서 다시 청색깔의 의미가 나에게 깨달아졌다.
'변절함이 없다.'는 뜻의 청색깔….
즉 '하나님의 인'의 책표지 색깔도 청색깔이다. 할렐루야.

그러나 오늘 내가 입은 드레스는 그냥 그대로 샛노란 병아리 색깔의 드레스였다.
그런 후에 나는 다시 지상으로 오게 되었다.

*** 내가 주님의 보좌 앞으로 걸어갈 때에 나보고 천사들이 '힘내세요!' 했던 말은 그 천사들이 이미 내가 아픈 것을 알고 있었다는 말이다. 그래서 나보고 힘내라고 했던 것이다. 그리고 아무래도 내가 샛노란색의 드레스를 입었다는 것은 내 신체가 허약할 때 주로 입히시는 옷이 아닐까 하는 생각이 들어왔다. 왜냐하면 이전에도 내가 지상에서 아팠을 때에 천상에서 이러한 샛노란 드레스를 입었던 것 같다.

 하나님의 인 +

북한 아이들을 다시 보다.

(2016. 11. 9)

저녁에 약 3시간 반 정도 기도하고 천국에 올라갔다.
나를 수레를 가지고 데리러 오는 천사 중 수레바깥에서 수호하는 천사가 흰 옷을 입었는데 허리에 청색 띠를 한 긴 옷을 입고 있었다.
그리고 말들도 약간 머리 부위에 청색이 돌고 있었는데 이 모든 것이 내가 다음 책을 쓸 '하나님의 인'의 책 표지 색깔인 청색과 다 연관이 있어 보였다.
수레를 모는 천사도 나를 너무 반가와 하였다.

수레는 즉시 천국에 도착하였다.
내가 수레에서 내려서 가는데 내 모습은 머리가 위로 좀 부풀어 오른 파마머리로서 그 길이가 약 어깨까지 내려오는 머리였다.
나는 내 머리가 마음에 들지 아니하였다.
'왜 내 머리가 이렇게 부풀려진 파마 머리지?' 하면서 안타까워 했다.

주님은 흰 옷을 입으시고 저기서 나를 기다리고 계신다.
주님께서 나를 맞아주시고 내가 머리 때문에 고민하고 있는 것을 아시고 머리를 손으로 어루만져 주셨다. 그리하였더니 내 머리가 이전의 아름다운 긴 머리로 돌아가는 것이었다.
오 할렐루야. 너무 감사하였다.

주님께서는 나를 폭포수 앞 절벽 위로 데리고 가셔서 내 두 손 (구멍이 뚫린)과 구멍이 뚫려있지 않은 내 두 발을 씻어주셨다. 그리고서는 내 몸에 생명수 물로 씻기신 뒤에 주님은 나를 바로 유리바다로 인도하셨는데 여기에는 어저께 보았던 크고 동그랗게 생긴 흰 보트가 있었고 그 안에 주님과 내가 이쪽으로 나란히 앉았다.

그리하였더니 엊그제부터 자꾸만 보였던 어린아이들이 모여 앉아 있는 것이 보였다. 나는 주님께 물었다.
"주님, 저 아이들이 도대체 누구인가요?"
이 아이들은 분명히 북한에 있는 아이들이었다. 주님이 나에게 되려 물으신다.
"누가 가장 작은 자냐?"
그 순간 나는 성경에서 가장 작은 자 하나에게 한 것이 바로 내게 한 것이니라 하신 주님의 말씀이 생각이 났다.

[마 25:35-40]

(35) 내가 주릴 때에 너희가 먹을 것을 주었고 목마를 때에 마시게 하였고 나그네 되었을 때에 영접하였고 (36) 벗었을 때에 옷을 입혔고 병들었을 때에 돌아보았고 옥에 갇혔을 때에 와서 보았느니라 (37) 이에 의인들이 대답하여 가로되 주여 우리가 어느 때에 주의 주리신 것을 보고 공궤하였으며 목마르신 것을 보고 마시게 하였나이까 (38) 어느 때에 나그네 되신 것을 보고 영접하였으며 벗으신 것을 보고 옷 입혔나이까 (39) 어느 때에 병드신 것이나 옥에 갇히신 것을 보고 가서 뵈었나이까 하리니 (40) 임금이 대답하여 가라사대 내가 진실로 너희에게 이르노니 너희가 여기 내 형제 중에 지극히작은 자 하나에게 한 것이 곧 내게 한 것이니라 하시고

[마 25:41-45]
(41) 또 왼편에 있는 자들에게 이르시되 저주를 받은 자들아 나를 떠나 마귀와 그 사자들을 위하여 예비된 영영한 불에 들어가라 (42) 내가 주릴 때에 너희가 먹을 것을 주지 아니하였고 목마를 때에 마시게 하지 아니하였고 (43) 나그네 되었을 때에 영접하지 아니하였고 벗었을 때에 옷 입히지 아니하였고 병들었을 때와 옥에 갇혔을 때에 돌아보지 아니하였느니라 하시니 (44) 저희도 대답하여 가로되 주여 우리가 어느 때에 주의 주리신 것이나 목마르신 것이나 나그네 되신 것이나 벗으신 것이나 병드신 것이나 옥에 갇히신 것을 보고 공양치 아니하더이까 (45) 이에 임금이 대답하여 가라사대 내가 진실로 너희에게 이르노니 이 지극히 작은 자 하나에게 하지 아니한 것이 곧 내게 하지 아니한 것이니라 하시리니

나는 속으로 왜 주님께서는 이 아이들을 내게 엊그제부터 계속 보이게 하시는 것일까? 그런데 할렐루야. 주님, 이 아이들이 누구인지 알게 하여 주시니 감사합니다.

아직 나는 왜 주님께서 이 아이들을 계속 보여주시는지에 대한 정확한 답을 찾지 못하고 있었다.

29 하나님의 인 +

2016년 10월 집회 후
주님께서 처음으로
나를 공식적으로 맞아주시다.
(2016. 11. 15)

아침에 기도한 후에 나를 데리러 온 수레바깥에서 나를 수호하는 천사가 나를 보더니 '주인님 늦었습니다.'라고 말을 한다. 즉 이렇게 집회 후에 이렇게 정식으로 반갑게 맞이하는 것이 늦었다는 그러한 말로 들렸다.

열 마리의 말이 왔는데 분명히 처음에 선 말이 우측에서부터 왼쪽으로 선 말들의 이름이 온유, 충성, 사랑, 지혜, 인내, 승리, 소망, 믿음, 겸손, 찬양, 이렇게 섰는데 처음에 온유, 충성이 조금 끈이 굽어져서 짧게 매어져 있었고 끝의 겸손과 찬양도 그렇게 짧게 매어져 있어서 꼭 그들이 매어져 있는 형태가 양끝이 약간 구부러진 디귿자 모양으로 매어져 있다고 해야 할 것이다.

그리고 수레를 모는 천사도 나를 매우 반갑게 맞아 주었다.

그리고 수레는 내가 여태껏 보지 못한 아름다운 보석으로 장식된 수레였다.

수레는 아주 크고 높아 보였다. 안에 들어가 구경을 하였는데 참으로 아름다웠다. 침대 옆에 놓인 세면대는 하얀 색깔이었고 수

도꼭지는 황금이었다.

내가 앉는 자리에 와보니 그 바닥이 청색으로 되어 있었고 그리고 앞에 놓인 다이닝 테이블의 그릇은 투명하면서도 파란색의 손잡이가 달린 보석으로 되어 있었다. 내가 수레 안을 다 구경하고 나니 수레바깥의 천사가 말을 한다.

'주인님 올라갑니다.' 하고서는 즉시에 천국에 올라갔다.

그리고 말한다.

"다 왔습니다." 나는 수레에서 내리면서 다른 두 천사의 손에 의하여 인도함을 받아서 주님께로 걸어가는데 나 자신을 보니 머리에는 다이아몬드 면류관에 청색의 보석이 달려 있었고 드레스는 정말 온통 보석으로 꾸며진 여태껏 보지 못한 아름다운 드레스를 입고 있었다.

그리고서는 주님이 계신 곳으로 걸어갔는데 주님께서는 나를 보자마자 안아주시는 것이었다. '내 딸아!' 하시면서. '너무 잘했다.'는 것이다. '잘 마치고 왔다.'는 것이다.

주님께서 이렇게 집회를 마치고 이렇게 공식적으로 맞이하여 주시는 것은 처음이다.

그리고서는 주님은 나를 폭포수 앞에 데리고 가셔서 손과 발을 씻어 주시고 그리고 천사들이 항아리에 생명수를 담아 와서 내 몸에 부었다.

주님께서는 나를 그렇게 깨끗이 한 후에 나를 어디로 데리고 가고 싶어 하셨는데 먼저 베드로가 우리 앞에 나타났다.

'어머나, 베드로', 베드로가 나를 보자마자 반가와 하고 '잘했다.'

고 했다.
그러자 주님과 나 그리고 베드로가 있는 장소가 바로 우리 집 안의 궁 안이라는 사실을 알게 되었다.
'어머나 벌써 내 집 안에….'
그러자 그곳에 곧 바울이 나타났다. 바울이 나타나자 나는 그냥 울음이 터져버렸다.
왜냐하면 베드로가 나타난 것도 기뻤는데 이제는 바울까지 나타나니 내가 참지 못하고 기뻐서 울어버린 것이다.
바울의 키는 베드로보다 좀 작다. 그리고 그 다음은 에스더가 나타났다. 나보고 늘 '죽으면 죽으리라!' 라고 말했던 에스더. 할렐루야. 나는 크게 더 울었다. 에스더는 말했다. '사라님, 잘했어요'라고.
그 다음은 모세가 나타났고 그는 내 얼굴과 자기의 얼굴을 맞대어주면서 반가와 해주었고 그 다음은 사도 요한이 나타났고 그 다음은 아브라함과 이삭과 사라가 나타났으며 그 다음 야곱과 요셉이 나타났다. 이 인물들은 다 내가 집회할 때에 내가 그들을 천국에서 만난 이야기를 했던 믿음의 선진들이었다. 할렐루야.
이렇게 주님은 내가 2016년 10월 한국의 모든 집회에서 공식적으로 인 사역을 하고 온 후에 내 집에서 믿음의 선진들을 불러서 나에게 '잘했다'라고 격려하여 주시고 반갑게 맞아주신 것이다. 할렐루야.

30 하나님의 인 +

주님께서 2017년 1월 2월 한국집회에서도 인 사역을 반드시 감당해야 함을 두루마리에 쓴 것으로 가르쳐 주시다.

(2016. 11. 17)

한참을 기도하고 있는데 시온이라는 천사가 옆에 나타났다. 그리고 내 기도하는 옆에 쪼그리고 앉아서 나에게 자신이 매고 다니는 가방을 보여주는데 그 안에는 흰 쌀과자가 가득 들어 있는 것이 보였다. 그렇게 보여주는 것은 '주인님 염려마세요. 이 흰 쌀과자는 얼마든지 있습니다.'하는 것과 같았다.
시온이가 자신의 손바닥에 세 개의 쌀과자를 집어서 내 오른 손바닥에 한 개를 놔 주었다. 오늘 그 쌀과자를 보니 희고 둥글고 꼭 동전 사이즈보다 조금 큰 사이즈인데 오늘따라 약간 도톰하게 보였다. 나는 그것을 받아서 내 입에다가 넣었다. 그리고 오물오물 씹어서 삼켰다.
그러자 내 앞에 영적인 세계가 열렸다. 내 앞에 주님이 저어기 흰 옷을 입고 서 계신 것이 보였다. 나보고 '이리로 올라오라' 하신다. 그러자 내가 나를 보는데 나는 어린아이 소녀가 되어 약 일곱 살 정도 되어 보이는 어린아이가 좋아서 깡충깡충 뛰는 것 같이 주님께로 달려가는 것이었다. 주님이 서 계신 곳은 주님의 보좌로 올라가는 계단이었다. 주님과 함께 그 계단을 오르는데 주님은 미끄러지듯이 오르신다. 그 옆에서 나는 그분의 손을 잡고 좋아서 팔짝팔짝 뛰면서 계단을 오르고 있었다.

그 계단의 끝에까지 오르니 주님은 잠시 거기 서셨다가 주님은 주님의 보좌로 가셨다. 그리고 나 혼자 거기 서있었는데 내가 순간 어른의 모습으로 바뀌는 것이었다. 흰 드레스를 입고서 그리고서는 오늘따라 머리에는 면류관이 있는 것이 아니라 분홍색 꽃과 초록색 잎들로 장식된 아름다운 꽃들로 내 머리가 장식이 되어 있었다.

아~ 너무 아름다웠다. 흰 드레스에 분홍색 꽃이 머리에 장식이 되다니….

그리고 머리는 검은 머리로 허리까지 길게 내려오고 있었다. 나는 주님의 보좌 앞으로 가는 길 양편에 천사들이 쭉 서 있는 곳을 통과하여 주님의 보좌 앞까지 걸어가고 있었다. 천사들을 지날 때에 나의 마음은 그들보다 우쭐한 마음이 있었다. 이것은 어디까지나 내가 이해할 수 없는 것인데 그들보다 우리 인간이 더 나은 위치인 것이 내 몸에 표현되고 있었다고 밖에는 나는 해석할 수가 없다.

[히 1:14]
모든 천사들은 부리는 영으로서 구원 얻을 후사들을 위하여 섬기라고 보내심이 아니뇨

[고전 6:3]
우리가 천사를 판단할 것을 너희가 알지 못하느냐 그러하거든 하물며 세상 일이랴

그러나 내 안에는 주님만 생각하면 내 마음은 너무 감사하고 아프고 슬퍼서 무너질 것 같았다. 이 마음은 도저히 표현이 불가능하다.
그러한 이중적인 마음이 내 안에서 겹치면서 나는 주님 앞으로 인도되었는데 막상 주님 앞에 가서는 천사들 앞에서 우쭐했던 마음은 온데간데없어지고 주님 앞에 엎드려져 죽은 자처럼 되어 버렸다. 즉 그 분의 구멍 뚫린 발 앞에서는 내가 마음이 무너질 수밖에 없는 것이었다. 주여!
그러자 주님의 구멍 뚫린 발에서 피가 나와서 온 발이 피로 물드는 것이 보였다. 오 마이 갓!
나는 그것을 보는 순간 어찌할 줄을 몰라 했다.
그러자 즉시 그 곳에 생명수가 담긴 황금대야 같은 것이 생겨나더니 순식간에 주님의 두 발이 그곳에 담구어져서 그 발의 피가 씻겨졌다. 그리고 그 발은 다시 피가 나지 않는 구멍이 뚫린 발로 보였다. 그리고서는 피가 물든 그 황금대야를 천사가 와서 가져가는 것이었다.

[벧후 3:9]
주의 약속은 어떤 이의 더디다고 생각하는 것같이 더딘 것이 아니

라 오직 너희를 대하여 오래 참으사 아무도 멸망치 않고 다 회개하기에 이르기를 원하시느니라

나는 이전에도 주님의 구멍 뚫린 손과 발에서 피가 나는 것을 보았었다.
그 때에 주님은 내게 이렇게 말씀하셨다.
'나머지 계획된 모든 영혼이 구원받기까지 내 발에서 피가 날 것이야'라고.
그렇다. 주님의 손과 발에서는 계획하신 마지막 한 명까지 구원받을 때까지 주님의 손과 발에서는 피가 흐를 것을 말씀하신 것이다. 할렐루야.

[롬 11:25]
형제들아 너희가 스스로 지혜 있다 함을 면키 위하여 이 비밀을 너희가 모르기를 내가 원치 아니하노니 이 비밀은 이방인의 충만한 수가 들어오기까지 이스라엘의 더러는 완악하게 된 것이라

하나님께서는 구원받는 계획된 수가 있으신 것이다.
그러므로 그 계획된 마지막 한 영혼이 구원을 받기까지 그의 손과 발에는 피가 멈추지 아니할 것이다. 주여!

나는 주님께 말없는 말을 했다.
"주님, 제가 잘못하고 있는 것 있으면 말씀하여 주세요. 고칠게

요."

"주님, 제가 주님의 뜻을 잘못 행한 것 있으면 말씀하여 주세요. 제가 바르게 행할게요."

"주님, 혹 제가 남을 용서하지 못한 것 있으면 가르쳐 주세요. 제가 용서할게요"

내가 계속 그렇게 반복하여 주님께 말하고 있을 때였다.

주님이 보좌에 앉아계신 뒤쪽 그 오른 편으로 두루마리를 들은 여러 천사들이 보였다.

즉 네 명의 천사가 각자 한 개씩의 둘둘 감겨져 있는 두루마리 하나씩을 들고 있는 것이 보였다.

이 천사들은 흰 옷을 입은 흰 두 날개가 달린 천사들이었다.

그리고 그들은 한 명씩 자신이 가진 두루마리를 펴서 내게 보여주는 것이었다.

처음 천사가 편 그 두루마리에는 이렇게 쓰여져 있었다.

'사라야, 너는 인 사역을 할 것이다.'

이렇게....

물론 이것은 주님께서 나에게 주신 말씀이었다.

그리고 그 다음 천사가 자신이 가진 두루마리를 펼치는데 거기에는 이렇게 쓰여 있었다.

'너는 지옥편을 쓰게 될 것이다.'

이것도 주님께서 이전에 내게 써준 두루마리였다.
그 다음 세 번째 천사가 자신이 가진 그 두루마리를 펼치는데 거기에는 이렇게 쓰여져 있었다.

'공중휴거는 반드시 일어난다.'

이것도 이전에 주님께서 나에게 써 주신 내용이다.
그 다음 마지막 네 번째 천사가 자신이 가지고 있는 두루마리를 내게 펴 보였다.
거기에는 이렇게 쓰여져 있었다.

'베리칩은 666이니라'

와우~ 이 모든 것은 지금까지 주님께서 내게 두루마리에 써 주신 내용들이었다. 이것들을 지금 네 명의 천사들이 가지고 있으면서 내게 다시 보여주는 것이었다.
세 가지는 다 지난 날에 보여준 것들이고 가장 최근에 내게 보여주신 두루마리는 '사라야, 너는 인 사역을 하게 될 것이다.'라고 하는 것이었다.
주님께서 두루마리에 써 준 내용은 반드시 일어나거나 그것이 진실이거나 그리고 반드시 해야만 하는 것들로서 주님의 결정사항을 표현하는 것이었다.

오늘 주님께서는 내가 인 사역을 반드시 해야 한다는 것을 알게 하시기 위하여 이렇게 이 전에 두루마리에 써서 보여 주셨던 것까지 오늘 내게 보여주신 것으로 해석이 되어졌다.

왜냐하면 나는 여기 천상에 올라오기 전 기도시간에 '나는 과연 이번 한국집회 2017년 1월, 2월 집회 때에 한국에 가서 인사역을 해야 할 것인가 말아야 할 것인가?'에 대하여 고민하면서 기도하고 있었다. 물론 주님께서는 기도 속에서도 내가 꼭 인 사역을 감당해야 하는 것을 알게 하여 주셨으나 이렇게 천상에서도 주님께서는 다시 한 번 내가 한국에 가서 인 사역을 꼭 감당해야 함을 알려 주시는 것이었다. 할렐루야.

나는 주님께 말씀드렸다.

'주님, 주님을 찬양합니다! 주님, 해야지요. 하겠습니다! 다시 알려 주셔서 감사드립니다. 두루마리에 써 주신 것들로 다시 한 번 제가 인 사역을 감당하여야 함을 보여주심을 감사드립니다.'

할렐루야.

31 하나님의 인 ✝

(1) 지옥편 다음에 일곱 번째 책의 제목이 '하나님의 인'이라는 것을 알게 하여 주시다.
(2) 북한이 남한의 주도로 통일되어 복음이 들어감을 알게 하여 주시다.
(2016. 11. 23)

아침에 우리나라를 위하여 눈물로 기도하였다.
약 2시간 정도 기도하였는데 내 옆에 시온이라는 천사가 나타났다. '주인님' 하면서 쌀과자를 나에게 주었다.
요즘에는 시온이라는 천사가 기도할 때에 자주 옆에 나타났다. 나는 '왜 그럴까?'하고 생각하기도 했다. 그러면서 이제 주님께서 내게 천국을 보여주시는 방법이 변한 것 같다는 생각이 들었다. 왜냐하면 늘 두 천사가 아름다운 수레를 가지고 나를 태우러 왔었기 때문이다. 그런데 이 쌀과자를 먹으면 바로 주님의 보좌로 가는 계단이 보인다든지 아니면 즉시 어디로 간다든지 하는 것이 다른 것이었다.
즉 수레를 타고 천국대문을 거쳐서 천국에 올라가는 경우는 수레에서 내리면 내리자마자 두 천사에 의하여 주님께로 인도함을 받고 그 다음 폭포수 앞에서 생명수로 내가 씻겨지고 하는데 이 모든 것이 시온이라는 천사로부터 쌀과자를 받아먹으면 이러한 과정이 생략되는 것 같았다.

나는 시온 천사가 주는 그 쌀과자를 받아서 먹었다.
그러자 흰 옷 입은 주님이 내 앞에 나타나셨다.
그리고 '이리로 올라오라'고 하신다.
나는 그 분께로 올라갔다. 그러자 주님과 내 앞에 색깔이 노오란 황금계단들이 옆으로 넓게 층층이 약간 둥그렇게 곡선을 그리듯이 나타났는데 나는 '아니, 이 황금계단이 어디로 가는 것이지?' 하면서 궁금해 하였다. 이 황금계단들은 분명히 주님의 보좌로 가는 계단과는 달라 보였다.
그러자 주님이 말씀하신다.
"이 계단을 너에게 줄 것이야."
어머나, 이 황금계단을 나에게?
그 계단들은 참으로 옆으로 넓어 보였고 모두가 다 황금이었다.
나는 내 입이 벌어졌다. 좋아서.
그런데 그 계단을 주님과 함께 다 올라가니 그곳이 어딘가 하였더니 희고 큰 궁인데 그 곳은 유리바다 위에 떠 있는 이전에 보았던 카탈리나 섬 같은 곳에 있는 흰 큰 궁으로 주님께서 이전에 내게 주시겠다고 한 궁이었다.
궁 안에 들어섰는데 중앙에 큰 성경책이 벽에 펴 있고 그리고 시계 반대방향으로 주님께서 내게 쓰게 하신 천국지옥 간증수기 책 1권 초록색이 보였고 그 다음 빨간색 표지의 천국지옥 간증수기 제 2권이 보였고 그 다음 창세기편 그 다음 모세편 이렇게 분홍색 두 권이 보였고 그 다음에는 책 사이즈가 큰 계시록 이해의 책인 노란색 표지의 책이 보였다.
그 때 그 순간 내 눈에는 눈물이 고일 것 같았다.
이 계시록 이해의 책갈피 갈피마다 굽이굽이마다 그 내용을 다 들여다 볼 수 있는 황금동굴이 이 벽에 있었던 것이 기억이 나면서 눈물이 글썽거려졌다.
계시록 이해의 책 다음이 보이는데 할렐루야 그 책 표지의 색깔이 청색이라기보다는 파란 남색의 책 표지였다. 그리고 그곳에는 '하나님의 인' 이렇게 그 제목이 보였다.
오호라~ 주님께서 이 궁을 통하여 나에게 확실히 7번째의 책의 제목이 '하나님의 인'이라는 것을 확인시켜 주셨다.
내가 '하나님의 인'이라는 책을 쓰게 되면 그 안에는 인 맞은 자와 인 맞지 않은 자가 구별이 될 것이다. 그리고 그 뒤에 분홍색의 두 권이 더 있었다.

나는 내려와서 생각하여 보았는데 지옥편 책이 보이지 않았다는 것이 참으로 이상했다. 위의 분홍색 두 권에는 분홍색 표지의 지옥편이 속하여 있음에 틀림이 없다. 왜냐하면 주님은 내게 총 7권의 책을 쓰라고 하셨는데 이 하나님의 인이라는 책은 주님이 쓰시라고 한 책의 여섯 번째 책이고 그리고 마지막 한 권이 더 남아 있다. 그런데 이 지옥편은 원래 이 일곱 권 안에 속하여 있지 않았었다.
그러므로 이 크고 흰 궁 안에서 시계반대 방향으로 벽에 책이 있는 차례가 첫째는 성경, 두 번째는 초록색 표지의 천국지옥 간증수기 1, 세 번째는 빨간색 표지의 천국지옥 간증수기 2, 네 번째는 성경편 제 1권 (창세기편), 다섯 번째는 성경편 제 2권 (모세편), 여섯 번째는 성경편 제 3권 (계시록 이해편), 일곱 번째가 성경편 제 4권 (하나님의 인), 그리고 여덟 번째가 아직 쓰고 있는 성경편 마지막편인 제 5권 (?) 그러고 나서 아홉 번째가 분홍색 표지의 지옥편, 이렇게 이 궁 안에서 나열될 것임을 오늘 주님은 분명히 알게 하여 주셨다. 할렐루야.

그리고서는 주님은 그 궁을 나오자하여 나왔는데 주님과 나는 올라왔던 그 황금계단으로 다시 내려갔는데 그 계단의 아래는 바로 유리바다로 연결되어 있었다. 주여!
주님과 나는 거기에 있는 크고 흰 둥근 보트를 탔다.
그리고 주님은 저편에 나는 이편에 마주보고 앉았다. 그리고 주님께서는 두 개의 황금으로 된 노를 잡고 계셨다. 주님께서는 순식간에 노를 저으셔서 그런지 주님과 나를 태운 그 크고 흰 둥근 보트는 어느새 바다 위에 떠 있는 북한의 지도까지 왔다.
이런 경우 북한의 지도라 함은 남한의 지도는 보이지 않고 바다 위에 북한의 지도만 보이는 경우이다. 그 북한의 지도는 거의 황색 땅 색깔의 노르스름한 색깔을 가지고 있었다.
주님께서 나에게 말씀하셨다.
"저 지도 위에 서라."
나는 보트에서 내려서 주님과 함께 그 지도 위에 섰는데 그 지도의 색깔이 갑자기 황토색에서 초록색으로 변하는 것을 보았다.
"오~ 할렐루야."
그 의미는 이런 것이었다. 남한이 주도되어서 북한을 통일시킨다는 의미였다.
그리고서는 주님이 말씀하신다.
"이곳에 복음이 들어갈 것이야."
할렐루야. 그 때에 주님의 눈과 내 눈에는 눈물이 주르르 흘러 내렸다.
그들의 영혼들이 불쌍하여 그런 것이다. 그런데 그들이 구원의 길로 들어선다는 것이다. 얼마나 기쁜지 그래서 주님과 내가 울었다.

그리고서는 주님은 큰 지구 공을 보여주시면서 그 지구 공에 그려져 있는 지도를 보시고 과테말라 옆의 나라 대서양을 경계로 하고 있는 벨리제로 가자고 하셨다.
오 마이 갓! 그 곳에는 지금 내 남편이 선교사로 가 있는 곳이다. 나는 다시 눈물이 고였다.
'내 남편이 있는 곳에 가자'하시니 말이다.
그리하여 주님과 나는 벌써 벨리제의 교회 부지가 있는 곳으로 와 있었다.
주님이 말씀하신다.
"여기서 나의 많은 종들이 탄생할 것이야."
"오~ 할렐루야! 할렐루야! 주님 감사 감사 감사하나이다!"

그런 후에 주님과 나는 어느새 주님의 보좌 앞으로 와 있었다. 주님께서는 주님의 보좌 앞에서 나는 무릎을 꿇고 앉아 있었는데 그때의 나의 모습은 청색의 드레스에 머리에는 다이아몬드 면류관을 쓰고 있었다.

주님께서 나에게 말씀하셨다.

"너는 네 자리로 가서 앉으라."

내 자리는 전에 말했듯이 주님의 보는 곳에서 왼편에 천사들이 있는 곳에 내가 앉는 황금의자가 있다. 주위로는 주님의 보좌 양옆으로는 흰 옷 입은 천사들이 쭉 나열하고 있었다.

그러자 내 눈에 저 입구에서 어린아이들로 구성된 성악대가 들어오는 것이 보였다. 이들은 어린 아기천사들로서 약 5-6세 정도의 나이의 아이들처럼 보이는 천사들이었는데 모두가 다 악기를 가지고 노래를 부르면서 입장하였다.

그리고 그 음악위로 나에게 들리는 소리는 '대한민국 만세! 대한민국 만세!'하는 것이었다. 그러자 주님 보좌 양옆에 선 천사들이 박수를 쳤다.

와우~ 와우~

'대한민국 만세!'를 이 아기천사들이 부르다니 나는 놀라움을 금할 수가 없었다.

그리고 이들은 들어와서 주님 앞에서 천사들을 향하여 서더니 다 손에는 태극기가 하나씩 들고 있었다.

와우~ 와우~

즉 아기천사들이 다 태극기를 손에 하나씩 들고 있었다.

이것은 오늘 주님께서 내가 한국을 위하여 울면서 마음 아파하며 기도하였더니 결국 이 대한민국을 주님께서 이기게 하시고 안정시키기고 이전에 내게 보여주셨던 것처럼 남한이 주도되어 북한을 통일시키실 것을 다시 한 번 내게 보여주신 것으로 보여졌다. 할렐루야 할렐루야.

오늘 주님께서 내게 보여주신 것들은 최근 나의 기도제목 속에 속한 모든 것들을 다 보여주신 것이다. 거기에 대한 응답으로 다 보여주셨다.
할렐루야.

주님을 찬양합니다. 주님만을 믿습니다.
할렐루야. 주님이 하시옵소서.
할렐루야. 아멘.

 32 하나님의 인 +

2017년 1월과 2월에 있을 집회를 두고 주님께서는 한국에 많은 영혼들이 나를 기다리고 있다고 말씀하셨다.

(2016. 12. 1)

기도할 때였다. 나는 2017년 1월과 2월에 가서 한국집회에 가게 되어 있었다. 나는 과연 그때 가서도 인 사역을 하여야 할지에 대하여 기도하고 있었다.

그러자 주님께서는 해야 한다는 것을 기도 속에서 알게 하셨고 그 다음 느닷없이 이렇게 말씀하시는 것이었다.

'한국에 있는 많은 영혼들이 나를 기다리고 있다고……'

나는 이 말을 들을 때에 의아하여 하였다.

'왜 나를 기다리고 있을까?'

'지금 주님께서 내게 하시고자 하는 말씀이 무엇일까?'하고 궁금 하였는데 확실히 그렇게 말씀하신 이유가 당장에는 깨달아지지 아니하였으나 나중에는 그것이 무슨 말씀인지 알게 되었다.

33 하나님의 인 +

(1) 주님은 인 사역 때에 주를 위하여 죽을 각오가 된 자들을 불러내라고 말씀하셨다.
(2) 주님은 나에게 인 사역을 시키시는 세 가지 이유에 대하여 말씀하셨다.

(2016. 12. 10)

아침에 기도하는 시간에 주님께서는 나에게 성령의 감동을 다음과 같이 아주 또렷하게 주셨다.

첫째, 1월과 2월에 한국집회에 가서 인 사역을 할 때에 주를 위하여 죽을 각오가 된 자들을 앞으로 불러내라는 것이었다.
즉 이러한 결단을 인 사역하기 전에 집회를 통하여 여러 번 시키라는 것이 왔다. 왜냐하면 그들로 하여금 주를 위하여 죽을 각오를 결단하게 하기 위하여서이다. 왜냐하면 이것은 인 맞기 위하여서는 절대적으로 필요한 조건으로 주님께서 내게 말씀하셨기 때문이다. 할렐루야.

둘째, 주님께서는 인 사역을 위하여 나를 택하신 이유 세 가지를 알게 하여 주셨다.

1. 내가 거짓말을 하지 않기 때문이라고 하셨다.

정직한 자는 주를 본다고 하였기 때문에 거짓과 친한 자와 하나님이 함께 하실 수가 없다는 것이었다. 할렐루야.

[시 36:10]
주를 아는 자에게 주의 인자하심을 계속하시며 마음이 정직한 자에게 주의 의를 베푸소서

[시 11:7]
여호와는 의로우사 의로운 일을 좋아하시나니 정직한 자는 그 얼굴을 뵈오리로다

2. 나를 통하여 빛이신 주님이 나가기 때문이라 하셨다.

주여! 아무 것도 아닌 저에게 이러한 칭찬을 하시다니 감당하기 참으로 민망스럽고 어렵나이다!

주님은 빛이시다. 즉 사람들이 나를 통하여 예수님을 본다는 것이다. 나는 내가 너무나 부족함을 안다. 그러므로 나에게 이렇게 말씀하심이 나는 몸 둘 바를 모를 정도이다. 그러나 나는 생각하여 본다. 왜 그렇게 말씀하셨을까? 그렇다. 나는 개인적인 욕심보

다 영혼을 더 사랑하여 정말 진실로 전도와 선교에 힘을 쓰고 있기 때문인 것으로 생각되어졌다. 할렐루야.
그러나 사도 바울선생을 따라가려면 아주 한참 멀었다.

[마 5:14-16]
(14) 너희는 세상의 빛이라 산 위에 있는 동네가 숨기우지 못할 것이요 (15) 사람이 등불을 켜서 말 아래 두지 아니하고 등경 위에 두나니 이러므로 집안 모든 사람에게 비취느니라 (16) 이같이 너희 빛을 사람 앞에 비취게 하여 저희로 너희 착한 행실을 보고 하늘에 계신 너희아버지께 영광을 돌리게 하라

[고후 11:23-27]
(23) 저희가 그리스도의 일군이냐 정신 없는 말을 하거니와 나도 더욱 그러하도다 내가 수고를 넘치도록 하고 옥에 갇히기도 더 많이 하고 매도 수없이 맞고 여러번 죽을 뻔하였으니 (24)유대인들에게 사십에 하나 감한 매를 다섯번 맞았으며 (25) 세번 태장으로 맞고 한번 돌로 맞고 세번 파선하는데 일주야를 깊음에서 지냈으며 (26) 여러번 여행에 강의 위험과 강도의 위험과 동족의 위험과 이방인의 위험과 시내의 위험과 광야의 위험과 바다의 위험과 거짓 형제 중의 위험을 당하고 (27) 또 수고하며 애쓰고 여러번 자지 못하고 주리며 목마르고 여러번 굶고 춥고 헐벗었노라

내가 사도 바울선생을 닮아가려면 아직도 한참 멀었다. 그럼에

도 주님께서는 내게서 그분의 빛이 나간다고 하여주신 것이다. 얼굴을 들지도 못하겠다. 정말로 부끄러워서... 그런데도 주님은 나를 그렇게 말씀하여 주신 것이다. 주여!

3. 세 번째로 주님께서는 '너는 나이기 때문이다'라고 가르쳐 주셨다.

이 순간 이 말의 뜻은 내가 비워져 있어서 주님이 내 안에 들어오셔서 주님의 마음대로 나를 주장하실 수 있다는 말로 받아졌다. 이 말은 다른 말로 비워진 나를 통하여 주님께서 나를 마음껏 사용하실 수 있다는 말씀으로 받아진 것이다. 할렐루야.

[롬 12:1]
그러므로 형제들아 내가 하나님의 모든 자비하심으로 너희를 권하노니 너희 몸을 하나님이 기뻐하시는 거룩한 산 제사로 드리라 이는 너희의 드릴 영적 예배니라

나는 이전에도 주님으로부터 '내가 너로라'하는 말을 여러 번 들었었다. 그러나 그 때마다 그 의미는 조금씩 달랐었다. 그러나 이번에는 내가 비워져서 주님께서 나를 마음껏 사용하실 수 있다는 의미로 받아졌다. 할렐루야. 주님을 찬양합니다.

 하나님의 인 +

주님께서 '내가 있어야 할 곳'은 인 사역을 감당하는 하얀 궁전이라 말씀하셨다.
(2016. 12. 13)

아침 기도 후에 천국에 올라갔다.

수레바깥에서 나를 수호하는 천사가 웃으면서 나타나서 나를 보고 '주인님 웃으세요' 한다. 내가 요즘에 지상에서 나를 애를 먹이는 사람 때문에 사기가 죽어있는 것을 알고서 하는 말이다. 그리고 말들이 온유, 충성, 사랑, 지혜, 승리, 인내, 소망, 믿음, 겸손, 찬양이가 밝은 얼굴로 왔다. 수레를 모는 천사도 나를 매우 웃으면서 반긴다.

나는 수레를 타고 즉시 천국에 올라갔는데 주님이 나와 함께 즉시 있게 된 곳은 바로 인 사역을 하게 되면 나에게 주시겠다고 한 하얀 궁이었다. 이 하얀 궁에는 들어가자마자 중앙의 왼편에 테이블이 놓여져 있었고 거기에 주님과 내가 앉았는데 그 앞으로 시온 천사와 그 나머지 인 사역을 감당하는 39명의 먹물 색깔의 옷을 입은 천사들이 궁의 바닥에 한쪽 무릎을 세우고 정렬하여 앉아 있었다.

꼭 노예들이 그 주인에게 충성을 맹세하는 듯한 자세로 말이다.

주님은 테이블에 나와 옆으로 나란히 앉으신 후에 이렇게 말씀하셨다.
"네가 있어야 할 곳이 여기란다."
즉 이 말씀은 내가 열심히 지상에서 인 사역을 계속해야 하는 것을 강조하시는 말씀으로 들렸다. 즉 인 사역에 죽도록 충성하라 하는 말씀으로 들린 것이다.

'와우~ 내가 있어야 할 자리가 여기라고....'

그렇게 말씀을 하셨는데 그 순간 갑자기 테이블 위에는 하나의 장부가 놓여지는 것이 보였다.
이 장부는 나의 집회에서 행하여지는 인 사역을 통하여 인 맞게 되는 자들의 이름과 날짜가 적혀지는 장부였던 것이다.
'오호라 그렇구나. 주님께서 내가 인 사역을 할 때에 인 맞게 되는 영혼들의 이름과 날짜가 이곳에 기록이 되는 것이구나!'하고 알아지는 것이다.
할렐루야.
그리고 나서 테이블 위에 갑자기 '하나님의 인' 이라고 적힌 청색의 책이 또 하나 놓여졌다.
그리고 주님께서 마음으로 알게 하셨다.
이 책에는 '하나님의 인'에 대하여만 쓰라고.

그래서 나는 마음으로 물었다.
'주님, 그 안에 하나님의 인에 대하여 무엇을 써야 합니까?'
그랬더니 주님께서는 내가 성경에 나와 있는 인의 의미, 그리고 인을 왜 맞아야 하는지, 그 하나님의 인을 맞는 중요성, 그리고 인 사역할 때에 인 사역 현장에서 일어난 일들을 기록하여야 함을 알게 하셨다.
할렐루야.

지금 이 시대는 하나님의 인을 맞아야 한다.
그리고 이 하나님의 인에 대하여 사람들이 깨어나야 한다.
왜냐하면 우리는 성경에서 말하는 마지막 시대를 살고 있기 때문이다. 그것도 우리는 여섯째 인을 뗀 상태에서 지금 살고 있다. 그러므로 계시록 7장에서 하나님의 종들의 이마에 하나님의 인을 치는 사건이 여섯째 인을 뗀 이후에 일어나기 때문이다.
할렐루야.

35 하나님의 인 +

(1) 주님께서 집회 장소마다 직접 천사들을 데리고 인 사역을 하심을 말씀하시다.
(2) 대환난전 공중휴거 될 자들에게는 하늘에서 세마포가 내려온다.

(2016. 12. 15)

저녁에 기도하면서 LA에 사는 여동생네 집에 각 개인들에게 작용하는 귀신들을 많이 쫓아서 태평양 바다로 보낸 후에 한국에 2017년 1월과 2월에 있을 집회를 놓고 기도하는데 갑자기 기도 중에 주님께서 흰 옷을 입으시고 내 오른편 윗쪽에 서 계신 것이 보였다. 그분은 희고 흰 옷을 입고 계셨고 그분 자체에게서 빛이 많이 나고 있었다.

주님께서는 나보고 '자기에게로 오라'고 하심이 알아졌다.

그리하여 나는 내 몸에서 일어났는데 아이가 일어났다. 황색깔의 아래위로 옷을 입은 단발머리의 아이였다. 그 아이가 나였는데 주님께서는 아이인 나를 잡으시고 목마를 태우시는 것이었다. 나는 너무 좋아서 '꺄르륵' 거렸다.

그런 나를 주님은 위로 높이 다시 띄우시고 공중에서 나를 즐겁게 하시다가 다시 목마를 태우시곤 하셨다.

그런 후에 어느새 주님과 나는 '계시록 이해' 책을 한참 쓸 때에 자주 방문하였던 연못가에 앉아 있는 것을 보았다. 즉 장면이 바핀 것이다.
그런데 그 연못가의 벤치에 앉아 있는 나를 보니 어느새 젊은 여인으로 머리에는 다이아몬드 면류관을 쓰고 있었고 또 하얀 드레스를 입고 있었다. 이 모습은 내가 나를 데리러 온 수레를 타고 천국에 도착하였을 때의 모습이다.
거기에 앉은 나는 이전에 그렇게 '계시록 이해' 책을 쓸 때에 여기를 자주 방문하였던 생각이 나서 내 눈에는 눈물이 조금 고였다.
그리고 연못 위에는 납작하게 부채꼴로 생긴 녹색잎 위에서 조그맣게 생긴 청개구리가 사람처럼 곧바로 서서 바이올린을 켜려고 폼을 잡으면서 나를 바라보고 그 눈을 껌벅거렸다. 그리고 '사라님'하고 인사를 했다. 다리도 한쪽을 다른 다리 쪽에 올려놓아서 다리를 선채로 꼰 것처럼 하고서는 눈을 지긋이 감고 바이올린으로 째즈를 연주하고 있었다.
나는 그 모습을 보면서 얼마나 우스웠는지.......
나는 이전에도 이 연못 위에서 이러한 청개구리가 이렇게 하는 것을 본적이 있었다. 나는 그것을 보는 것 자체가 무척 즐거웠다.

그리고서는 갑자기 연못 위에 상상이 안 갈 정도로 큰 '계시록 이해'의 책이 노란색인데 크게 눕혀져 있었다.
'아니 계시록 이해 책이 연못 위에 저렇게 크게 떠 있다니.... 웬일일까?'하고 생각하고 있는데 주님께서는 거기서 203페이지에 나오는 강진에서 주님이 현현하시고 그리고 천사들이 나타나서 각 사람의 이마에 십자가를 그리고 그리고 난 후에 하늘에서 세마포가 잘 접어진 상태로 손 목사님과 내게만 내려온 것을 나에게 생각나게 하시면서 주님이 내게 이렇게 말씀하시는 것이 알아졌다. '내가 그때에 거기 갔었단다.'라고 말이다.

맞다. 주님이 그 때에 그곳에 현현하셨고 그러신 후에 두 천사가 나타나서 거기 있는 모든 사람들의 이마에 십자가를 그렸으며 그 후에는 하늘에서 세마포가 두 사람에게만 내려왔던 것이다. 그리고 그 다음에는 강대상 앞쪽으로 위로 영계가 열리고 믿음의 선진들이 거기에 와 있었다. 나는 그 성전 뒤쪽에서 서서 눈을 감고 기도하고 있는데도 이 모든 것이 다 뚜렷이 영의 눈으로 다 보이는 것이었다.

그래서 나는 내 영이 몸을 나와서 그 강대상 앞에 열려진 그 영의 세계로 들어가서 믿음의 선진들을 만났던 것이다. 할렐루야. 그래서 그러한 신기한 일을 경험하고 있을 그 때에 내게 이러한 생각이 들었었다. '아하, 참 좋다. 내가 가는 곳마다 이러한 일이 일어났으면 좋겠다.' 라는 간구하는 마음이 일어났다.

그런데 사실 현재 내가 가는 곳마다 인 사역을 할 때에 이러한 일이 일어나고 있는 것이었다. 할렐루야.

주님이 말씀하셨다.

"내가 그 자리에 갔었지."

맞다. 인 사역할 때에 반드시 주님이 먼저 나타나신다. 아니 그 자리에 오신다.

그리고 나서 인 사역을 도우는 먹물 색깔의 옷을 입은 천사들, 즉 이들은 날개가 없는 천사들인데 시온이라는 대장 천사와 함께 사람들의 이마에 먹물로 십자가를 그리기 위해 나타나는 것이다. 할렐루야.

그런데 주님께서 지금 나에게 '내가 그 자리에 갔었지' 하시는 말씀은 내게 이렇게 들렸다.

'내가 그곳에 가는 것은 내가 직접 그 곳에서 인 사역을 하기 위해서란다.'라고.

그렇다. 인 사역을 내가 하는 것이 아니다. 주님이 천사들을 데리고 직접하시는 것이다. 나는 사람들을 회개시키면서 주를 위하여 죽을 각오까지 시키면서 그 자리에 있기만 하면 되는 것이었다. 할렐루야.

주님이 다 하시는 것이었다.

주님께서 직접 내 집회에 오셔서 먹물 색깔의 옷을 입은 천사들로 하여금 그 장소에서 인 받을 자격이 되는 자들에게 그들의 이마에 십자가를 그리게 하시는 것이다. 나는 단지 나타나신 주님을 보고 그리고 천사들이 먹물 통을 가지고 나타난 것을 보고 그들에게 선포할 뿐인 것이다. 할렐루야.

그 때에 나는 마음으로 주님께 이렇게 부탁하고 있었다.

'주님, 그러한 인 사역을 하실 때에 그곳에 있는 몇 명 정도에게 세마포가 내려오는 것까지 저에게 보여주시면 안 되겠습니까?' 하고 마음으로 주님께 물어보고 있었다. 왜냐하면 이전에 강진에서는 천사들이 각자의 이마에 십자가를 그린 후에 내 눈에 세마포가 하늘에서 내려오는 것을 보았기 때문이다.

즉 계시록 7장에 나오는 하나님의 종들의 이마에 하나님의 인이 쳐지는 이유는, 이들은 이기는 자들에 속한 자들로서 이들 중에는 적그리스도의 대환난 즉 후삼년 반 동안에 짐승의 표 666을 강제로 받게 하는 시기를 면하고 그전에 공중휴거가 될 자들이 있는가 하면 공중휴거가 안 되고 그 대환난 시기를 거치면서 순교하거나 살아남는 자들이 있는 것이다.

그래서 그 이마에 십자가가 그려질 뿐 아니라 세마포까지 내려오는 자들은 대환난 전에 공중으로 휴거될 자들을 말한다 할 수 있다.

그러나 이마에 십자가는 그려졌으나 세마포가 내려오지 아니한 자들은 모두가 다 적그리스도의 대환난 시기를 거치게 될 것이다. 그리고 이 사람들은 순교하거나 아니면 끝까지 살아남아서 계시록 14장 14절에서 16절에 나오는 알곡추수 때에 그들은 휴거되는 것이다. 할렐루야. 그러므로 휴거는 대환난 전 공중휴거, 대환난 후 알곡추수로 휴거, 이렇게 크게 두 번 일어난다고 할 수 있는 것이다. 할렐루야 (두 번의 휴거에 대하여서는 서사라 목사의 천국지옥 간증 수기 제 5권 계시록 이해 책의 87. 대환난 전에 있을 공중휴거가 대환난 후에 일어나는 추수 (휴거) 와 어떻게 다른가? 와 200. (ii) 두 번의 휴거 중 대환난 후의 휴거는 주님의 타작마당을 정하게 하는 것과 일치함을 알게 하시다. 를 참조). 내가 주님께 내 집회에서 십자가가 그려지는 것 뿐 아니라 그중에 몇 명 정도가 세마포가 준비되어 있는지 보여달라고 했는데 주님은 여기에 대하여는 아직 아무 말도 없으셨다.
그런데 주님께서는 그 연못가에 앉아 있는 나에게 세마포 옷을 하나 내 무릎 위에 '탁' 하고 놓아 주시면서 말씀하시기를
'이것이 네 세마포이다.'라고 하셨다.
그런데 그 때에 주님께서 내게 즉시 마음으로 알게 하여 주시는 것이 있었는데 즉 이 세마포를 만드는 공장이 천국에 있다는 것이었다.

그리고 나서는 주님은 나를 유리바다로 인도하셨는데 그곳에는 금가루로 된 모래사장이 있었다. 그곳에서 주님은 내게 '네 두 손바닥을 펴라'고 하시더니 그곳에 있는 금가루를 가득 내 손에 놓아주시는 것이었다. 할렐루야.

나는 오늘 왜 주님이 나를 그 연못가로 데리고 가셨는지를 생각하여 본다.
그것은 '계시록 이해' 책에 나오는 강진에서의 첫 번째 인 사역이 내 사역에 나타난 것을 생각나게 하시기 위하여 나를 그곳에 데리고 가신 것을 알 수 있었다.
주님께서는 이번 2017년 1월과 2월에 있을 집회에서도 이렇게 인 사역할 때에 주님이 나타나셔서 인 사역을 하실 것을 이렇게 가르쳐 주시는 것으로 보였다. 할렐루야.
오~ 주님을 찬양합니다. 꼭 하십시오. 주님. 저는 그냥 주님이 시

키시는 대로 심부름하는 심부름꾼일 뿐입니다.

[눅 17:7-10]
(7) 너희 중에 뉘게 밭을 갈거나 양을 치거나 하는 종이 있어 밭에서 돌아 오면 저더러 곧 와 앉아서 먹으라 할 자가 있느냐 (8) 도리어 저더러 내 먹을 것을 예비하고 띠를 띠고 나의 먹고 마시는 동안에 수종들고 너는 그 후에 먹고 마시라 하지 않겠느냐 (9) 명한 대로 하였다고 종에게 사례하겠느냐 (10) 이와 같이 너희도 명령 받은 것을 다 행한 후에 이르기를 우리는 무익한 종이라 우리의 하여야 할 일을 한 것 뿐이라 할지니라

36 하나님의 인 +

(1) 천상에서 내 집회 장소마다 인 사역을
할 준비가 다 되어 있음을 알게 하시다.
(2) 인 사역시 인 맞은 자들의 이름이
올라가는 장부를 하얀 궁 안에서 보다.

(2016. 12. 19)

아침에 기도한 후에 천국에 올라갔다.
수레바깥에서 나를 수호하는 천사가 나에게 이렇게 말했다.
"주인님 모든 것이 준비되어 있습니다."
열 마리의 말이 끄는 수레가 왔고 나는 즉시 그 수레를 타고 천국에 도착하였다. 주님께서 나를 기다리고 계셨다.
주님은 나를 보자마자 말씀하셨다.
"내가 너를 무척 기다렸단다."
나는 주님의 품에 안겼다.
그리고 울었다.

주님은 나를 데리시고 흰 돌이 있는 바닷가로 먼저 데리고 가셨다. 그리고 거기서 다른 흰 돌보다 세 배나 큰 약 삼각형으로 생긴 흰 돌을 나에게 보여주시면서 '이것이 네가 받을 흰 돌이야'라는 것을 각인시켜 주셨다.
나는 그 크기의 의미를 다시 한 번 내 마음속에 새겼다.

그 흰 돌의 크기는 내가 지상에서 받을 핍박의 크기를 말씀한다 하셨다.

그리고서는 주님은 나를 유리바다 앞에 모래사장이 있는 곳으로 데리고 가셨다. 여기서의 모래는 다 금가루이다.
주님께서 저 바다 위를 보라고 하셨다.
나는 그 넓은 바다를 보면서 아하~ 저 넓은 바다와 같은, 영혼 하나하나를 사랑하시는 하나님의 마음으로 이번에 지옥 간증을 하라고 하시는 것을 알겠다.

그리고 나서는 주님은 하나님의 인 사역을 하면 주시겠다고 한 흰 궁으로 나를 데리고 가셨다. 주님과 내가 그 궁 안에 서자 벌써 먹물 색깔의 옷을 입은 시온과 나머지 39명의 천사들이 벌써 그 궁 안에서 줄을 맞추어 앉아 있었고 주님은 시온에게 말했다.
'시온' 하고 부르니
시온이가 내게 이렇게 대답했다.
'주인님, 모든 것이 다 대령되어 있습니다. 우리는 언제든지 즉각 일할 수 있습니다.'라고 했다. 그 때에 그 궁에 열을 맞추어서 앉아 있던 나머지 39명의 천사들이 그 얼굴들을 일제히 내게로 돌리더니 '주인님' 하면서 인사를 한꺼번에 순간적으로 하는 것이 보였다. 즉 시온이가 말한 것에 대한 그들의 동의를 표하는 것이었다. 와우~

또한 바로 이 때에 주님이 내게 이렇게 말씀하시는 것이 알아졌다.
"사라야, 우리가 네 집회 장소에 갈 것이야."
할렐루야. 즉 주님이 인 사역을 하시기 위하여 집회 장소마다 나타나시겠다는 것이다.
그리고 나서는 그 궁 안의 중앙에 있는 테이블 위에 인 맞을 사람들의 이름이 적혀질 장부가 보이는 것이었다. 이 장부는 나의 인 사역에서 이마에 십자가가 그려지는 자들의 이름이 적혀지는 장부였다.
그것을 본 후에 나는 지상으로 내려왔다.

37 하나님의 인 +

2017년 1월과 2월에 있을 한국집회에서 인 사역을 할 때에 주님께서 함께 하시겠다는 약속으로 내 허리에 30cm 넓이의 무지개 링을 감아주시다.

(2016. 12. 23)

아침에 여러 시간을 기도하는데 시온이가 옆에 나타났다. 그는 내게 흰 쌀과자를 오른손 바닥에 놓아 주었고 나는 그것을 받아먹었다.
흰 옷 입은 예수님이 먼저 보였고 그분은 내게 가까이 와 계셨다. 나는 그분께로 갔는데 7-8살짜리 아이였다. 주님께서 나의 손을 잡으시고 자신의 보좌로 올라가는 계단 위에서 자신의 머리에 목마를 태우셨다. 그러다가 위로 어린 아이인 나를 공중으로 던지셨다가 받으시곤 하셨다. 그러면서 주님과 나는 계속 계단을 올라가고 있었고 어느새 주님의 보좌 앞으로 가는 계단 끝까지 올라왔다. 흰 옷 입은 주님은 어느새 사라지셨고 (이 때에 예수님은 순식간에 그 자리에서 사라지셔서 자신의 보좌에 가서 앉으신다) 나는 그 계단 끝에서 어린 아이에서 어른으로 바뀌었다. 머리에는 다이아몬드 면류관을 썼고 귀에는 다이아몬드 귀걸이를 하고 있었다. 머리는 허리까지 길게 내려오는 흑갈색의 머리로 또한 하얀 드레스를 입고 있었다. 그런데 그 하얀 드레스는 발 근처 부위에서 풍성하게 거품처럼 부풀려지는 그러한 드레스였다. 주님의 보좌 앞으로 가는 그 계단의 끝에서는 분홍색 옷을 입은 두 날개 달린 두 천사가 나를 반겨주었다. 이들은 내가 항상 수레를 타고 천국에 도착하면 수레에서 내리는 나를 주께로 인도하는 두 여성천사이다. 그런데 그들이 여기서 또 나를 반겨주는 것이다. 할렐루야.
"주인님, 어서 오세요."
그들은 나를 주인님이라 부른다.
이들은 머리는 단발이고 그 머리 위에는 아름다운 큰 링을 하나씩 얹었는데 그 링으로 인하여 그들이 한층 더 아름다워 보였다. 이들이 계단 끝에 서서 다른 천사들보다 먼저 나를 반겨주는 것이었다.
그리고 나는 거기서부터 주님의 보좌 앞까지 걸어가야 하는데 길 양쪽에 흰 옷 입은 두 날개 달린 많은 천사들이 양쪽에 서서 나를 반겨주었다.
그런데 이번에는 나는 그들에게 조금 미안한 마음을 가지면서 걸었다. 왜냐하면 저번에는 내가 그들에게 우쭐우쭐하는 마음을 가지면서 걸었었기 때문이다.
그러자 그들은 마음으로 '괜찮다' 하면서 나를 반겨주었다.
나는 주님이 앉으신 보좌 앞으로 가서 즉시 엎드렸다.
그분 앞에서는 나는 쥐 죽은 듯이 가만히 있었다. 왜냐하면 그분 앞에서는 나는 너무나 한없이 자격이 없는 자처럼 여겨졌기 때문이다.

주님은 이번에 내가 한국에 집회를 가서 인 사역을 하기를 원하시지만 나는 주님 앞에 그러한 사역을 감당할 자격이 없음을 알기에 죽은 자처럼 고요히 엎드려 있었다.
그리하였더니 주님이 말씀하신다.
"사라야, 일어서라"
그래서 나는 일어섰다. 그랬더니 주님이 말씀하신다.
"내 우편에 서라"
'아니 내가 주님의 오른편에 서다니...'
'나 같은 자격이 없는 내가 어찌 주님의 오른편에 선다는 말입니까?'하고 말씀드렸으나 주님은 단호하셨다.
그래서 나는 그분의 오른편에 가서 서게 되었다.
그랬더니 내 허리 주위에 약 30cm 넓이의 무지개 띠가 내 허리를 원판처럼 둘렀다. '어머나~ 내 허리에 무지개가?'
이러한 일이 처음 있는 일이라 나는 무척 당황하고 있었으나 그러나 어쩐지 그 무지개를 보는 순간 나에게는 평안의 안도의 숨이 쉬어지는 것이었다.
"주여~ "
그리하였더니 주님이 내게 이러한 메시지를 보내셨다.
'내가 너와 함께 하리라'
즉 지상에서 인 사역을 할 때에 '내가 함께 할 것이야'하는 약속으로 주님은 내 허리에 30cm 넓이의 무지개를 두르게 하신 것이다. 할렐루야. 그리하였더니 양쪽에 선 천사들이 환호를 해주고 반가워하여 주었다.

그리고 나서 주님과 나는 꼭 한층 밑에 있는 것 같은 컨벤션 센터의 무대에 어느새 서 있는 것이었다.

나는 이전에도 말한 적이 있지만 주님의 보좌가 그냥 한층 아래로 즉시 내려앉는 것 같은 느낌으로 주님과 나는 그 무대 앞에 벌써 와서 서 있었다. 그래서 내게 이러한 생각이 들었다. 혹 이 컨벤션센터가 주님의 보좌 바로 밑 층에 있지 않는가 하는 것이다. 나는 아직 잘 모르는 것이 많다.

그 무대에서도 나는 여전히 허리에 그 30cm 넓이의 무지개를 두르고 있었다. 그리고 주님은 흰 옷을 입으신 채로 서 계셨다.

주님께서는 흰 옷 입은 무리들 앞에서
'내가 사라와 함께 한국집회에 가서 인 사역을 할 것이다.'라고 선포하셨다. 할렐루야. 흰 옷을 입은 무리들은 환호로 그것을 기뻐하여 주었다.

그리고 나서 즉시 주님과 나는 흰 돌 있는 바닷가에 와서 그 바닷가에 놓여 있는 벤치에 앉아 있었다. 내 허리에는 여전히 30cm 넓이의 무지개가 두르고 있었다.

나는 바다 위를 바라보면서 주님께 말했다.
"주님, 한국의 교회들에게 역사를 많이 하여 주셔야 해요"
그리고서는 나는 내려왔다. 할렐루야.
오늘은 주님께서 내게 무지개로 응답하여 주셨다.
인 사역때 함께 하시겠다는 것을 무지개로 약속하여 주신 것이다. 할렐루야. 감사하고 또 감사하다.

38 하나님의 인 +

(1) 2017년 1월과 2월 한국 집회에서 인 사역을 감당하다.
(2) 2016년 10월 이후 대전 OO감리교회에서의 두 번째 인 사역을 하다.

(2017. 2. 22)

대전 열방감리교회 이외의 다른 교회들에서도 인 사역을 감당하였다. 각 교회에서의 열기는 대단하였다. 그러나 여기에 그 하나하나의 교회를 기록하지는 않을 것이다.

2017년 1월과 2월에 한국 집회는 다음의 교회들에서 열렸다.
1. 논산 백석감리교회
2. 경기도 여주 매류교회
3. 충남 태안 소망 감리교회
4. 서울 영광교회
5. 대전 제자들 감리교회
6. 서울 은혜 감리교회
7. 대전 열방감리교회

이 중에서 인 사역을 한 교회들은 경기도 여주 매류교회, 서울 영광교회, 서울 은혜감리교회, 태안 소망감리교회와 대전 열방감리교회 등 5개 교회이다.

천국과 지옥 간증집회를 약 3일 내지 4일간을 아침저녁으로 인도하고 난 후에 제일 마지막 시간에 하나님의 인에 대하여 설교하고 간증한 후에 하나님의 인 사역을 감당하였다.

각 교회에서는 천국지옥 간증이 매 집회마다 아침저녁으로 있었는데 간증 후에 성도들은 눈물로 그들의 죄를 회개하였다. 집회가 진행할수록 시간이 지날수록 그들은 더 깊이 있는 회개로 들어갔다. 집회마다 주님께서 그들을 많이 회개시키셨다. 그리고 각 교회에서 마지막 시간의 집회에서는 더 한층 회개의 영이 임하여 그들은 통곡하며 울고 주님 앞에 두 손 들고 항복하며 하나님을 위하여 죽을 각오까지 하면서 그들은 이 마지막 시대에 하나님의 인을 받기를 소원했다. 그리고 그 장소에서 하나님의 인을 받을 자격이 충족된 자들은 주님께서 나타나셔서 먹물 색깔의 옷을 입은 천사들이 그들의 이마에 먹물로 십자가를 그리게 하셨다. 주여!

그리고 이 때에 일어나는 영적 경험들이 제각기 다 달라는데 많은 사례가 있겠으나 단지 나에게 들려준 이야기들만 허락을 받고 이 책의 마지막 부분, Part III 에 넣어서 집회들에서 인사역할 때 일어난 몇 개의 간증들을 실었다.

대전 열방감리교회에서는 2월 19일 주일 대예배부터 시작하여 아침저녁으로 집회를 하고 2월 22일 저녁은 마지막 집회시간이었다. 이 마지막 집회 때에는 하나님의 인에 대한 설교를 하고 회개기도를 한 후에 그 다음 인 받기 위한 기도로 들어갔다. 그러자 갑자기 주님이 강대상 왼편에 나타나신 것이 보였다. 성도들 쪽에서 보면 강대상 오른편이다.

그래서 나는 주님께 '몇 명의 천사들이 나타나서 사람들의 이마에 십자가를 그려줄 것인가?'를 여쭈었더니 주님께서는 24명의 천사가 나타날 것을 내게 알게 하여 주셨다. 그리고 그들은 실제로 24명이 나타났다. 물론 여기에는 대장 천사 시온이도 포함되는 숫자이다. 이들은 다 먹물 색깔의 옷을 입은 천사들이다. 이들은 나타나서 그 성전에 약 500명이 넘는 성도들이 앉아 있는 사이사이로 들어가서 그들의 이마에 십자가를 그리기 시작하였다. 사람들은 앉아서 혹은 서서 두 손을 들고 눈물을 흘리며 기도하고 있었다.

많이 앉은 줄에는 이마에 십자가를 그리는 천사가 다섯 명이 배당되었고 적게 앉은 줄에는 두 명씩 배당되었다. 천사들은 앞에서부터 시작하여 뒤쪽까지 먹물로 그들의 이마에 십자가를 그리고 나서는 앞으로 나와 다시 주님 옆에 선 것이 보였다. 그러자 나는 주님께 물었다. 도대체 여기 참석한 성도들 중에 몇 명이나 그 이마에 십자가가 그려졌는지를 물은 것이다. 그리하였더니 주님께서는 정확히 나에게 243명이 받은 것을 알게 하여 주셨다. 이 지식은 시온이가 나에게 과자를 주어 먹어서 알게 된 숫자가 아니다.

이번에는 시온이라는 천사가 주는 쌀과자 없이도 주님께서 나에게 직접 정확히 내 인식 속에 알게 하여 주신 숫자이다 (이전에는 시온이라는 천사가 내게 쌀과자를 주어 그것을 씹어 먹으면 인 맞은 자의 수를 알게 하여 주셨다). 그러나 이번에는 그냥 알게 하여 주셨다. 할렐루야. 지난번에는 147명이 받았는데 이번에는 243명이라 하셨다. 거의 100명이 더 늘어난 것이다. 지난번에 받은 자도 이번에 또 받는 것이다. 자격이 되는 자들은 천사들이 몇 번이고 그려주기 때문이다. 아니 인 받을 자격이 된 자들을 다시 한 번 확인하여 주는 것으로 보였다. 할렐루야. 주님을 찬양합니다.

 하나님의 인 +

주님께서 우리 이마에 받는 살아계신 하나님의 인이 이 마지막 시대에 알곡과 쭉정이를 가리게 될 것이라 말씀하신다.

(2017. 3. 6)

한국에 집회를 다녀온 후에 (2017년 1월과 2월)
월요일 저녁에 천국지옥 간증집회를 하고 나서 기도를 한 후에 천국에 올라갔다.

수레바깥에서 나를 수호하는 천사가 나타나서 '나를 좀 봐달라'고 한다. 그러면서 '열 마리의 말을 점호하여야 하지 않겠습니까?' 하고 말했다.

그래서 나는 ㄷ 자 모양으로 수레에 줄로 매달려 있는 말들의 이름을 부르면서 점호하였다.

오른편에서부터 온유, 충성 (다른 말들은 다 흰색이나 이 말만큼은 초코렛 색깔이다), 사랑, 지혜, 승리, 인내, 소망, 믿음, 겸손, 찬양을 불렀다. 모두가 다 대답을 했다.

그리고 오늘 나를 데리러 온 수레는 흰 옥색에 청색의 장식이 있는 수레였다. 수레 안에 들어가면 내가 앉는 자리가 있다. 그 자리는 말들을 등지고 앉는 자리인데 그 자리에는 이전에는 빨간색의 빌보드 같은 것이 깔아져 있었는데 내가 하나님의 인이라는 청색깔의 표지를 가진 책을 써야 하는 시기에 와서는 이 자리가 청색 빌보드로 바뀌어져 있었다. 그리고 그 앞에 다이닝 테이블 위에는 보석 유리그릇에 포도알이 두 개가 놓여 있었다. 이들은 포도알처럼 생겼으나 입에 넣으니 젤리같이 씹어지는 것이었다.

나를 태운 수레는 즉시 천국에 도착하였고 내가 수레에서 내리자 분홍색깔의 옷을 입은 두 천사가 수레에서 내리는 문 양쪽에서 다소곳이 나를 맞이하고 있었고 주님은 수레바깥에 바로 앞에 와 계셨다 (보통은 약 100m 가량 떨어져서 나를 맞이하여 주셨는데). 나는 그분 앞에 무릎을 꿇고 앉아서 울고 싶었는데 너무 가까이 서 계셔서 그럴 수가 없었다. 주님은 오늘 희고 긴 옷을 입고 계셨다. 그리고 나를 보자마자 내 이마에 뽀뽀를 하여 주시는 것이었다.
그럴 때에 나는 그 순간이 부끄럽고 황홀하여 어찌할 바를 모른다. 너무 좋아서......

그리고서는 주님께서 나를 폭포수 앞의 절벽 위로 데리고 가셨다. 나는 거기서 내가 먼저 알아서 주님이 나를 씻기시기 전에 내가 먼저 생명수 물에 내 얼굴을 씻었다. 주님을 오랜만에 만나서 (한국 집회기간에는 거의 못 만난다.) 내 눈에 눈물이 너무 많이 흘러내렸다. 그래서 내가 생명수 물에 직접 내 얼굴을 씻으면 그 내 눈물과 생명수 물과 섞이므로 주님이 안 보실까 해서였다. 그리고 나는 재빨리 주님이 내 발을 씻기시기 전에 내가 먼저 두 발을 세

숫대야 같은 곳에 담겨져 있는 생명수 물에다가 씻었다. 왜냐하면 주님께서 나를 씻겨주시는 것이 너무 민망하였기 때문이다.
그러고 나니 흰 날개 달린 천사가 생명수를 담은 긴 항아리를 가지고 와서 내 몸 위로 갖다 부었다. 그러자 내 온몸이 다 씻겨져 내려갔다. 할렐루야.

그런 후에야 주님은 내 손을 잡고 날기 시작하셨다.
나는 주님과 함께 있는 것이 너무 좋았다.
다른 어떤 것도 하기 싫었고 단지 그분과 함께만 있고 싶었다.
그리고 주님과 나는 수상스키를 타듯이 힘있게 미끄러지면서 주님과 함께 하늘을 나르고 있었다. 와우~
나는 기분이 너무나 좋았다. 환희가 넘쳤다.
나에게 끝없이 스며드는 기쁨에 나는 놀라고 놀라왔고 내 안에서는 기쁨과 평화가 무한히 넘쳐나는 것 같았다.
그리고 주님과 나는 수상스키 타듯이 하늘을 미끄러져서 무한한 공간 속으로 들어가는 것 같기도 했고 그리고 어느 순간은 회오리 바람처럼 주님과 함께 휙 휙 돌기도 하였다. 와우~
그렇게 환희의 시간을 주님과 함께 한참을 보냈다.

그러고 나서 주님이 어디론가 데리고 가시는데 간 곳은 바로 나의 집이었다.
내 집 안에는 연못이 큰 것이 있어서 현관까지 갈려면 구름다리를 건너야 한다.

주님과 내가 보석으로 생긴 구름다리를 함께 걷고 있는데 잉어가 갑자기 뛰어 올라서 내 손에 쥐어졌다.
'어머나! 잉어가 내 손바닥에 놓이다니!'
나는 놀라고 놀라워했다.
그런데 그 잉어는 내 손에서 나를 바라보면서 좋아하였다.
내 집에 있는 잉어들은 나를 보고 주인이라고 부른다. 그 잉어는 한참을 내 손에 그대로 두고 있었는데 그것도 나를 보고 좋아하는 그 잉어를 나는 어찌할 줄을 몰라 어리둥절하고 있으니 주님께서 '내려 주거라' 라고 말씀하셨다.
그래서 나는 그 잉어를 연못으로 내려주었다. 그러자 또 다른 한 마리의 잉어가 뛰어 올라 내 허리 부분의 치맛자락에다가 자신의 고개를 자꾸만 갖다 대고 밀었다.
이것은 마치 자기의 주인이 온 것이 너무 반가워서 꼭 아이가 엄마의 치마에 자꾸만 파고드는 것 같이 자신의 머리를 내 드레스에다가 자꾸만 갖다 대었다.
나는 이것이 우습기도 하고 또 신기하기도 했다.

주님과 나는 구름다리를 다 건너서 저 건너편으로 가니 여섯 명의 날개 달린 흰 옷 입은 천사들이 양쪽에서 세 명씩 서서 주님과 나를 환영하여 주었다. 그리고 이 여섯 명의 천사를 다스리는 천사가 한 명 있는데 그는 청색의 옷을 입고 있었고 또 그는 날개 없는 천사였다. 나는 이전에 이 천사와 그리고 내 집을 지키는 6명의 천사를 여러 번 보았었다. 그리고 주님께서는 나에게 현관문에서 바라볼 때에 왼쪽으로 큰 정원을 주셨는데 이 정원은 얼마나 큰지 유리바다까지 계속된다. 그런데 그 꽃밭을 관리하는 천사들이 날개 달린 어린 천사들이라는 사실을 최근에 알게 되었다.

주님과 나는 현관에 들어섰는데 현관방에는 생명수가 흐르는 분수대가 있다. 거기에 달린 컵을 가지고 생명수를 받아서 마셨다. 오늘따라 컵이 아주 자세히 보였다. 컵이 오히려 황색의 보석으로 된 약간의 꽃병같이 보이는 컵이었다.
'와우~ 이렇게 생긴 컵도 있네…..'

주님과 내가 내 집의 궁 안으로 들어섰다. 저 안에 보석함에 아름다움이 넘치는 보석들이 담겨진 보석상자가 보였다. 뚜껑이 열린 채로 빛나고 아름다운 보석들이 아래로 넘치고 있었는데 그 아름다움이 황홀하여 말을 잃을 정도였다.

주님과 나는 더 안으로 들어가서 테이블에 앉았다.
주님과 나는 긴 테이블을 사이에 두고 마주 앉았는데 테이블 위에는 '하나님의 인'이라고 적혀 있는 청색의 책이 놓여 있었다.
주님이 내게 말씀하신다.
'이 하나님의 인이란 이 책을 왜 내가 너에게 쓰라고 하는 줄 아느냐?' 라고 말씀하신다.
그러시면서 하시는 말씀이 '이 하나님의 인은 하나님의 타작마당과 관련이 있단다.' 라고 하시면서 '이 하나님의 인이 바로 알곡과 쭉정이를 갈라내게 될 것이다.' 라고 말씀하시는 것이었다. 오~ 할렐루야.

그러고서는 천국이 더 이상 진행되지 않고 나는 내려왔다.
이것이 오늘 주님께서 나에게 주시고자 하는 주된 메시지였다.
'하나님의 인' 이 결국 이 마지막 시대를 사는 우리에게 알곡과 쭉정이를 가려내게 되는 지표가 될 것이라고 하는 …..
할렐루야.

마태복음에는 세례요한이 자신의 뒤에 오시는 예수님을 보고 이렇게 말을 했다.
그는 성령과 불로 세례를 줄 것이고 손에 키를 들고 자신의 타작마당을 정하게 하사 알곡은 모아 곡간에 들이고 쭉정이는 꺼지지 않는 불에 태울 것이라 말했다.

[마 3:11-12]
(11) 나는 너희로 회개케 하기 위하여 물로 세례를 주거니와 내 뒤에 오시는 이는 나보다 능력이 많으시니 나는 그의 신을 들기도 감당치 못하겠노라 그는 성령과 불로 너희에게 세례를 주실 것이요
(12) 손에 키를 들고 자기의 타작 마당을 정하게 하사 알곡은 모아 곡간에 들이고 쭉정이는 꺼지지 않는 불에 태우시리라

성경에는 다 말씀에 짝이 있다.

[사 34:16]
너희는 여호와의 책을 자세히 읽어 보라 이것들이 하나도 빠진 것이 없고 하나도 그 짝이 없는 것이 없으리니 이는 여호와의 입이 이를 명하셨고 그의 신이 이것들을 모으셨음이라

그런데 마태복음에서 말하는 이 타작마당이 어디에서 나타나느냐면 계시록 14장이다.
이 계시록 14장에는 명확히 알곡은 거두어서 곡간에 그리고 쭉정이는 골라져서 불에 태우는 것이 적나라하게 나타나져 있는 것이다.

[계 14:9-11]
(9) 또 다른 천사 곧 세째가 그 뒤를 따라 큰 음성으로 가로되 만일 누구든지 짐승과 그의 우상에게 경배하고 이마에나 손에 표를 받으면 (10) 그도 하나님의 진노의 포도주를 마시리니 그 진노의 잔에 섞인 것이 없이 부은 포도주라 거룩한 천사들 앞과 어린 양 앞에서 불과 유황으로 고난을 받으리니 (11) 그 고난의 연기가 세세토록 올라가리로다 짐승과 그의 우상에게 경배하고 그 이름의 표를 받는 자는 누구든지 밤낮 쉼을 얻지 못하리라 하더라

즉 짐승과 짐승의 우상에게 절하고 이마나 손에 표를 받는 자들

이 바로 주님의 타작마당에서의 쭉정이들로서 이 세상에서 살아 있을 때에는 진노의 포도주 틀에 던져지고 그 다음 죽어서는 영원한 유황 불못에 던져지는 것이다.

그러나 예수 믿는 믿음을 끝까지 지키고 짐승과 그 우상에게 절하지 않고 이마나 손에 666표를 받지 아니하는 자들은 하나님이 이들을 알곡으로서 곡간에 들이시는 것이다.
이 알곡들은 믿음을 지키느라 순교하는 그룹과 또 죽지 않고 끝까지 살아남은 그룹인 것이다.

[계 14:12]
성도들의 인내가 여기 있나니 저희는 하나님의 계명과 예수 믿음을 지키는 자니라

그리하여 다음은 믿음을 지킨 순교한 그룹을 말한다.

[계 14:13]
또 내가 들으니 하늘에서 음성이 나서 가로되 기록하라 지금 이 후로 주 안에서 죽는 자들은 복이 있도다 하시매 성령이 가라사대 그러하다 저희 수고를 그치고 쉬리니 이는 저희의 행한 일이 따름이라 하시더라

그러나 계시록 14장 14절에서 16절은 믿음을 지킨 순교한 그룹

이 아니라 믿음을 지키고 살아남은 자들을 말한다.

[계 14:14-16]
(14) 또 내가 보니 흰 구름이 있고 구름 위에 사람의 아들과 같은 이가 앉았는데 그 머리에는 금 면류관이 있고 그 손에는 이한 낫을 가졌더라 (15) 또 다른 천사가 성전으로부터 나와 구름 위에 앉은 이를 향하여 큰 음성으로 외쳐 가로되 네 낫을 휘둘러 거두라 거둘 때가 이르러 땅에 곡식이 다 익었음이로다 하니 (16) 구름 위에 앉으신 이가 낫을 땅에 휘두르매 곡식이 거두어지니라

그러므로 이 계시록 14장이 주님의 타작마당인 것이다.
그리하여 주님은 분명히 천상에서 내게 '하나님의 인'이 마지막 시대에 알곡과 쭉정이를 가려내게 되는 지표가 될 것이라고 말씀하신 것이다. 할렐루야.

 하나님의 인 +

주님 보좌 앞에서 흰 말탄 자를 보다.

(2017. 3. 7)

아침 기도시간이었다.

주님께서 '앞으로 내가 너에게 더 많은 양을 맡길 것이다.' 라고 말씀하셨다. 이 말씀은 나에게 더 많은 집회가 열릴 것을 말씀하고 있으신 것 같았다.

그러는 중에 주님이 무지개 속에서 그 얼굴을 나타내셨다.

아니 주님이 꼭 무지개 옷을 입고 계신 것 같아 보이면서 빛이 나고 있었다. 그러다가 아주 밝은 빛이 나며 눈이 부신듯한 하얀 옷으로 눈이 부시다 못하여 하얗다. 하얗다 못하여 우웃빛이 나는 흰색의 빛나는 하얀 옷을 입고 나타나신 것이다.

그 후에 내 옆에 시온이가 나타난 것이 느껴졌고 그 시온 천사는 내게 핀셋으로 하얀 쌀과자를 내 오른손바닥에 놓아주었다.

나는 그것을 입에 넣고 씹어서 삼켰다.

그러자 내 앞에 위로 영계가 열리고 주님이 이미 황금계단에 서 계시면서 나에게 '올라오라' 하시면서 나의 손을 잡아주셨다. 주님은 언제 옷을 바꾸어 입으셨는지 베이지 색깔이 나는 긴 망토를 긴 흰 옷 위에 두르신 모습이었고 나는 어린아이 즉 7-8살의 단발머리 소녀가 되어 주님의 손을 잡고 좋아하면서 그 황금계단을 올라가고 있었다.

계단을 다 올라가서는 주님께서 내게 말씀하셨다.

'이제 너 혼자 오너라.'하는 메시지를 주시면서 주님은 사라지셨다. 이때에 벌써 주님은 그분의 보좌에 앉기 위하여 사라지신 것이다.

나는 그 계단 끝 위에 올라서 있었는데 나는 벌써 긴 머리의 아름다운 숙녀로 변하여 있었다. 나는 아직도 그 이유를 잘 모른다. 왜 주님 보좌 앞으로 가는 황금계단을 올라갈 때에는 7-8살의 소녀이고 그 계단을 다 올라서면 이렇게 아름다운 숙녀로 변하는지 말이다. 나는 청색의 긴 드레스 위에 하얀 망사로 된 겉옷을 입고 있었다. '와우~, 아름답다!' 감탄사가 절로 나왔다. 그리고 나는 다이아몬드 면류관을 쓰고 있었고 귀에는 다이아몬드 귀걸이를 하고서는 주님의 보좌 앞으로 걸어가고 있었다.

흰 날개 달린 천사들이 양쪽에 서서 나를 반겨 주고 있었다.

그런데 내 눈에는 눈물이 하염없이 흐르고 있어서 그들이 반겨 주는 그것이 잘 보이지 않았다. 왜냐하면 나는 내 사랑하는 님을 오랜만에 정말 2달 만에 이 보좌 앞으로 와서 만나는 것이기 때문이었다. 나는 나의 우는 것에 바빠서 그다지 그 천사들의 반응이 내게는 심각하게 와 닿지 않았다.

드디어 나는 주님의 보좌 앞에 왔다. 그분의 발이 생명수가 담긴 황금대야에 구멍이 뻥 뚫린 채로 담구어져 있었다. 이전에는 그

대야 안의 발의 구멍에서 피가 나왔었는데 오늘은 아니었다. 나는 재빨리 두 손을 그곳에 담그고 주님의 그 구멍 뚫린 발을 씻겨 드렸다.
오늘은 내가 왜 주님의 발을 씻겨 드리고 있는지 참으로 의아하였다. 왜냐하면 나는 내가 그분의 발을 씻어드릴 자격이 전혀 없는 자처럼 느껴졌기 때문이었다.

[요 1:26-27]
(26) 요한이 대답하되 나는 물로 세례를 주거니와 너희 가운데 너희가 알지 못하는 한 사람이 섰으니 (27) 곧 내 뒤에 오시는 그이라 나는 그의 신들메 풀기도 감당치 못하겠노라 하더라

그러고 나서 천사들이 그 황금대야를 가져갔고 그 후에 그 분의 두 발이 보였다. 그 두 발에는 구멍이 나 있었다. 나는 그것을 보고 있는데 주님이 내게 이렇게 말씀하시는 것이 알아졌다. '너는 이 내 두 발의 구멍을 잊지 말아라. 너는 나의 이 두 발의 구멍 때문에 네가 살았다는 사실을 기억하라.'
'오~ 할렐루야! 그렇습니다. 주님! 저는 주님의 십자가 사건 때문에 저의 영혼이 살게 되었습니다!' 라고 대답하였다.
그러자 나는 갑자기 더 숙연하여졌다.
그리고 나는 오늘 주님께서 왜 나를 이 보좌로 부르셨는지에 대하여 궁금하였다. 그러자 주님은 나를 보고 내 자리로 가라고 말씀하셨다. 그래서 나는 내가 앉는 자리에 와서 앉았다.

내가 앉는 자리는 주님의 보좌 왼편에 천사들이 서는 곳 앞쪽으로 황금의자가 놓여 있다.

그랬더니 나는 내 의자에 앉아있었으므로 내가 서 있는 것보다 내 시선의 위치가 서서 있는 것보다 낮았다. 그러한 나에게 갑자기 건장한 말의 네 다리가 보이는 것이었다. 즉 건장한 흰 말의 네 다리가 갑자기 주님의 보좌 앞에 '턱~'하니 와서 서는 것이 보인 것이었다. 어머나 그것을 보는 순간 나는 얼마나 놀랐는지….
'아니, 웬 주님의 보좌 앞에 말이 와서 서다니!'
그것은 정말 상상밖의 일이었다.

그런 후에 그 흰 말의 네 다리 위가 보이는데 그 말은 전체적으로 흰 말이었고 또한 그 흰 말 위에 말탄 자가 보이는 것이었다. '오 마이 갓!' 나의 놀라움은 순간 대단했다.

나는 순간적으로 이 말탄 자가 성경의 계시록에 나오는 흰 말탄 자라는 것을 알 수 있었다. 그 흰 말탄 자가 주님의 보좌 앞에까지 와서 선 것이다.

와우~ (아니 사실은 주님이 부르셨다고 하는 것이 맞다)
그는 아래위로 황금갑옷을 입고 있었고 황금으로 된 화살을 들고 있었다. 그리고 머리에는 황금 면류관을 쓰고 있었다.

나는 성경의 계시록에 나오는 흰 말탄 자는 당연히 흰 옷을 입고 있을 것이라 생각하였는데 그것이 아니었다. 그는 황금으로된 갑옷을 입고 있었다. 오 할렐루야.

그러자 그 말탄 자가 말에서 내려서는 주님께 인사를 하는 것이 보였다.

나는 여러 가지로 놀라고 있었다.

첫째, 주님의 보좌 앞에 말이 와서 설 수 있다는 사실에 매우 놀라고 있었다.

왜냐하면 주님의 보좌 앞은 매우 거룩한 곳인데 말이 와서 선다는 것은 상상도 할 수 없는 일이었기 때문이다.

둘째는 이 흰 말탄 자가 흰 옷을 입고 있는 것이 아니라 황금갑옷을 입고 있다는 사실에 놀랐다.

주님이 그 천사에게 이렇게 물으셨다.
"너는 사라가 하는 사역과 연관되어 일을 잘하고 있느냐?"
그러자 그 천사는 말하기를 '네 그렇습니다.' 라고 말하는 것이 알아졌다.

나는 그 때에 주님이 왜 그런 질문을 하셨는지가 즉시 깨달아졌다. 그것은 이러한 것이었다. 주여!

즉 내가 이전에 계시록 14장에 나오는 유대인들의 이마에 어린양의 이름과 아버지의 이름이 적혀 있는 것이 나오는데 이들의 이마에 이 이름이 적혀 있다는 것은 계시록 7장에서 유대인들중 십사 만 사천에게 하나님의 인을 이마에 친 것과 일치하고 있는 것이다. 그러하므로 그 인 자체가 바로 어린양의 이름과 아버지의 이름인 것이다. 그런데 어린양의 이름과 아버지의 이름은 한 마디로 '예수' 라는 이름이다. 그러므로 하나님의 종들의 이마에 적혀지는 하나님의 인은 '예수' 라는 이름이다. 할렐루야.

그러나 내 사역에서는 이마에 '예수' 라는 이름을 적는 것이 아니라 먹물 색깔의 옷을 입은 천사들이 나타나 먹물로 사람들의 이마에 십자가를 그렸다. 그래서 나는 주님께 물어보았었다. 내 사역에서 천사들이 나타나서 사람들의 이마에 십자가를 그리는 것과 흰 말탄 자가 돌아다니면서 이기는 자들의 이마에 '예수' 라는 이름으로 인을 치는 것과 무슨 상관이 있느냐고 물었을 때에 주님께서는 이렇게 말씀하셨다.

이마에 십자가를 그리는 것은 예수를 뜻하는 것이라고 말씀하셨고 그리고 내 사역에서 천사들이 그 이마에 십자가를 그리면 이 흰 말탄 자가 그들을 발견하여 '예수' 라는 이름으로 하나님의 인을 친다고 하셨던 것이다 (Part I. 성경에 나타나는 하나님의 인, 5. 기도시간에 주님이 인 사역에 대하여 말씀하시기 시작하시다. 인 맞은 자는 베리칩을 받지 않게 될 것이라 말씀하시다 를 참조). 할렐루야.

즉 이 일을 주님이 이 흰 말탄 자에게 주님이 물어보시는 것이었다. '네가 사라와 연관되어 일을 잘하고 있느냐?' 라고 말이다. 그랬더니 이 천사가 하는 말이 '네 그렇습니다.' 라고 대답한 것이다. 할렐루야. 이 모든 것을 알게 하여 주시는 주님을 찬양합니다.

그러지 않아도 나는 한번 들어서는 확신하지 못하는 성격인데 분명히 이전에 주님께서 내 사역에서 십자가를 그린 자들을 이 흰 말탄 자가 발견하여 예수라는 이름으로 인을 친다는 것을 한

번 알려 주셨는데 나는 한번 들은 것을 확신하지 못하고 있었다가 오늘 다시 한 번 주님께서 이 흰 말탄 자를 보좌 앞으로 부르셔서 나에게 이렇게 확인시켜 주시는 것이었다.
할렐루야.

그리고 나는 실제로 이 흰 말탄 자를 오늘 처음 자세히 보았는데 나는 이 흰 말탄 자를 내가 직접 보기 전에는 흰 옷을 입고 있을 것이라 생각했었다. 그런데 그게 아니었고 그는 그가 탄 말이 흰 말이었으나 정작 그는 황금갑옷을 입고 있었다는 사실이다. 그리고 그는 황금면류관을 쓰고 있었고 또한 황금화살을 가지고 있었다.
할렐루야!

[계 6:1-2]
(1) 내가 보매 어린 양이 일곱 인 중에 하나를 떼시는 그 때에 내가 들으니 네 생물 중에 하나가 우뢰소리 같이 말하되 오라 하기로 (2) 내가 이에 보니 흰 말이 있는데 그 탄 자가 활을 가졌고 면류관을 받고 나가서 이기고 또 이기려고 하더라

(이 흰 말탄 자에 대하여 서사라 목사의 천국지옥 간증 제 5권, 계시록 이해 책 24. 첫째 인을 떼었을 때 나오는 흰 말탄 자에 대한 주님의 말씀 을 참조)

41 하나님의 인 +

기도 시간에 주님과
대화가 일어나다.
(2017. 3. 10)

아침에 기도 시간이었다. 주님이 내게 말씀하시기 시작하셨다.

"딸아, 가자 나랑 같이 일하자."

나는 흰 말탄 자를 엊그저께 주님께서 천상에서 보여주셨으므로 그 흰 말탄 자를 생각하면서 기도하고 있었다 (즉 나의 사역에서 천사들이 나타나서 먹물로 사람들의 이마에 십자가를 그리면 이 흰 말탄 자가 그들의 이마에 '예수' 라고 하는 인을 치는 것이다. 이것을 주님이 가르쳐 주셨다).

그때 주님이 다시 말씀하신다.

"이제야 알겠느냐? 네가 무슨 일을 하고 있는지!"

"그렇네요. 주님, 제가 흰 말탄 자의 일을 도우고 있네요."

"아니다. 너희는 같이 일하고 있는 것이다."

"그래요 맞아요 주님, 제 사역에서 사람들에게 먹물로 십자가를 많이 받게 함으로 말미암아 그 흰 말탄 자가 더 많은 사람을 인을 치게 되겠네요."

"그렇단다."

"그렇네요 주님, 그래서 제가 더욱 인 맞는 자의 수를 늘리는데 힘을 써야겠네요."

"그렇단다. 그렇게 하는 것이 바로 내 것, 즉 내 사람을 늘리는 것이 된단다."

"주님 그러면 이렇게 제 사역에서부터 인을 맞게 되는 자들이 저 천국에 있는 흰 궁의 장부에 그 이름이 적혀지게 되겠네요."

"그렇단다."

나는 이때에 이것을 생각하였다. 전체적으로 하나님의 인을 맞는 자의 이름이 적히는 전체적인 장부는 주님께 따로 있을 것이나 나에게 보여주신 그 흰 궁의 장부에는 특별히 내 사역에서 이마에 십자가가 그려져서 인을 맞게 되는 자들의 이름들이 날짜와 함께 적혀진다는 사실을 알게 된 것이다. 할렐루야.

"너를 통하여 많은 사람들이 인을 맞게 될 것이다."

"주님 감사합니다. 이 아무 쓰잘데 없는 저를 사용하여 주시다니요! 저는 불충하고 불손하며 주님께 잘 순종치도 못하는 저인데 저를 써주시다니 감사하고 또 감사할 뿐입니다. 제가 주님께 충성하기를 원하나이다."

주님은 계속하여 말씀하셨다.

"너는 내게 순종하라."

"내가 너를 많은 곳에 보낼 것이다."

"너를 부르는 곳이 많아질 것이다."

"아멘"

"너는 충성을 다하라."

"주님이 보내시는 곳이면 제가 어디든 가겠습니다.
주님의 것을 한 명이라도 놓치지 않기를 원하나이다."

인을 맞는다고 하는 것은 주님의 것임을 인치는 것이기 때문이다.

"너는 내 것이라, 너는 나의 참 종이라."

나는 순간 주님께 부끄러웠다.

"아버지. 죄송합니다. 더 순종하겠습니다."

(나는 기도할 때에 예수님을 아버지라 또 하나님이라 또 주님이라 그때그때마다 다르게 부른다.)

"너를 따르는 무리가 점점 많아질 것이다."

"아니, 그것은 또 무슨 말씀이신지요?"

"너는 그들을 잘 내게로 이끌어야 한단다."

"아버지~ 아버지~ (나는 내가 한탄스러웠다) 제가 잘 할 수 있을지 모르겠습니다."

그런데 나는 이 말씀에 조금 겁이 났다.

"내가 너를 지도하리라"

"그러하오니이까?"

"너는 내게 무릎을 많이 꿇어야 한단다."

"주님, 저는 저를 따르는 무리가 많아진다니 겁이 납니다."

주님이 말씀하셨다.

"그것은 다른 의미가 아니다. 바른 복음을 전하는 자들이 많이 나타난다는 말이다."(여기서 주님이 말씀하시는 바른 복음이라고 하는 것은 내가 외치는 복음, 즉 주님이 가르쳐주신 복음인데 그것은 성안과 성밖의 개념, 크리스천들도 지옥을 갈 수 있다는 것, 그리고 이 마지막 시대에는 하나님의 인을 받아야 한다는 것, 이러한 참으로 중요한 것들을 다루는 복음이라는 것을 말하시는 것이 알아졌다.)

"오~ 할렐루야. 네, 주님 그렇다면 감사합니다. 제발 그렇게 되기를 원하나이다. 주여 감사합니다."

"너는 나를 비추는 등이 되어라."
(주님은 빛이시다. 그 빛이 내 안에 계시므로 나는 그 빛을 잘 비추는 등이라는 것이다. 이 등이 투명하고 깨끗하여야 그 빛이 그대로 비추어질 것이다.)

"주님, 그러하시다면 저를 더 정화시켜 주시옵소서"

"나는 네 안에 있느니라. 너는 나의 목소리를 잘 들어야 한단다."

"할렐루야. 아멘."

그런 후에 내 안에서 '주는 평화' 라는 노래가 솟아 올라왔다.

주는 평화~ 막힌 담을 모두 허셨네~ 주는 평화~ 우리의 평화~
염려 다 맡기라~ 주가 돌보시니~ 주는 평화~ 우리의 평화~

"내가 너와 함께 함을 전 세계가 알게 될 것이다."
(이 말씀은 이전부터 여러 번 내게 가끔씩 하시던 말씀이었다)

나는 갑자기 또 이 말씀을 이 순간에 하심에 겁이 조금 났다.

"주님 어째서입니까?"

"너는 내 종이기 때문이다."

"아버지~ 왜 이 부족한 종을 쓰시려고 하시는지....
주님 저는 아무 것도 아닙니다."

"너는 순종하라"

"너는 교만하지 말아야 한단다."

"네 하나님, 교만하지 않을게요."

"너는 나 없이는 아무 것도 못한다는 사실을 알아야 한단다."

"아버지~ 당연합니다. 나의 하나님."

"너는 네 임무를 다하라"

"네."

"너는 내가 너에게 보여준 모든 것들을 다 전해야 한단다."

"네 그렇게 하겠습니다. 주님."

주는 평화 ~ 라는 노래가 다시 내 마음 깊은 곳에서부터 솟아 올라왔다.

"너는 내 것임을 잊지 말아라."

"아버지이이이이이~, 그럴게요. 주님."

주는 평화~ 라는 노래가 다시 솟아 올라왔다.

주님이 말씀하신다.

"자 가자 나의 동산으로...."

"할렐루야. 주님."

그러고서 주님과의 대화가 끝이 났다.
오늘 주님과의 대화의 내용을 요약하여 보겠다.

1. 나와 흰 말탄 자는 동역하는 것이다.

2. 내 사역을 통하여 하나님의 인을 맞는 자의 수가 늘어날 것이다.
   그래서 나는 이 일에 내가 충성하여야 한다는 것이다.

3. 앞으로 주님께서는 나를 많은 곳으로 보내시겠다는 것이다.
   하나님의 인 사역을 위해서 말이다.

4. 내 사역으로 말미암아 바른 복음을 전하는 제자들이 많이 생겨
   난다고 하셨다.

5. 전 세계로 이 사역이 퍼져 나가게 될 것을 말씀하셨다.

6. 그리고 마지막으로 나에게 교만하지 말 것을 당부하신 것이다.

할렐루야.
기도 속에서 나와 대화를 나누신 주님을 온 마음을 다하여 찬양 합니다!

 하나님의 인 +

주님, 이제는 '살아계신 하나님의 인' 사역을 위하여 저를 보내 주소서!

(2017. 3. 13)

천국에서 수레에서 내린 나는 주님이 바로 나를 생명수가 흐르는 폭포수 앞의 절벽 위로 데리고 가셨다. 나는 주님을 만나서 너무 반가워서 우는데 정신이 없었고 그런 나를 주님께서는 얼굴과 손과 발을 차례로 다 씻어 주셨다.

그런 후에 두 천사가 두 항아리에 생명수를 담아가지고 와서 내 위로 부었다. 나의 온 몸을 생명수로 씻기 위함이다. 옷 위로 부어도 다 씻겨졌다. 보통 천사 한 명이 항아리 한 개에 생명수를 담아와서 내 머리 위에서부터 붓는데 오늘은 두 천사가 두 항아리를 가지고 와서 부었다.

그런 후에 주님은 나를 성부 하나님이 계신 곳으로 데리고 가셨다. 주님과 나는 늘 우리가 서는 그 자리에 가서 성부 하나님 앞에 섰다.

그 때에 앞에 계신 성부 하나님께서 나에게 주신 메시지는 '내가 인 사역을 꼭 해야 한다.'는 것이었고 그래서 나는 '그렇게 하겠습니다.'하고 나왔다.

주님께서는 나를 그 다음에는 주님 보좌 앞으로 데리고 가셨다. 나는 주님의 보좌 앞에서 이렇게 주님께 말씀드렸다.

'주님 저는 이제 인 사역을 하지 않겠다고 버티는 것이 아니라 이제는 제가 인 사역을 할 수 있도록 보내 주시옵소서!' 라고 말했다. 왜냐하면 이제는 내 태도가 그렇게 바뀌어져야 한다는 것이 알아졌다.

'주여~ 그렇습니다. 이제는 저를 보내 주시옵소서!'

나의 태도는 완전히 이제 바뀌게 되었다. 주를 위하여 인 사역을 감당하여야 한다는 것이 내 인식 속에서 명확하여졌기 때문이다. 주여! 홀로 영광 받아 주시옵소서!

 하나님의 인 +

주님께서는 많은 흰 무리들 앞에서 다시 한 번 내가 인 사역을 해야 함을 알게 하시다.

(2017. 3. 15)

저녁 수요예배를 마치고 기도하고 있었다.
한참을 기도하였는데 주님이 나에게 이렇게 말씀하신다.
"내가 너에게 다 보여주었는데 너는 뭘 그렇게 자꾸만 더 보여달라고 하냐?"
그러시면서 '이제 너는 그냥 하면 된다.'라고 말씀하시는 것이 알아졌다.
'그리고 나의 인 사역을 통하여 많은 사람들이 인을 맞을 것이 알아졌다.' 할렐루야.

그러고서 기도하고 있는데 옆에 시온 천사가 흰 쌀과자를 조그만 멜빵 가방에서 꺼내어서 내 오른손바닥에 올려놓아 주었다.
나는 그것을 받아먹었다.
그러자 주님이 내 눈에 먼저 보였다. 흰 옷을 입고 나타나셨는데 나는 조그만 어린아이가 되어서 좋아서 주님께로 껑충껑충 올라갔다. 머리는 단발머리에 약간 곱슬거리는 아이였다. 그리고서는 주님과 함께 황금계단을 올라갔다.

주님의 보좌로 올라가는 계단이었다. 계단의 끝에 가서 주님께서는 나보고 '준비하고 오너라' 하시면서 주님은 보좌 앞에 가셔서 앉으시기 위하여 사라지셨다. 나는 어린아이의 모습에서 아름다운 옷을 입은 처녀로 변하였는데 머리는 허리까지 내려오고 다이아몬드 면류관에 다이아몬드 귀걸이에 그리고 옷은 노르스름한 색깔이 약간 번들거리는 흰 드레스를 입고 있었다.

'와우~ 오늘은 청색 드레스가 아니네' 하면서 나는 주님의 보좌 앞으로 걸어가는데 양옆에 서 있는 흰 옷 입은 천사들이 너무 가까이 잘 보이는 것이었다. 그들의 날개들도… 그들이 이렇게 말한다.

'사라님 오셨다!' 하는 소리가 들렸다.

그리고 나는 주님이 앉아 계신 보좌 앞으로 계속 걸어갔다.

주님은 오늘도 구멍 뚫린 두 발을 생명수가 담긴 대야에 담그시고 계셨다.

나는 즉시 앉아서 주님의 두 발을 씻어 드렸다.

그러자 주님은 내게 내 자리에 가서 앉으라고 말씀하셨다.

그러시더니 주님은 일어나셔서 나를 데리고 즉시 한 단계 아래에 있는 컨벤션센터같이 생긴 곳의 무대로 내려가셨다.

흰 옷 입은 무리가 모이는 이 컨벤션센터 같은 곳은 여러 번에 걸쳐서 주님께서 주님의 보좌에서 바로 아래로 즉 엘리베이터 타고 바로 아래층에 도달하는 것처럼 내려가시는 것을 여러 번 나에게 보여주셨다.

그래서 아마도 이 컨벤션센터 같은 곳이 주님의 보좌 바로 아래층에 있지 않나 생각한다. 내려가면 또 그 컨벤션센터 같은 곳의 무대 위에 바로 서게 되는 것이다. 그래서 어떤 공식이 성립이 되냐면 주님의 보좌 바로 아래층에는 컨벤션센터 같은 곳의 무대가 있다. 이렇게 보면 될 것 같다.

주님은 그 수많은 흰 옷 입은 무리들 앞에서 이렇게 말씀하셨다. "사라가 인 사역을 할 것이다." 그리하였더니 그 많은 흰 옷 입은 무리가 동시에 환성을 올렸다. 동시에 시온 천사와 그가 부리는 39명의 먹물 색깔의 옷을 입은 나의 인 사역을 돕는 천사들이 갑자기 나타났다. 그리고 이들은 한쪽 무릎은 세우고 한쪽 무릎은 바닥에 대고 꼭 하인이 주인에게 복종하는 자세같이 그렇게 무대에서 정렬하여 앉았다. 할렐루야.

주님은 오늘 다시 나를 컨벤션센터 같은 곳으로 데리고 오셔서 흰 무리들 (이 흰 무리들은 나중에 주님께서 공중휴거하실 때에 구름 위에 먼저 부활시켜서 데리고 오실 무리들이다.) 앞에서 내가 인 사역을 하여야 함과 그리고 그것을 위하여 내게 40명의 천사들이 붙여져 있다는 것을 확인시켜 주신 것이다.

그리고 주님은 내게 이렇게 말씀하시는 것이 느껴졌다.

'이제는 망설이지 말고 인 사역을 하라.' 할렐루야.

나는 주님께 인 사역할 수 있는 길을 더 많이 열어달라고 부탁드리다.

(2017. 3. 17)

저녁 기도시간 후에 천국에 올라갔다.

두 천사가 열 마리가 모는 아주 크고 흰 수레를 가지고 나를 데리러 왔다. 나를 수레바깥에서 수호하는 남성 천사와 말을 모는 여성천사 그리고 내가 이름을 붙여준 열 마리의 말이 수레를 가지고 온 것이다.

나는 그 수레를 타고 즉시 천국에 도착하였는데 수레에서 내가 내리니 수레 문밖에서 나를 주께로 인도하는 분홍색 옷을 입은 두 천사가 날개가 달려 있는데 그들에게는 날개들조차도 분홍색깔이 나고 있었다. 이들의 머리는 둘 다 단발머리를 하고 있었고 까만 머리 위에는 분홍색깔의 투명한 링을 얹어놓고 있어서 이들이 한층 더 이뻐 보였다.

이들은 옷 전체가 다 분홍색으로 되어 있었고 그 옷들은 어쩐지 투명하게 보였다.

그들이 먼저 나타나서 나를 주님께로 인도하려 하였다. 그러나 그럴 필요가 없이 주님은 수레에 너무 가까이 와 계셨다.

주님은 나를 즉시 데리고 이사야의 집 옆에 있는 생명수 강가로 가셨다. 생명수가 흐르는 그 강에 내가 들어가기 전에 하늘색 옷을 입은 이사야가 나타나서 나보고 이렇게 말했다.
"사라님, 저기 들어가셔서 먼저 씻어야죠."
나는 청색 드레스를 입고 있었다. 그러자 흰 옷 입은 두 천사가 날아와서 나의 두 손을 하나씩 들어서 나를 생명수가 흐르는 강 속에다가 들여놓았다. 생명수 강물은 내 허리까지 찼다.
그러므로 내 몸이 허리 아래에는 자연히 강에서 흐르는 생명수로 씻겨 내려갔다. 그러므로 허리 위가 씻겨지기 위하여 또 다른 천사가 생명수를 담은 항아리를 가지고 와서 내 머리에 부었다. 몸이 위에서부터 다 씻겼다.
그러자 천사들이 다시 나를 생명수 강 바깥에다가 내려놓았다.
내 몸의 옷이 언제 물이 말랐는지 깨끗이 다 말라 있었다.
순식간에 다 마른 것이다.
이사야가 말했다.
"주님, 이제 가셔야지요."
하였더니 주님께서 말씀하신다.
"그래야지, 잘 있거라."
즉 주님께서 이사야 집의 생명수가 흐르는 강가로 오신 것은 오늘 나를 거기서 씻기시기 위하여 오셨다는 것을 알 수 있었다. 그런 후에 주님은 늘 계시록 이해 책을 쓸 때 나를 데리고 갔던 그 연못가로 나를 데리고 가셔서 벤치에 앉으셨다. 주님은 오늘 보니 참으로 얼굴이 잘생기셨고 그 얼굴에서 빛이 났다. 나는 주님의 옆에 앉아 있었는데 내 옆 바닥에 갑자기 꽃신이 보였다. 그리고 그 꽃신을 내게 신겨주셨다. 아니 선물로 주신 것이었다. 천국은 이렇게 금방금방 생겨났다. 할렐루야.
그리고 주님은 내게 말씀하셨다.
"사라야"
"네"
"저번에 네가 이 연못을 걸어갔지 나랑"
"네"
"왜 그렇게 한 줄 아느냐?"
나는 이렇게 대답하였다.
"그것은 주님께서 이런 곳이 천국이라는 것을 알게 하여 주시기 위함이 아니었나요?"
이 말은 즉 천국에서는 누구든지 물 위를 걸을 수 있다는 것을 알게 하여 주시기 위함이 아니었나요? 하고 대답한 것이었다.
그러나 주님은 이 말에 묵묵부답이셨다 (나중에야 알게 되었는데 이 물 위를 걸어서 다른 터널로 들어가는 통로가 있음을 알게 되었다).
그러나 나는 계속 주님께 물었다.
"주님, 그러면 유리바다에서도 보트를 안 타도 거기서도 걸을 수가 있는 것 아니에요?"라고 물었다. 그때에야 주님은 '그래'라고 말씀하셨다. 여하간 주님이 내게 물으신 것은 다른 의미였는데 나는 다른 대답을 한 것이었다.
나중에 그 사실들이 왜 연못 위로 걸어 들어가야 했는지에 대한 것을 알고 나서는 참으로 나는 놀라왔다. 이 모든 사실은 다음에 내가 쓸 책 (서사라 목사의 천국지옥 간증수기 제 8권) 에서 나오게 될 것이다.

그리고 나서 나는 주님께 물었다.

"주님, 왜 제게 인 사역을 시키시나요?"
"너는 내 종이기 때문이다. 너는 나를 잘 알기 때문이다."

"아니에요. 주님, 저는 아직도 주님께 불순종하는 면이 많고 죄인 중의 괴수예요."

그러자 시온 천사가 흰 쌀과자가 많이 들어 있는 가방을 메고 먹물 색깔의 옷을 입고 나타났다. 그리고서는 흰 쌀과자를 하나 내게 주었다.

이 때 주님이 내게 이렇게 알게 하여주신다.
'네가 이 쌀과자를 먹을 때에 네 눈이 밝아지는 것이란다.'
이 말씀은 내가 시온이가 주는 쌀과자를 먹으면 내 앞에 영의 세계가 펼쳐지는 것이 보이는 것을 말씀하시는 것이었다.
할렐루야. 정말 그랬다. 주님은 왜 이 쌀과자를 택하셨는지는 모른다. 그러나 그렇게 일어났다.

나는 주님께 말했다.
"주님 온전히 내 의지 내 뜻은 없어지고 주님의 뜻만 이루어지기를 원하나이다." 그리하였더니 주님이 이렇게 말씀하셨다.
"그래서 내가 너를 택한 것이란다." 할렐루야.
"그러면 주님, 이제 저에게 인 사역을 할 수 있는 길을 많이 열어주세요."라고 했다. 할렐루야.

이것은 내가 생각해도 참으로 기특한 부탁이었다.
왜냐하면 나는 여태까지 지상에서는 사람들의 핍박이 예상되어 인 사역을 하고 싶어 하지 않았기 때문이다. 그런데 오늘은 담대히 오히려 내가 그것을 먼저 하겠다고 주님께 부탁하고 있는 것이었다. 그리고 그렇게 할 수 있도록 길을 열어달라고 진심으로 청하고 있는 것이었다. 할렐루야. 내가 많이도 바뀌었다. 그렇게 망설이던 내가 이제는 적극적으로 주님께 그 길을 열어달라고 부탁하고 있는 것이었다. 주여!
이것은 내게 큰 변화였다. 여태까지는 주님께서 하라 하라 내가 손해 보지 않게 하라 해서 한 것이지 내가 원해서 인 사역을 한 것이 아니었다. 그런데 이제는 내가 적극적으로 주를 위하여 하기를 원하고 있다는 것이다. 할렐루야.

그러고 나서 나는 주님과 더 많은 대화를 나누었다.
그런데 그 이후에 일어난 대화는 지상에서 도무지 생각이 나지 않았다. 할렐루야.

초원에 있는 많은
양떼를 보여주시다.
내가 맡을 양이라 하신다.
(2017. 3. 19)

천국에 올라가는데 다른 어떤 것들보다 먼저 내 눈에 초원과 양들이 보였다. 이것이 보인 후에 나를 천국으로 데리고 갈 수레와 그것을 끄는 열 마리의 말들과 두 천사가 나타났다.
수레를 모는 천사는 황금색이 있는 망사로 덮인 옷을 입고 있으면서 흰 날개를 갖고 있었다. 이는 여성 천사이다. 그리고 나를 수레바깥에서 수호하는 늘 나에게 먼저 주인님 하고 인사하는 천사인데 이는 흰 옷을 입고 있는 남성천사였다.

나는 그들이 가져온 수레를 타고 즉시 천국에 올라갔는데 아니나 다를까 아까 수레가 나를 데리러 오기 전에 먼저 보였던 그 넓은 푸른 초원에 흰 양떼들이 엄청 많은 곳으로 나를 내려놓았다.
그곳에는 주님이 계셨다.
그리고 주님이 나에게 이렇게 말씀하시는 것이 즉시 알아졌다.
'수레를 타고 올라왔느냐? 그냥 올라와도 될 것을....'

즉 이것이 무슨 말이냐면 수레가 나타나기 전에 초원과 양들이 보였을 때에 그 때에 그냥 즉시 내가 올라갔으면 되는데 내가 꼭 고집하여 수레를 타고 여기로 올라왔다는 것이다.

나는 양떼들이 푸른 초원을 가득 채우고 저 산너머까지 있다는 것을 알 수 있었다. 그러니까 아주 많은 숫자였다.

이 때에 주님께서는 내게 말없는 말을 하셨다.

이런 경우는 그냥 마음으로 대화가 일어나는 경우이다.

'이 양떼의 목자는 너다.'

'아니, 주님! 제가 이 많은 양떼를 어떻게 맡나요?' 하였더니 주님이 말씀하셨다. '내가 있지 않니?'

사실 그렇다. 주님이 그들의 목자인데 나는 그 중간에서 심부름하는 목자일 뿐인 것이다. 할렐루야.

그러고서는 주님은 내 손을 잡으시고 가자고 하신다.

어디로 가시느냐면 생명수가 흐르는 폭포수 앞의 절벽 위로 가셔서 내 얼굴과 손을 생명수에 씻어주셨다. 이런 경우는 천사가 대야 같은 그릇에 이미 생명수를 담아서 그곳에 갖다 놓은 것이다. 다른 천사가 와서 긴 항아리 약 1m 정도 되는 항아리를 가져와서 생명수를 내 머리 위에 부으니 내 몸 전체가 씻겨 내려갔다. 그런 후에 주님은 나를 주님의 보좌 앞으로 데리고 가셨다. 그리고 주님은 주님의 자리에 앉으시고 나는 내 자리에 가서 앉으라 하셨다. 나는 주님께 내가 앉은 자리에서 뭔가를 질문을 하였는데 정작 지상에 내려와서는 그 질문이 생각이 나지 않았다.

46 하나님의 인 +

(1) 주님께서 내게 주신 것들을 천상에서 하나씩 보여주시다.
(2) 주님 보좌 앞에서 흰 말탄 자가 내게 악수를 청하다

(2017. 3. 31)

기도 시간에 주님이 나에게 말씀하시기 시작하셨다.
"내가 너의 어머니이니라."
"네? 어떻게 하나님이 저에게 어머니가 되십니까?"
놀라서 되물었다.
그리하였더니 주님이 나에게 다시 말씀하신다.
"내가 너를 복음으로 낳았기 때문이다."
아하, 그렇다. 그래서 주님은 나의 아버지가 되시기도 하고 어머니가 되시기도 하신다는 것이 동의가 갔다.
"할렐루야. 그렇네요. 주님 정말 그러네요."
그리고서는 시편 2편에 '너는 내 아들이라 오늘날 내가 너를 낳았도다.'라는 성경구절이 생각이 났다. 주여!

그런 후에 주님은 다시 내게 말씀을 하셨다.
"내가 너를 통하여 세계만방을 깨울 것이다."
"오~ 주여! 저 같은 자를 어떻게 그렇게 쓰시려고 하시나이까?

저는 너무 부족합니다. 정말 아무 것도 아닌 자니이다."
"내가 함께 하리라."
"할렐루야. 감사합니다. 주님."
그러자 내 몸에 힘이 쭉 빠져버렸다.
그리고서는 주님의 임재가 강하게 느껴졌다.
이때 나는 즉시 내가 천국에 올라가야겠다는 생각이 들었다.
그래서 나는 늘 내 옆에 있을 천사 시온을 마음으로 불렀다.
"시온. 시온. 나에게 쌀과자를 다오."
그러자 시온이가 옆에서 나타나서 핀셋으로 쌀과자 하나를 내 오른손 위에 놓아주었다. 나는 그것을 얼른 입에다가 넣었다. 그리고 씹어 먹었다.

그러자 내 앞에 영계가 열리고 주님이 주님의 보좌로 올라가는 계단의 중간정도에 서 계셨다.
주님은 긴 흰 옷을 입으시고 얼굴은 너무나 자상하시고 어지신 얼굴이시다.
나에게 '어서 오너라!'라고 메시지를 보내셨다.
나는 그분을 보자 눈물이 핑 돌 정도로 반가웠다.
그리고 그분께로 올라가는 나의 모습은 어린아이였다.
너무 좋아서 껑충껑충 뛰었다. 내 키는 주님의 허리 부분의 약간 위로 올라오는 키였다. 약 6-7세의 짧은 금갈색의 구불구불한 단발머리를 한 어린아이였다.
나는 너무 좋아서 한 계단을 올라가는 것이 아니라 서너 계단을 한꺼번에 껑충껑충 뛰면서 올라가려 하였더니 주님이 오른손으로 내 왼손을 잡으신 상태에서 주님이 말씀하신다.
"천천히 올라가자구나."
할렐루야.
급기야는 계단의 가장 윗부분 끝에 서서는 주님은 말씀하신다.
"내 보좌 앞으로 오너라."
그리고서는 주님은 주님의 보좌로 급히 가셨다.
나는 계단의 끝에서 주님의 보좌 앞으로 걸어가는데 나의 모습은 어린아이의 모습에서 이미 어른 숙녀의 모습으로 바꾸어져 있었다.
나는 흰 드레스를 입고 있었고 그리고 머리는 뒤로 일부는 올림머리를 하고 있었으나 일부는 허리까지 내려오는 검은 머리를 하고 있었다. 오늘따라 올림머리 앞쪽으로는 이쁜 진주들로 구성된 면류관을 쓰고 있었고 귀걸이도 진주로 된 길게 늘어뜨린 귀걸이를 하고 있었다.
'아~ 너무 이쁘다.'
나는 너무나 기뻤다. 주님께로 걸어가는 내 마음은 기뻐서 어쩔 줄을 몰라하는 마음으로 양옆의 천사들이 서 있는 곳을 지나서 주님 보좌 앞으로 걸어갔다.
천사들이 '사라님 오셨다. 사라님 오셨다'하면서 기뻐하여 주었다. 결국 나는 주님의 보좌 앞에 와서 엎드렸다.
주님의 구멍 뚫린 두 발이 사각형 모양으로 된 황금대야에 두 발이 담구어져 있었다. 주님께서 말없는 말을 하시는데 '네가 내 발을 씻어주어야겠다.' 하신다.
나는 두 손으로 주님의 발을 씻어 드렸다. 그리고 주님의 두 발은 수건도 없이 물기가 금방 말랐고 천사들이 그 대야를 치웠다. 그리고 주님은 나를 보고 내 자리에 들어가 앉으라고 말씀하셨다. 그리하여 나는 내 자리에 와서 앉았다.

그러자 주님께서는 내가 금방 계단으로 올라온 그 곳을 바라보라고 말씀하셔서 그곳을 바라보았더니 놀랍게도 나를 항상 천국으로 데리고 가기 위하여 오는 수레와 그것을 끄는 열 마리의 말들과, 그리고 그 말을 모는 천사 그리고 나를 수레바깥에서 수호하는 천사가 들어오는 것이었다.
'와우~ 아름답다!'
수레가 하얀색인데 청색으로 된 보석으로 아름답게 장식되어 있었고 그 아름다움은 극치에 달하고 있었다.
주님이 말씀하신다.
'저 천사들과 저 말들 그리고 저 수레를 내가 너에게 주었지'라고 하신다.
"네 주님 감사합니다."
그러자 내가 수레에서 내릴 때 항상 나를 주님께로 가는데 보조하는 두 천사가 저 계단 끝 위에 서 있었다. 이들은 전체적으로 분홍색이 나는 옷을 입은 그리고 두 날개를 가진 천사들이다. 이들은 얼굴도 장식도 날개도 옷도 다 분홍색 빛이 난다. 이들이 주님 보좌 쪽으로 뛰어 오면서 (날아오는지 뛰어오는지 모를 정도로 빠르게) '우리도 있어요.' 라고 했다.

즉 이들도 나를 보조하도록 주님이 붙여주셨다는 것을 자신들이 나타내는 것이었다.

나는 속으로 웃었다. 자신들도 알아달라는 것이었다.

그리고서는 수레와 말들과 천사들이 위로 갑자기 쭉 수직으로 올리워지더니 돌아서서 사라졌다.

그 다음에는 주님께서 시온 천사와 그가 부리는 39명의 먹물색깔 옷을 입은 천사들을 부르신 것 같았다. 그들이 주님의 보좌 앞으로 나아왔다.

이때 주님이 내게 말씀하셨다.

"이들도 내가 너에게 주었지."

"네, 주님 맞습니다. 할렐루야."

그 때에 시온이가 말을 한다.

"주인님, 우리가 빨리 인 사역을 가야 해요. 주인님과 같이요."

"그래 맞아 곧 가야지."

이들은 언제든지 인 사역이 일어나는 곳에 곧 자신들이 대령하겠다는 의미로 말을 한 것이었다. 언제든지 자신들은 준비되어 있다는 것이다. 할렐루야.

그리고 그 다음 주님은 나에게 보여주신 하얀 궁 안에 있는 장부도 내게 주셨음을 알게 하여 주셨다. 이 장부에는 내 사역에서 천사들에 의하여 그 이마에 십자가가 그려진 자들 이들을 나중에 흰 말탄 자가 발견하여 '살아계신 하나님의 인' 즉 '예수'라는 이름을 이마에 쓸 것인데 이들의 이름이 날짜와 함께 적혀지는 장부이다.

그 다음에는 흰 말탄 자가 나타났다.
이 천사는 황금갑옷을 입고 있었고 머리에는 황금면류관을 쓰고 있었으며 손에는 황금으로 된 활을 가지고 있었다. 그런데 그가 타고 있는 말은 흰 말이었다.
이 자가 말에서 내리더니 주님께 꼭 군대에서 상관에게 경례하듯이 거수경례를 하는 것이었다.
그러고 나서 주님의 보좌 앞에서 내가 앉는 자리에 앉아 있었던 나에게 그 흰 말탄 자가 와서 악수를 청했다. 그렇게 악수를 청한 것은 그 천사가 나와 함께 동역한다는 의미로 받아졌다. 이전에 주님께서 기도 속에서 그 흰 말탄 자와 나는 동역의 관계라 하였는데 오늘 그 말씀을 확인시켜주는 것 같았다 (이 책의 Part II 의 41. 기도 시간에 주님과 대화가 일어나다 를 참조). 할렐루야.
그리고서는 그 흰 말탄 자도 갔다.

그 다음에는 주님의 보좌 앞으로 오는 바닥에 모세의 황금지팡이와 에스더의 금홀이 나란히 놓여 있는 것이 보였다.
주님께서는 '이것도 네게 주었지'라고 말씀하셨다. 할렐루야.
그 때에 주님 뒤쪽으로 모세와 에스더가 보였다.
모세는 늘 그렇듯이 하늘색 옷을 아래위로 입고 있었고 에스더는 왕비와 같은 옷을 입고 있는 것이 보였다.

그 다음에는 장면이 금방 바뀌어 주님과 나는 그 모세의 황금지팡이와 에스더의 금홀을 가지고 내 집 정원에 와 있었다.
주님과 내가 언제 그 큰 호수와 같은 연못 위의 구름다리를 지났는지 현관문에 이르기 전에 벌써 내 집을 지키는 흰 날개달린 흰 옷 입은 여섯 명의 천사가 양쪽에서 세 명씩 서서 주님과 나를 맞이하고 있었다. 정원 길을 걸어서 현관으로 들어섰는데 거기에는 생명수를 먹을 수 있는 분수대가 있었고 아름다운 컵들이 쭉 둘러가며 걸려 있었다. 주님과 나는 내 집의 큰 궁전과 같은 홀로 들어갔다.
저 안쪽에 놓여 있는 긴 테이블에 주님과 내가 서로 마주보고 앉았는데 거기에는 내가 앞으로 써야 할 책이 두 권 놓여 있는 것이 보였다.
하나는 청색의 표지를 한 책인데 제목은 하나님의 인이라는 책이었고 그 다음 책은 표지가 분홍색으로 벌거스름 하였다.
나는 즉시 내가 또 저 두 책을 써야 할 것을 알았다. 즉 주님은 내게 그것을 보여주시기 위하여 내 집에 온 것이다.
그리고 모세의 황금지팡이와 에스더의 금홀을 또 내 집에 두기 위해서 오신 것이다. 할렐루야.

그리고서는 나는 내려왔다.

 하나님의 인 +

주님께서 내가 인 사역을 하게 될 것이라고 두루마리에 써 주신 것을 내 집에 걸어놓게 하시다.

(2017. 4. 7)

아침에 기도하는 중이었다.
내 옆에 시온이가 온 것이 느껴졌다. 아니 항상 옆에 있는 것이지만 왜냐하면 주님이 그렇게 붙어 있으라 했으니까 그가 내 옆에 있다는 것을 인지할 수 있는 때가 있지만 보통은 못 느끼고 산다. 그런데 기도하는 중에 갑자기 내 옆에 있는 시온 천사의 존재가 느껴질 때가 더러 있다. 오늘도 천사 시온은 먹물 색깔의 옷을 입고 내 옆에 한쪽 무릎을 땅에 대고 한쪽 무릎은 세우고 앉아서 자신이 메고 있는 가방 안에 흰 쌀과자가 많이 들어 있음을 일부러 내게 보여 주었다. 즉 그렇게 보여주는 이유는 나보고 그 쌀과자가 없어질까봐 걱정말라는 것이다. 왜냐하면 나는 그 쌀과자를 먹으면 내게 영계가 열리기 때문이었다. 천사 시온은 핀셋으로 그 쌀과자를 하나 집어서 내 오른손에 놓아주려 하였다. 그때 나는 '왜 핀셋을 사용하는가?'를 시온 천사에게 물었다.
그냥 자기가 손으로 집어서 주어도 되는데...
시온 천사가 마음으로 말했다.

'자기 손으로 이 거룩한 것을 대지 않기 위해서'라는 것이다. 와우~ 그렇구나. 말이 되네...
나는 시온이가 핀셋으로 놓아주는 흰 쌀과자를 내 입에다가 넣었다. 오늘따라 내 입안에 들어온 그 쌀과자는 씹을 것이 없이 녹아내리는 듯한 느낌을 받았다.

그리고 내가 그 쌀과자를 삼키고 나니 내 앞에 주님이 보였다. 그것은 영계가 열렸기 때문이다. 주님의 얼굴이 너무나 거룩하여 보이셨다. 오늘 주님의 얼굴에는 수염이 없다. 그리고 주님께서는 주님 보좌 앞으로 올라가는 계단의 중간정도에서 나를 기다리고 계셨다.
나는 즉시 그 계단으로 올라갔는데 나의 모습은 6-7세의 어린아이로서 무릎까지 내려오는 샛노란 원피스를 입고 있었다. 나는 아주 발랄하여 보였다.
나는 너무 좋아서 뛰어 올라가서 주님의 손을 잡았다.
주님은 말씀하신다.
"천천히 가자."
그럼에도 불구하고 주님의 발걸음은 계단을 한꺼번에 약 4-5개씩 올라가시는 걸음이시다.
주님이 내게 말씀하신다.
"너는 내 아이란다."
나는 그 말에 너무 기뻐하였다.
그리고서는 결국 계단의 끝에 도달하였는데

'내게로 오너라!' 하시면서 주님은 사라지셨다.

이런 경우 주님께서는 즉시 주님 보좌 앞으로 가신 것이다.

나는 그 계단 끝에서 어린아이의 모습에서 다시 아름다운 처녀의 모습으로 바뀌었다.

즉 숙녀의 모습으로 바뀌었는데 이뻐도 그렇게 이쁠 수 없는 처녀의 모습이었다. 나는 흰 드레스를 입고 있었고 머리에는 다이아몬드 면류관을 썼으며 머리는 길게 허리까지 내려오고 귀걸이도 아름답게 길게 늘어뜨린 다이아몬드 귀걸이를 하고 있었고 양어깨에는 부드러운 흰 망사로 된 쇼올들이 아래에까지 내려와 바닥에 끌리고 있었다. 그리고 내 두 손에는 아름다운 꽃들을 들고 있었는데 와우~ 꼭 신부가 예식장에 들어가는 모습 같았다. 주여!

그리고 내 눈에는 눈물이 왕창 고여 있었다. 그리고 줄줄이 흘러내렸다. 내가 그 아름다운 옷을 입고 내 사랑하는 님을 만난다 생각하니 내 눈에는 눈물이 계속 흘러 내렸다.

계단 끝에는 항상 나를 수레바깥에서 내릴 때 주님께로 수종하는 여성 두 천사가 서 있었다. 이들은 분홍색 옷과 날개를 가졌는데 나에게 이렇게 말하는 것이었다.

"주인님 너무 이쁘세요."

나는 이러한 모습으로 주님의 보좌 앞까지 걸어가야 했다.

양쪽의 흰 날개 달린 천사들이 쭉 늘어서서 나를 환영하여 주었다. 나는 주님 보좌 앞으로 걸어가면서 주님이 내 눈물을 보지 않으시게 눈물을 내 손으로 빨리 훔쳤다.

그리고 나는 주님 앞에 도착하였는데 주님께서는 구멍 뚫린 두 발을 사각형 대야 같은 곳에 담그고 계셨다. 물론 이 대야는 보석으로 되어 있었고 그 안에는 생명수가 담겨 있었다. 나는 즉시 주님께서 내가 이 두 발을 씻으라고 말씀하고 계신다는 사실을 알 수 있었다. 그리하여 나는 나의 두 손으로 주님의 두 발을 씻기 시작하였다. 그리고 나는 주님께 말씀드렸다.
'주님 저는 이 구멍 때문에 살아났습니다.'라고 말이다.
나는 주님께서 이전에 나에게 이 구멍 뚫린 두 발을 기억하라고 말씀하셨다. 그리고 오늘 이렇게 그 두 발을 씻기게 하시는 것은 이전에 나보고 말씀하신 그것을 기억하라는 것이었다. 할렐루야.
주님의 두 발을 다 씻고 나니 주님께서는 나보고 '들어가서 네 자리에 앉으라.'라고 말씀하셨다.

그래서 나는 내 자리에 와서 앉았다. 내 자리는 주님의 보좌에서 보면 앞쪽 왼쪽으로 천사들이 서는 자리에 황금의자가 놓여 있는데 그것이 내 의자이다.
주님이 말씀하신다.
"내가 너에게 명한 일들을 잘하고 있느냐?"
그래서 나는 '네' 하고 말하면서 '주님께서 저보고 쓰라고 하는 책들은 여섯 권 다 썼구요. 그리고 집회하라는 것 다 순종하여 했어요.'하고 말씀드렸다.
나는 나 나름대로 잘하고 있다고 말씀드리고 있는데 주님이 천사보고 '가져 오너라'라고 말씀하셨다.

그러자 천사가 펼쳐진 두루마리를 가져오는데 거기에는 '네가 인 사역을 할 것이다.'라고 쓰여 있는 두루마리였다.

이 두루마리는 이전에 써주신 것인데 이전에는 나에게 주신 것이 아니라 보여주시기만 하셨고 그리고 그것을 시온 천사가 가지고 있었다 (이 책의 Part II 의 8. 주님이 두루마리에 '너는 인치는 사역을 할 것이다'라고 써주시다 를 참조). 그런데 오늘 주님께서는 이렇게 말씀하셨다.

"이것을 가지거라."

그래서 나는 그것을 받아서 이것을 어디에다가 둬야 하나 하고 생각했다. 그러자 주님께서 내 집으로 가져가라고 하시는 것이 알아졌다.

그래서 나는 즉시 내 집으로 오게 되었는데 그 두루마리를 내 집의 궁의 현관에서 들어서면 가장 잘 보이는 반대편 벽에 길게 붙여 놓았다. 그 크기는 상당히 컸다.

주님과 내가 궁의 안쪽 긴 테이블에 늘 앉는데 그 테이블에서도 아주 잘 보이는 곳에 걸려 있게 하여 놓은 것이다.

'아하, 주님은 내가 계속 인 사역을 하기를 원하시는구나!'하며 알아졌다.

'그렇지 인 사역은 너무 중요하지.'

하면서 나는 내려오게 되었다.

할렐루야. 주님을 찬양합니다.

 하나님의 인 †

지상에서 기뻐하는 부활절 날을 천국에서도 기뻐하여 주시다.

(2017. 4. 18)

아침에 기도한 후에 천국에 올라갔다.
나를 수레바깥에서 인도하는 천사가 나타나 내게 이렇게 말한다. 수레는 저어기 좀 멀리 떨어져 서 있었다.
"주인님, 주님이 해변가에서 기다리고 계십니다."
그러자 주님이 흰 옷을 입으시고 해변가에 서 계신 것이 보였다. 나는 수레를 타지 않고 즉시 해변가로 올라가게 되었다. 모래사장이 있는 해변가였다. 물론 자세히 보면 다 금가루이다. 저어기 좀 멀리 서 있던 수레는 나를 데리러 왔던 천사 두 명과 함께 사라졌다.
그리고 주님은 내게 말씀하셨다.
"사라야, 저 바다를 보아라!"
바다는 끝이 없어 보였다.
주님이 말씀하셨다.
"나랑 같이 가자!"
나는 어디로 가시는지 모르지만 주님은 두 사람이 탈만한 작은 흰 구름을 불렀다. 그리고 주님과 나는 그 구름을 타고 그 바다 위를 크게 원을 그리면서 삥~ 한 바퀴 돌았다. 그리고서는 주님과 나는 구름을 타고 산과 들을 넘어서 그 다음에는 아래에 정말 아름답고 아름다운 정원 즉 꽃밭을 지나는 것이 보였다. '오~ 저 정원은 저 꽃밭은 이전에 내가 본 곳이야' 하면서 나는 좋아하였다.
거기는 노란색, 빨간색, 주황색 등의 튜울립 꽃들이 이쁘게 피어 있었다.
그런데 주님께서는 어디에 도착하셨는가 하면 결국 우리 집에 도착하신 것이다. 그러니까 그 정원은 바로 우리 집에서 유리바다까지 연결하는 정원이었다. 얼마나 넓은지.....
'와우~ 결국 우리 집에 오셨네....' 나는 놀라왔다.
우리 집 앞 현관 앞에는 흰 옷 입은 무리들이 현관 앞을 꽉 메우고 있었다.
'웬일일까? 왜 흰 옷 입은 무리들이 내 집 현관문 앞에 줄줄이 서 있을까?' 나는 궁금하였다. 그리고 거기에는 흰 옷 입은 천사들도 제법 보였다.
내 집을 지키는 천사들은 6명이고 그리고 그들을 감독하는 청색 옷을 입은 천사가 한 명 있지만 오늘 보이는 하얀 옷 입은 천사들은 6명이 더 넘어 보였다.
나는 이들이 웬 일로 내 집에 와 있을까 하고 매우 궁금하였다. 그들은 '사라님'하고 나를 반겨 주었다.

그리고 주님께서는 내 집 안으로 즉 궁 안으로 들어가시는 것이 아니라 이렇게 현관 앞 정원 같은 곳에서 이 흰 옷 입은 무리들과 잔치를 하는 느낌이 났다.

드디어 주님께서는 우리 집 대문에서 현관으로 올려면 큰 연못이 있는데 이 연못 위로는 구름다리가 놓여 있다. 주님은 그 구름다리 위로 가셔서 그 흰 옷 입은 무리들을 향하여 서셨다.

그리고서는 그들을 향하여 말씀을 하셨다.

주님께서는 오늘 흰 무리들이 내 집에 이렇게 모인 것은 지상의 부활절 날을 기뻐하는 것이라고 알게 하여 주셨다.

'아니 부활절 날은 그저께 주일이었는데 오늘 이틀이 지난 오늘 여기서 이렇게 기뻐하여 주시다니요?'라고 내가 물었다.

그리하였더니 알게 하여주시는 것은 '그 날은 네가 천국에 올라오지 아니하였지 않니?' 하시는 것이었다. 와우~ 나에게 맞추어서 좀 늦게라도 내 집에서 주님은 흰 무리들을 부르시고 부활절을 기뻐하여 주시는 것이었다. 할렐루야.

주님께 감사와 찬양을 올려드립니다. 그리고서는 내려왔다.

주님께서 우리가 지상에서 부활절 날을 기뻐하는 것을 아시고 천국에서도 기뻐하는 잔치를 해주시는데 특별히 내 집에 흰 옷 입은 무리들을 부르셔서 부활절의 기쁨의 잔치를 내 집 뜰에서 가져 주셨다. 그것도 내가 천국 올라온 날에 맞추어서 그리고 내 집에서 말이다. 할렐루야. 주님은 이렇게 자상하시다.

 하나님의 인 +

주님께서는 곧 미국이 북한을 공격할 것이며 그리하여 남북이 통일될 것을 말씀하시다

(2017. 7. 18)

두 번째로 천국에 올라갔다.

수레가 아주 크고 희고 투명한 것 같은 수레가 왔다. 나는 그것을 타고 즉시 천국에 도착하였다. 수레바깥으로 나오니 늘 수레바깥에서 나를 주님께로 인도하는 두 천사 즉 분홍색 옷을 아래위로 입고 날개와 머리까지 분홍색인 두 천사가 나에게 깍듯이 수레바깥에서 인사를 하더니 나를 주님께로 인도하였다.

주님께서는 나를 즉시 주님의 보좌 앞으로 데리고 가셨다. 주님께서는 그분의 보좌에 앉으신 채로 나에게 그분의 두 발을 생명수에 씻기게 하셨다. 나는 즐거운 마음으로 그분의 두 발을 씻겨 드렸다. 할렐루야. 그러고 나서 한 천사가 주님께 편지지 같은 종이를 하나 건네주었다. 주님께서는 그것을 내게 읽어보도록 하셨다.

나는 그 내용을 보고 놀랐다. 그것은 미국이 북한을 공격한다는 내용이며 그로 인하여 남북통일이 코앞에 다가와 있다는 내용이었다. 오 마이 갓! 할렐루야.
아멘 아멘 아멘, 주님을 찬양합니다.

50 하나님의 인 +

주님은 나를 성밖으로 데리고 가셔서 사람들을 회개시켜 여기 오지 않게 하라고 말씀하시다.

(2017. 4. 19)

아침에 두 시간 이상 한참을 기도하고 있었다.
그런데 갑자기 주님께서 내게 작은 음성으로 말씀하셨다.
'내가 너를 위하여, 그리고 이 세상의 모든 사람들을 위하여, 내가 나의 모든 것을 투자하였느니라.'라고 말씀하셨다.
나는 그 말씀에 놀랐다. 그렇다.
주님은 나를 위하여 우리를 위하여 자신의 모든 것을 투자하신 분이신 것이다.
그 분이 이 세상에 오셔서 그분의 생명을 우리를 위하여 주셨다는 것은 그야말로 그분의 모든 것을 우리를 위하여 투자하신 것이다.
그렇게 동의가 일어나자 하나님의 임재가 내 몸에 강하게 임하면서 내 몸에서는 힘이 쭉 빠졌다. 그리하여 나는 내 몸을 강대상을 뒤로하고 기댈 수밖에 없었다.
그리고 그 때에 나는 즉시 내 옆에 있을 시온 천사를 찾았다.
왜냐하면 쌀과자를 받아먹어 천국에 올라가야 하기 때문이었다.

그러자 시온 천사가 옆에 나타나 핀셋으로 하얗고 하얀 쌀과자를 내 오른손바닥에 놓아 주었다. 나는 그 쌀과자를 즉시 내 입에 넣고 씹어 삼켰다.

그랬더니 내 눈에 주님께서 어느 계단 위에 서 계신 것이 보였다. 계단들은 회색으로 보였고 아주 많아 보였다. 나는 7-8세 정도 되는 어린아이의 모습이었고 머리는 약간의 곱슬의 단발이었다. 오늘따라 나는 웃는 것이 아니라 괜히 심통이 난 아이처럼 얼굴이 그랬다.

그리고 힘이 넘쳐 보였고 그 계단을 막 이리저리 앞으로 뛰어 올라갔다 내려왔다. 그렇게 하고 있었다. 내가 입고 있는 옷도 허늘허늘 회색같이 별로 아름답지 않는 옷이었다. '오늘 내 옷차림이 왜 이럴까?'하고 생각하고 있는데 주님께서 내게 말씀하셨다.

"사라야 내 손을 잡자." 그리고 나는 주님의 손을 잡았다. 그런데 우리가 서 있는 그 계단은 위로 올라가는 계단이 아니라 밑으로 내려가는 계단인 것을 알게 되었다.

'아니, 이것은 어디로 내려가는 계단이지?'하는데 알아지는 것이 아하~ 이 계단이 바로 성밖이라는 곳으로 내려가는 계단이라는 것이 알아졌다.

와우~, 그래서 내가 어린아이의 모습이었는데 심통이 난 것처럼 보였고 옷도 허늘허늘 회색옷을 입고 있었던 것이다. 나는 이것을 어떻게 설명을 해야 할지 모른다. 내 영은 이미 알고 있었던 것이다.

그러자 그 광장에 도착을 했는데 많은 흰 옷 입은 청년들의 두 손들이 뒤로 묶인 채로 앉아 있었다. 그 중의 한 명이 나를 힐끗 돌아보더니 내게 도움을 청했다. 자신의 묶인 손을 풀어달라 했다. 그러자 그 손이 보이는데 그 두 손이 뱀에 의하여 묶여 있었는데 움직이면서 손을 그 뱀에서 뺄려고 했더니 가만히 있던 그 뱀이 그 손이 움직이니까 더 세게 그 손을 꽉 조으는 것이 보였다. 이 청년은 그것이 아팠던지 그 때에 '윽~' 소리를 냈다. 나는 그에게 아무 것도 해 줄 수 없음을 안타깝게 여기고 있었다. 나는 그러다가 내려왔다.

주님께서는 많은 사람들이 흰 옷을 입고 앉아 있는 광장의 앞쪽으로 걸어 가셨는데 그 곳에는 긴 테이블이 놓여 있었고 그 곳에는 갑옷을 입은 천사가 한명 앉아 있었다. 그리고 그 테이블 위에는 책이 하나 펼쳐져 있었다. 나는 이 광경을 이전에도 보았던 광경이었다.

이 때에 주님이 내게 이렇게 말씀하셨다.
"너는 사람들을 회개시켜서 이곳에 오지 않게 하여라. 많은 자들이 이곳에 오게 될 것이다."
주여! 그렇습니다.
미지근하게 신앙생활하는 모든 자들이 여기에 오게 될 것이다.
이기지 못하는 자들의 삶을 산 모든 자들이 이 곳에 오게 될 것이다.
오~ 얼마나 슬픈 일인지....

[계 22:14-15]

(14) 그 두루마기를 빠는 자들은 복이 있으니 이는 저희가 생명 나무에 나아가며 문들을 통하여 성에 들어갈 권세를 얻으려 함이로다 (15) 개들과 술객들과 행음자들과 살인자들과 우상 숭배자들과 및 거짓말을 좋아하며 지어내는 자마다 성밖에 있으리라

[계 3:14-17]

(14) 라오디게아 교회의 사자에게 편지하기를 아멘이시요 충성되고 참된 증인이시요 하나님의 창조의 근본이신 이가 가라사대 (15) 내가 네 행위를 아노니 네가 차지도 아니하고 더웁지도 아니하도다 네가 차든지 더웁든지 하기를 원하노라 (16) 네가 이같이 미지근하여 더웁지도 아니하고 차지도 아니하니 내 입에서 너를 토하여 내치리라 (17) 네가 말하기를 나는 부자라 부요하여 부족한 것이 없다 하나 네 곤고한 것과 가련한 것과 가난한 것과 눈 먼 것과 벌거벗은 것을 알지 못하도다

[계 3:18-22]

(18) 내가 너를 권하노니 내게서 불로 연단한 금을 사서 부요하게 하고 흰 옷을 사서 입어 벌거벗은 수치를 보이지 않게 하고 안약을 사서 눈에 발라 보게 하라 (19) 무릇 내가 사랑하는 자를 책망하여 징계하노니 그러므로 네가 열심을 내라 회개하라 (20) 볼지어다 내가 문밖에 서서 두드리노니 누구든지 내 음성을 듣고 문을 열면 내가 그에게로 들어가 그로 더불어 먹고 그는 나로 더불어 먹으

리라 (21) 이기는 그에게는 내가 내 보좌에 함께 앉게 하여주기를 내가 이기고 아버지 보좌에 함께 앉은 것과 같이 하리라 (22) 귀 있는 자는 성령이 교회들에게 하시는 말씀을 들을지어다

51 하나님의 인 +

사도 요한의 집으로 데리고 가서 마 24장 7절처럼 우리나라에 전쟁이 날 것을 말씀하여 주시다.

(2017. 4. 24)

오늘 아침 그리고 저녁에 열심히 기도한 후에 천국에 올라갔다. 나를 수레바깥에서 수호하는 천사가 오랜만에 오신다고 빨리 오시라는 말을 한다.

나는 나를 데리러 온 열 마리의 말들을 한 번씩 그들의 이름을 불러보았다. 그들은 눈으로 인사를 했고 그리고 수레를 모는 천사도 반가이 나를 맞았다.

나는 노란색이 나는 수레를 탔다. 그리고 그 즉시 수레는 천국에 도착하였는데 내가 수레에서 내리자 나를 수레바깥에서 나를 수호하는 두 여성 천사가 보통은 분홍색이 나는 옷과 날개를 가졌는데 오늘은 미색 즉 노란색이 나는 망사가 위에 덮인 노란 드레스를 입었다. 왜 이들의 드레스가 오늘은 노란색일까 하고 궁금하였다. 그들은 나를 주님께로 인도하였는데 나는 주님을 보자마자 그분의 발 앞에 엎드려 울었다.

이 울음은 너무나 복합적인 심경의 눈물이었다. 반갑고 반가워 흘리는 눈물 그리고 또 주님 앞에 할 말을 잃고 마냥 흘리는 죄인의 눈물 이런 것들이 함께 흘러내리는 것이었다. 주님은 나를 '사라야!' 부르시면서 나를 업으셨다. 그리고서는 나를 생명수가 흐르는 폭포수 앞 절벽 위로 데리고 가셔서 내 두 다리와 발 그리고 손을 씻게 하시고 생명수로 얼굴도 씻어 주셨다. 그리고 천사가 와서 항아리에 담긴 생명수를 내 머리 위로 부어서 내 몸 전체가 씻기게 하였다.

그런 후에 주님께서는 나를 즉시 데리고 사도 요한의 집이 있는 곳으로 데리고 가셨다. 사도 요한의 집에 가기 전에 그 앞에 Y자로 길이 갈라지는 곳에 피크닉 테이블이 놓여 있는 곳에 왔다. 이전에 계시록 이해의 책을 쓸 때에 많이도 왔었던 장소였다.
머리가 황금색깔의 노란 색이 나는 짧고 고불고불한 그리고 흰 옷을 입은 요한이 나타났다. 주님과 나 그리고 요한은 테이블을 마주하고 앉았다. 주님이 저편에 이편에는 나와 요한 선생이 앉았다. 사도 요한이 말한다. '사라가 몸이 안 좋은 것 같아요.'라고 말했다. 사실 내 코가 막히고 얼마나 코를 많이 풀었던지 지상에서 크리넥스 한 통을 다 썼다. 그리고서도 계속 힘들어 하였었다. 요한이 그것을 말하는 것이었다.
주님께서는 주님의 손을 내 코에 대셨다. 아주 가볍게 대셨다. 그 순간 나는 '아하 이 감기가 낫는구나!'하고 느껴졌다. 그러자 나는 '주님 제 목도 아프구요.'라고 했더니 주님께서는 마음으로 알게 하신다. '목도 나을 것이다.' 그리고 전체적인 감기가 나을 것임을 알게 하여 주셨다. 할렐루야. '주님 감사합니다.'

그런데 그리고 나서 나는 '오늘 왜 주님께서 나를 사도 요한이 있는 곳으로 데리고 오셨는지' 궁금하였다.

그 다음 내가 하는 질문을 보았더니 (이런 질문을 주님이 내게 그 자리에서 하게 하신다고 보면 된다. 천상에서는 질문까지도 주님이 생각나게 하신다.)

'주님, 한국에 전쟁이 나려 해요. 전쟁이 나나요?'라고 묻는 것이었다.

주님이 말씀하신다. "난다."

그러고서는 내려왔는데 나는 내려와서 생각하여 보았다.

왜 오늘 주님께서 나를 요한에게 데리고 가셨는지.......

그렇다. 주님께서 마태복음 24장 7절을 우리나라에 전쟁이 나는 이유로 말씀하여 주셨는데 그러므로 다시 한 번 이것을 기억나게 하여 주신 것이라 말할 수 있다.

이전에도 이 성경구절을 준 것이 주님이 나를 요한에게 데리고 갔을 때였다. 그 때에 요한은 내게 우리나라 남북전쟁이 성경에 기록되어 있다고 말한 것이다. 할렐루야.

[마 24:7-8]
(7) 민족이 민족을, 나라가 나라를 대적하여 일어나겠고 처처에 기근과 지진이 있으리니 (8) 이 모든 것이 재난의 시작이니라

주님께서는 곧 있을 우리나라 전쟁이 '민족이 민족을 나라가 나라를 대적하여 일어나겠고' 여기에 속하여 있다고 말씀하셨다.

52 하나님의 인 +

주님은 우리나라에 다시 전쟁이 나서 통일될 것을 보여주시다.

(2017. 4. 25)

아침에 기도를 한 후에 천국에 올라갔다.

나를 데리러 온 수레는 즉시 천국에 도착하였고 나는 수레에서 내렸다. 그러자 이번에도 나를 수종하는 여성천사들이 노란색의 옷을 입었다. 날개도 노란색이었다. 그리고 머리에는 이전에는 주로 링을 얹고 있었는데 오늘은 이마까지 내려오는 수술 같은 이쁜 장식을 하고 있었다. 둘 다.

그들은 나를 주님께로 인도하였는데 나는 여전히 이전에 입던 하얀 드레스와 그리고 다이아몬드 면류관을 쓰고 있었다.

주님은 나를 맞이하시는데 내 한 손을 잡으셨다. 주님의 손에 구멍이 보였고 또 내 손에도 구멍이 보였다. 나는 보통 주님을 보면 그분 앞에 엎드려 우는데 오늘은 아니다. 그냥 기쁜 마음으로 주님께서 내 손을 잡아 줄 때에 좋아서 내 입이 벌어졌다. 주님께서는 '내 딸아!' 하고 말씀하셨다.

그리고 오늘따라 흰 옷 입은 무리들이 저기에 보였다. 그런데 여자와 남자의 무리가 따로 서 있었다. 이전에는 섞여 있었는데 오늘은 여자들이 먼저 보였다. 흰 드레스 같은 것을 입었는데 머리에는 아까 내가 수레에서 내릴 때에 나를 수레바깥에서 수호하는 여성천사들의 이마에 있는 장식과 같은 것을 똑같이 모두가 다 하고 있었다. 그러나 남자들은 아래위로 흰 옷을 입고 아무런 장식이 없이 옆에 모여서 나를 환영하고 있었다.

주님은 나를 구름에 태우시고 날기 시작하셨는데 와우~ 너무 기분이 좋았다. 주님이 말씀하신다.
'너는 내 처녀다.'
나는 놀랐다. 이전에는 '너는 내 것이다.'라는 말씀은 많이 하셨는데 갑자기 처녀라고 하시니. 그러나 그 말씀 속에서는 '너는 처녀처럼 깨끗하다.'라는 메시지가 들어 있음을 알 수 있었다. 나는 그저 황송할 뿐이었다. 나 같은 자를 그렇게 말씀하여 주시니 정말 감사할 뿐이었다.

주님은 그 구름을 타시고 나랑 같이 카탈리나 섬이 보이는 바다 위를 높이 빙빙 돌았다. 하늘 높이 말이다. 와우~ 그 분과 함께하는 그 시간이 너무너무 황홀하였다. 할렐루야.
밑에 카탈리나 섬 위에는 하얀 궁이 보였는데 이 궁은 주님께서 나에게 주신 내 책들을 천상에서 기념하는 궁이다.

한참을 날다가 우리를 태운 구름이 아래위로 한 바퀴 거꾸로 도는 것 같더니 아래에는 지구가 보였다. 먼저 북한이 보였다. 미사 일들이 곳곳에 준비되어 있는 것이 보였고 그 다음 남한이 보이는데 남한은 복잡한 도시가 보였다.

하나님께서 나에게 이것을 보여주시는 이유가 무엇일까?

그렇지, 전쟁이 일어날 것을 또 보여주시는 것이다.

북한의 녹색 숲이 보이다가 이제는 우리나라 전체의 지도가 바다 위에 떠 있는 것처럼 보여주시더니 그래서 북한이 불그스름하고 남한이 녹색으로 보이더니 북한이 남한의 녹색으로 변하는 것을 보여주셨다. 할렐루야. 이러한 것은 이전에도 주님께서 나에게 여러 번 보여 주셨다.

그리고서는 나는 내려왔다.

주님께서는 다시 내게 전쟁이 날 것을 말씀하고 있는 것이었다.

53 하나님의 인＋

(1) 나라를 주님이 주관하고
    계심을 믿으라 하신다.
(2) 내가 할 사역에 대하여 말씀하시다.
(2017. 5. 6)

아침에 한참을 기도하고 있으면서 나는 하나님께 푸념을 털어놓았다. 주님 지금 우리나라 정치상태가 혼란스러워요. 누가 대통령이 될지 몰라요. 나는 좌파정권이 들어설까봐 노심초사하며 기도하고 있었다.

그래서 '주님, 저 어떡해요? 하나님, 요즘에 제게 평강이 없어요.' 라고 했다.
그랬더니 주님께서 말씀하시기 시작하셨다.
"네 두 손을 들어라."
나는 눈을 감은 채로 두 손을 높이 들었다.
주님이 말씀하신다.
"내가 너를 주관하는 것을 아느냐?"
"네"
"그리고 내가 나라를 주관하는 것도 아느냐?"
"네"

"그러면 나에게 맡겨라. 그리고 너는 내가 너에게 주는 평강을 유지하여라."
나는 요즘에 나라 걱정에 평강이 없었다.
그것을 말씀하시는 것이었다.
그래서 노래가 생각이 났다.
주는 평화 ~
그 노래를 마음속으로 불렀다.

그런 후에 '주님 저는 어떤 사역을 해야 하나요?' 라고 물었다.
주님이 말씀하신다.
"천국과 지옥을 전해라."
그렇다. 나는 그것을 전해야 한다.
"그리고 내가 살아 있다고 전해라"
"네, 하나님"
"그리고 하나님의 인 사역을 하거라."

나는 그 말씀에 대해 즉시 다음과 같이 깨달아졌다.
'아하, 그렇군요. 주님, 결국 주님께서 우리에게 원하는 신앙은 우리가 죽기까지 주님을 사랑하는 것이군요.'라고 하였다.
그랬더니 '그렇단다.'라고 말씀하셨다.
왜냐하면 하나님의 인을 맞으려면 주를 위하여 죽을 각오가 없으면 안 되는 것이기 때문이다. 인을 맞을 자들은 주님을 죽기까지 사랑해야 하는 것이다.

주님이 또 말씀하셨다.
"나는 인 사역에 관심이 많단다."
"왜요?"
"인을 맞는 자들이 내 신부가 될 것이기 때문이다"
'아 맞다. 그렇다.'

인 맞고 세마포가 준비되어 먼저 공중휴거 되건 아니면 인은 맞았으나 세마포가 아직 준비되지 않아서 대환난을 통과하면서 믿음을 더 확정을 받아 세마포가 준비되어 알곡추수 되건 이들은 다 즉 인 맞은 자들로서 첫째 부활에 속하여 주님과 함께 천년왕국에 들어가게 되는 것이다. 즉 이 마지막 시대에는 하나님의 인을 맞는 자들만 주님의 신부가 되는 것이다.
그렇다. 주님은 열 처녀 비유에서 주님의 신부가 못되어 성밖에 남는 자들 즉 미련한 다섯 처녀를 보고 '나는 너희를 모른다.'라고 하셨다. 즉 성밖에 남는 자들은 주님의 신부가 아니다. 그리고 주님은 그들을 모른다 하신다는 것이다.
주님은 오직 자신의 신부가 되는 자들에게만 관심이 있으신 것이다.
할렐루야.
아 정말 그렇다. 주님은 자신의 신부들에게 관심이 있으시다.
그러므로 그분의 신부가 되려면 이 마지막 시대에 사는 자들은 하나님의 인을 맞아야 하는 것이다.

그래서 나는 주님께 물었다.

"주님 그러면 제가 하나님의 인이라는 책을 써야겠군요."

"그렇단다. 빨리 사람들로 하여금 읽게 하여 하나님의 인에 대하여 눈이 뜨게 해야 한단다."

"네 할렐루야. 주님 제가 그렇게 하겠습니다. 지난번에 제 책이 여섯 번째 책으로 지옥편이 나왔는데 이제 일곱 번째 책으로 하나님의 인이라는 책이 나오는데...
주님, 이것은 참으로 잘 짜여진 순서인 것 같습니다."

왜냐하면 6은 사단의 숫자, 7은 하나님의 숫자로 볼 때에 여섯 번째 책은 지옥편, 일곱 번째 책은 하나님의 인에 대한 책, 어쩌면 이렇게 잘 맞아 떨어지는지....
내가 계획한 것도 아닌데.... 하나님께서 책을 쓰라 하는 대로 책을 쓰다 보니 이렇게 순서가 짜여진 것이었다.
그러나 이것도 주님께서 아니 하나님께서 다 알아서 그렇게 계획하셔서 나에게 6번째는 지옥편을 쓰게 하셨고 그리고 7번째는 하나님의 인이라는 책을 쓰게 하신 것이다. 모든 것에는 우연이 없다. 하나님 편에서 보면 필연인 것이다. 할렐루야.

그러자 주님이 또 말씀하셨다.

"네 사역을 내가 컨트롤한단다."
"네 주님."
"내가 너로라"
주님이 갑자기 왜 나에게 '내가 너로라' 하시는 말씀을 왜 이 시점에서 하시는지 나는 생각하여 보았다. 왜냐하면 이전에도 이 말씀을 그대로 여러 번 들었기 때문이다.
'내가 너로라'
이 말씀을 내게 하실 때에는 그때그때마다 조금씩 그 의미가 다르게 내게 전달되었었다. 그러나 이 때에 하시는 말씀은 다음과 같은 의미라는 것이 알아졌다. 즉 주님은 평강의 왕이시오. 모든 것을 컨트롤하시는 분이시므로 요즘에 평강이 없는 나에게 내가 너로라 하시는 말씀은 '내 평안을 네게 주노라' 혹은 '평강하라' 하시는 말씀과 같은 것이었다.
할렐루야.

 하나님의 인 +

주님께서 하얀 궁 안에 있는 인 사역 장부가 많이 비어 있음을 보여주시다.

(2017. 5. 11)

기도하다가 주님이 나에게 말씀하시기 시작하면서 하나님의 강하신 임재로 내 몸에는 힘이 쭉 빠졌다. 그러자 내 옆에 시온 천사가 나타나서 쌀과자를 내 손에 놓아주었다.

핀셋으로 자신이 메고 있는 작은 가방에서 꺼내어 내게 주었다. 시온 천사는 나에게 그 쌀과자를 주면서 이 쌀과자는 얼마든지 있으니 걱정하지 말라고 했다. 나는 내 손에 놓여진 그 쌀과자를 입에 넣고 씹어서 먹었다.

그러자 나는 즉시 주님이 내 앞에 실제로 기다리고 서 계시는 것을 보았다.

나는 어느새 처녀로 단장하고 있었고 주님과 함께 어느 계단을 올라가고 있었는데 이 계단은 분명히 주님의 보좌로 가는 것이 아니었다.

주님과 함께 내가 그 계단을 통하여 올라간 곳은 바로 이전에 내가 인 사역을 시작할 때에 40명의 먹물 색깔의 옷을 입은 천사들이 있었던 하얀 궁이었다.

이 궁도 주님께서 내가 인 사역을 하면 이 궁을 내게 주신다하셨다. 이 궁 안의 바닥은 베이지색이 나는 노란 대리석으로 아름답게 빛나고 있었다.

그 넓은 궁 안에 들어서면 긴 테이블이 놓여 있는 곳이 있는데 그 곳에 가서 주님과 나는 나란히 앉았다. 그 테이블 위에는 장부가 하나 놓여 있었는데 이 장부는 나의 인 사역을 통하여 그 이마에 십자가가 그려지는 자들의 이름이 적혀지는 장부인 것이다. 그런데 주님께서 그 장부가 많이 비어 있는 것을 보여주셨다.

즉 책장을 넘기시는데 아직도 이름이 적혀 있지 아니한 페이지들이 수두룩함을 보여주셨다. 즉 이것은 내가 인 사역을 열심히 하여 이 페이지들에 인 맞는 자들의 이름을 채워야 하는 것임을 알게 하여 주셨다. 주여~

그러자 시온이가 어느새 이 궁에 나타나서 나머지 39명의 천사들과 함께 주님과 나를 바라보고 앉아 있었다. 이들은 늘 그러하듯이 한쪽 무릎은 세우고 앉아 있었는데 그렇게 앉으므로 말미암아 자신들은 언제든지 인 사역할 준비가 되어 있음을 나에게 말하고 있는 것이었다.

그리고서는 나는 내려왔다.

55 하나님의 인 +

주님과 함께 6월에
곧 있을 한국집회 전에
사도바울의 집 선교의 방으로 가다.

(2017. 5. 22)

아침 기도 시간에 2017년 6월에 곧 한국 집회 나갈 것을 생각하면서 나는 주님께 기도하고 있었다. 특별히 사자굴에 던진다하여도 하루 세 번 기도하는 것을 멈추지 않은 다니엘의 신앙과 또한 내일 죽을지도 모르는데 감옥 안에서 자신이 내일 죽으면 주님을 만난다는 마음에 기쁨의 잠을 잤던 베드로를 생각하면서 나도 죽음을 기뻐하는 베드로의 신앙을 달라고 마음을 찢으면서 주님께 기도하고 있었다.

그러자 내 안이 다 비워지고 주님이 '권능의 하나님'으로 내안에 좌정하시는 것 같았다. 그러고서는 나는 천국에 올라가게 되었다. 먼저는 나를 늘 수레바깥에서 수호하는 천사가 나타나더니 그릇에 아이스크림을 담아서 숟가락으로 내 입에다가 넣어주었다. 아마도 천상에서 기쁜 일이 있는 것 같았다.
그런 후에 수레를 모는 열 마리의 말들과 그 말들을 모는 천사가 잠시 보였고 그리고 아주 멋있고 높이가 높은 큰 상아색의 아름다운 수레가 나를 데리러 왔다.
나는 그 수레에 올라탔다. 그 수레 안은 참으로 아름다웠고 넓었다. 중앙 테이블 위에는 파란색 표지의 하나님의 인이라는 책과 그 다음에 쓸 분홍색의 책이 놓여있는 것이 잠깐 보였다. 이 책들은 아직 내가 쓰지 않은 책들이다. 그리고 나는 내 자리에 와서 앉았다. 하나님의 인 사역을 하고 부터는 내가 앉는 자리가 청색의 빌보드로 되어 있었다.

그리고 수레는 즉시 천국에 도착하였는데 나를 수레바깥에서 수종하여 주님께 인도하는 두 여성천사가 보였다. 그들은 분홍색 드레스에 오늘은 하얀 날개들을 달고 있었고 머리에는 이전에는 링 장식을 하였으나 이제는 머리 이마에 내려오는 수술형태의 장식을 하고 있었다.

그들은 내 손을 잡고 주님이 계신 곳으로 나를 인도하였다. 저어기 흰 옷 입은 무리들이 나를 반기고 있었다. 주님과 내가 서있는 곳에 하얀 구름이 도착하였고 주님과 나는 그 구름을 타고 움직였다. 주님이 처음으로 나를 데리고 가신 곳은 나를 항상 정결케 하는 생명수가 흐르는 폭포수 앞에 있는 절벽 위로 데리고 가셨다. 그러자 생명수 담은 항아리를 들고 천사들이 와서 내 머리에 생명수를 갖다가 부었다. 나는 머리끝에서부터 깨끗하여지는 느낌을 받았다. 그리고 주님은 대야에다가 내 발을 담그고 두 손으로 씻기셨다. 그 분의 손에는 구멍이 뚫려져 있는 손이었다. 그리고 내 두 손을 씻기시고 그 다음에는 내 얼굴을 씻기셨다.
주님은 마음으로 말씀하셨다.
'나는 너의 얼굴을 씻기는 것이 좋다'라고 말씀하셨다.

그리고서는 다시 주님과 나는 구름을 타고 날았다. 즉시 주님과 나는 유리바다의 카탈리나 섬 위로 날고 있었다.
나는 주님과 함께 있는 것은 너무 좋았다.
그리고 더 날아갔는데 가신 곳은 사도 바울의 선교방이었다.
바울의 집에 있는 이 선교의 방은 천정, 벽, 바닥, 그 안에 있는 모든 가구가 다 황금으로 된 방이다. 이전에 여기에 몇 번 왔었다. 그런데 그 방에 다시 온 것이다. 중앙에 둥근 황금테이블이 놓여 있고 그 황금 원탁 테이블 주위로 황금의자 셋이 놓여져 있었다. 그리고 그 방 안에서 흰 옷을 입은 키가 아담사이즈의 바울이 우리를 기다리고 있었다. 주님이 앉으시고 내가 앉고 바울이 앉았다.
나는 그 테이블에 앉기 전에 내가 바울을 보자마자 바닥에 엎드려 절을 하고자 하였더니 (이러한 행동은 꼭 그를 보자마자 반사적으로 나온 행동이었다.) 바울이 너무나 놀라하면서 그러는 것이 아니라고 했다. 바울도 주님 앞에서 너무 당황하여 하였다. 나도 나의 그 모습에 조금 우스웠다. 왜 내가 바울을 보자마자 그렇게 엎드려 인사하려 하였는지……
그만큼 내가 존경하고 있다는 것을 표현하려고 했던 것 같았다.
세 명이 앉은 테이블 위에는 세계지도가 놓여져 있었고 거기에 특히 한국지도가 클로즈업되어 보였다. 그리고 거기에는 내가 이번 6월달에 가서 집회할 7군데에 까만 점들이 찍혀져 있었다.
사도 바울과 주님은 그것을 보시면서 활짝 웃으셨다.
두 분이서 서로 마음이 교감되시는 것 같았다.
그러면서 주님이 이렇게 말씀하셨다.
'사라가 이번에 한국에 가서 집회를 하게 되었다.'라고.
그리하였더니 사도 바울이 나에게 말했다.
'가서 집회 때마다 신유와 축사사역을 하라.'라고.
할렐루야.
사도 바울은 늘 이 말을 내가 집회 갈 때마다 부탁했다.
그리고서는 아프리카가 비추어졌다. 그러자 또 사도 바울이 내게 부탁했다.
거기 가서도 축사와 신유사역을 해야 한다고. 나는 순간 거기서는 말도 잘 안 통하는데... 하면서 걱정을 하니, 사도 바울은 내게 통역을 붙여서라도 하라 하였다.
그렇다. 말이 안 통해도 기도는 하나님의 역사를 일으킨다.
나는 순종만 하면 되는 것이다. 이전에 인도에 갔을 때도 결혼한 지 수년이 지나도 임신 못하는 여자가 있었는데 기도받고 그 다음 해에 아들을 순산하였다고 이메일이 들어왔다.
그렇다. 나는 순종하고 주님이 역사하실 것이다.
그러므로 나는 신유와 축사사역을 해야 하는 것이다. 말이 안 통하더라도 말이다. 할렐루야.

그러자 주님이 대뜸 이렇게 말씀하신다.

"사라가 걱정이 있다."

이것은 사도 바울에게 주님이 말씀하시는 것이었다.

그런데 그것이 나는 무엇인지 알아졌다. 지상에서 어떤 집사가 끈질기게 내 집회를 방해하고 있었다. 그러자 사도 바울은 내게 성경구절 하나를 생각나게 하면서 이렇게 말했다.

"나도 세상이 나를 만물의 찌끼처럼 취급하였어요. 그러나 복음만 전하세요."

그러면 자기와 같이 그렇게 천국에서 상이 클 것을 말했다.

할렐루야. '그래요 그렇게 해야겠네요.'하고 나는 감동을 먹었다. 그렇다. 나는 복음만 전하면 되는 것이다. 주님이 내게 시킨 것을 하면 되고, 보여주신 것을 전하면 되는 것이다.

할렐루야. 그것이 내가 해야 할 일인 것이다.

아멘. 아멘.

[고전 4:9-13]

(9) 내가 생각건대 하나님이 사도인 우리를 죽이기로 작정한 자 같이 미말에 두셨으매 우리는 세계 곧 천사와 사람에게 구경거리가 되었노라 (10) 우리는 그리스도의 연고로 미련하되 너희는 그리스도 안에서 지혜롭고 우리는 약하되 너희는 강하고 너희는 존귀하되 우리는 비천하여 (11) 바로 이 시간까지 우리가 주리고 목마르며 헐벗고 매맞으며 정처가 없고 (12)또 수고하여 친히 손으로 일을 하며 후욕을 당한즉 축복하고 핍박을 당한즉 참고 (13) 비방을 당한즉 권면하니 우리가 지금까지 세상의 더러운 것과 만물의

찌끼 같이 되었도다

그렇다. 복음을 전하므로 이 세상의 더러운 것으로 또한 만물이 찌끼처럼 취급받는 그것이 하늘나라에서 큰 상이 될 것임에 틀림이 없다.

그 다음 나는 주님께 물었다.
"주님, 벨리제에 이제 교회가 들어서고 다 지어지면 어떻게 해야 하나요? 주님의 뜻이 무엇인가요?"
물론 지도자 양성센터로 지도자들을 양성해야 하는 것을 알지만 어떻게 시작해야 할지 막막하여 여쭈어 보았다.
그리하였더니 주님께서는 '네가 가서 한 달 동안 머물면서 천국과 지옥 그리고 마지막 시대를 그곳에서 계속 전하라.'는 메시지가 왔다.
'오 할렐루야. 그렇습니다. 주님 제가 그곳에 한 달간 머물면서 계속 지도자들을 상대로 목회자들을 상대로 천국지옥 간증집회뿐 아니라 마지막 시대를 전하는 계시록에 대하여서도 전하겠습니다.' 하였다.
'아하! 그래서 미국이 잘 안 열리는구나!' 하며 알아진 것이었다.
미국이 바쁘면 나는 벨리제에 와서 그렇게 집회할 수 없지만 그러나 주님은 마음이 가난한 벨리제 목회자들에게 더 이 천국과 지옥간증을 하여 먹이기를 원하신다는 것이 알아졌다.
'오~ 할렐루야. 그래서 심령이 가난한 자들이 복이 있는 것이 맞

네요. 주님!'
미국의 신앙인들은 너무나 마음이 부자들이다.
그리하여 그들은 천국과 지옥에 대하여 마지막 시대에 대하여 별로 관심이 없어 보인다.
그러니 주님은 이 벨리제의 심령이 가난한 목회자들에게 먹이기를 원하신다는 것이 알아졌다.
'오~ 할렐루야. 주님 가르쳐 주셔서 감사합니다.'

그리고 나서 나는 원탁 테이블에 내 이마를 갖다 대면서 어찌할 줄을 몰라하면서 나는 주님께 이렇게 물었다.
"주님 인 사역을 어떡해요?"
그것은 내가 이번 6월에 일주일 후면 한국에 가는데 그 한국집회에서 인 사역을 해야 하는지에 대한 질문이었다.
그러자 시온이가 먹물 색깔의 옷을 입고 사도 바울의 집에 있는 황금으로 된 선교의 방, 즉 지금 우리가 앉아있는 황금 원탁테이블에 앉아계신 주님 옆에 나타났다.
그렇게 시온 천사를 주님께서 여기로 즉시 부르신 것은 나보고 이번 한국집회 때에 인 사역을 하라는 것으로 받아졌다.
그리고 주님께서 시온 천사에게 물으셨다.
"준비되었느냐?"
그리하였더니 시온 천사가 대답했다.
"네, 주님! 다 준비되었습니다."
즉 내가 한국에서 인 사역할 때 사람들의 이마에 십자가를 그릴 준비가 다 되어 있다는 것이다. 이들은 천사들로 사실은 언제나 일할 준비가 되어 있었다.

나는 그렇게 주님과 바울과 대화하다가 다시 지상으로 내려오게 되었다.

할렐루야. 주님 감사합니다. 이렇게 바울의 선교의 방에서 대화하여 주셔서...........

 하나님의 인 +

하나님의 인이라는 책을 쓰면 핍박이 올 것을 알게 하시다.

(2017. 5. 25)

저녁에 기도한 후에 천국에 올라갔다.
나를 수레바깥에서 수호하는 천사가 나를 보더니 '빨리 가보셔야 합니다.'라고 말했다. 서두르라는 것이다. 그리고서 열 마리의 말이 끄는 크고 아름다운 큰 수레가 왔다. 나는 얼른 그 수레를 타고 천국으로 올라갔다.

주님은 저어기에서 흰 옷을 입고 나를 기다리고 계셨다.
나는 수레에서 내리자마자 두 여성천사들의 수종을 받아 주님께로 인도함을 받았다. 나는 오늘따라 머리에 반짝이는 금면류관을 쓰고 있었다. 그리고 흰 드레스를 입고 긴 머리를 하고 있었다. 주님은 나를 보시더니 이렇게 말씀하셨다.
"나는 여호와니라."
'아~ 주님, 그렇습니다. 주님은 여호와 하나님이십니다.'라고 나는 마음속으로 고백하고 동의하였다.
주님은 그러신 후에 꼭 튕겨서 올라가시듯이 급히 위로 올라가셨는데 그곳은 바로 생명수가 흐르는 절벽 위로 가셨다.
나를 보고 '올라오라' 하셨다. 나는 그 절벽 위로 올라갔다. 그 절벽 앞에는 생명수가 흐르는 폭포수가 있다.
늘 그러하듯이 주님은 세숫대야에 생명수가 담겨 있었고 나보고 두 발을 담그게 하시고 직접 두 손으로 씻겨주셨다. 그리고 두 손도 그 다음은 내 얼굴도 씻어 주셨다. 그러고 나서 주님께서는 천사보고 항아리를 내 머리 위에 부으라 하셨다. 그 생명수를 내 머리 위로 옷을 입은 채로 부으니 온 몸이 시원하게 씻겨져 내려가는 것 같았다.

그렇게 정결함을 입고 나니 주님께서는 내 손을 잡고 재빠르게 날아가기 시작하셨다. 어디로 가시는지 궁금하였는데 어느새 유리바다 위에서 날고 있었다.
와우~. 우리가 탄 구름도 없이 그냥 유리바다 위에서 주님과 나는 한 손을 잡고 수평으로 날고 있었다.
"와우~, 주님, 구름 없이 날고 있어요."
"그렇다. 천국이 그런 곳이란다."
그런데 우리 밑으로 카탈리나 섬 같은 것이 보이고 거기에 흰 궁이 보였다.
이 흰 궁은 천상에서 내 책들을 기념하기 위한 궁이다.
주님께서는 그곳을 그냥 지나치시는 것이 아니라 '저 곳에 내려가 보자' 하셨다. 그리하여 주님과 나는 그 흰 궁이 있는 곳으로 내려갔다.

그리고 그 궁 안으로 들어섰다.

그 궁 안의 벽에는 내 책들이 아주 크게 진열된 것처럼 보였고 그 크기는 휴 ~ 아마도 사람의 100배는 넘을 것 같았다. 그렇게 크게 보였고 저어기 중앙에는 성경책이 먼저 보였고 거기서부터 시작하여 시계 반대방향으로 내가 쓴 책 1권 (녹색 표지) 부터 제 2권 (빨간색 표지) 그리고 제 3권과 제 4권 (분홍색 표지), 2개가 보였고 그 다음 노란색 표지의 '계시록 이해' 책 그리고 그 다음은 청색 표지의 책, 즉 이번에 쓸 하나님의 인에 대한 책, 그리고 두 개의 분홍색 표지의 책들이 보였는데 성경 바로 옆에 있는 것이 '지옥편' 이라는 것이 알아졌고 청색 표지 다음의 분홍색 책은 '하나님의 인' 다음에 쓰여질 책이라는 것이 알아졌다. 즉 이 두 책을 쓰게 되면 이 궁 안의 벽이 완성되는 것이었다. 할렐루야. 주님께서는 나를 여기 데리고 오신 이유가 바로 이 두 책을 완성하여야 함을 보여주시기 위함이라는 것을 알 수 있었다.

그런 후에 주님과 나는 즉시 어떻게 왔는지 모르지만 연못가에 와 있었다. 그리고 주님과 나는 벤치에 앉았다.

주님 무릎 위에는 '하나님의 인' 이라는 청색 표지를 한 책이 놓여 있었다.

주님은 말씀하셨다.

"이 책은 내 책이란다."

그렇다. 저 책은 주님의 책이 될 것이다. 왜냐하면 주님께서 다 보여주시고 인 사역하라 하시고 또 많은 영혼들을 주님께서 천사들을 통하여 인을 쳐 주실 것이기 때문이다. 그러시더니 나보고 내 두 손을 달라 하신다.
그러시더니 주님의 두 손을 내 두 손 아래위로 덮으셨다.
그렇게 하신 채로 주님께서는 주님의 손과 내 손을 겹쳐서 포갠 채로 하나님의 인이라는 책 위에 놓으시는 것이었다.
그리하였더니 주님의 손의 구멍과 내 손의 구멍과 이렇게 하여 네 구멍이 다 일치하게 맞아 떨어져서 같이 포개어진 것이다.
그리하여 위에서 보면 한 구멍이 아래로 길게 뚫린 것 같았다. 와우~
주님은 그렇게 손을 포개어 놓으셨다. 무슨 의미일까?
물론 주님이 고통당하신 것처럼 내가 이 책을 쓰면 그렇게 핍박이 올 것이라는 말씀인가? 하는 생각이 들었다.
그러다가 나는 지상으로 내려왔다.
할렐루야.

오늘의 메시지는 주님께서 내게 하나님의 인이라는 책을 빨리 쓰고 그리고 그것에 대하여 핍박이 오더라도 잘 견뎌 내라는 의미로 받아졌다.
할렐루야. 주님, 감사합니다.

[마 5:10-12]
(10) 의를 위하여 핍박을 받은 자는 복이 있나니 천국이 저희 것임이라 (11) 나를 인하여 너희를 욕하고 핍박하고 거짓으로 너희를

거스려 모든 악한 말을 할 때에는 너희에게 복이 있나니 (12) 기뻐하고 즐거워하라 하늘에서 너희의 상이 큼이라 너희 전에 있던 선지자들을 이같이 핍박하였느니라

주여!

그리고 나는 2017년 6월에 한국에 가서 일곱 군데의 교회에서 천국지옥 간증집회를 열었고 그곳들에서도 인 사역을 감당하였다.

한국 집회에서
인 사역할 때의 간증들 모음

하나님의 인 †

† 주님의 명령하에 2016년 10월부터 나의 천국지옥 간증집회에서 인 사역을 시작하게 되었는데 언제나 집회 마지막 날에 하였다. 그러니까 약 1년 전부터이다. 보통 3-4일의 집회를 한 교회에서 하게 되면 대개는 6번 내지 8번의 집회를 아침저녁으로 집회를 하였는데 처음 5번-7번까지는 천국과 지옥의 간증을 하여 실제로 존재하는 천국을 그들이 사모하게 만들고 또한 한 영혼이라도 지옥가지 않게 하기 위하여 회개를 열심히 시켰다. 그리고 매 천국지옥 간증 후에는 늘 30분에서 1시간 정도는 회개시켰다. 그리고 매 집회 때마다 신유사역과 함께 안수기도가 행하여졌다.
그러나 마지막 시간에는 내 사역에서 나타나는 인 사역에 대하여 강의하고 성경에서 나타난 하나님의 인과 왜 우리가 그 하나님의 인을 받아야 하는지 그 인 사역이 내 집회에서 어떻게 나타나기 시작하였는지 그 인 사역에 대하여 하나님께서 나에게 어떻게 명령하셨는지 내가 왜 이 인 사역을 감당하여야 하는지에 대한 당위성을 다 말하고 나서 실제로 인 사역을 감당하였다.
주님은 그 인 사역 현장에 실제로 현현하신 모습이 내 눈에 보였고 또한 시온 천사를 비롯하여 먹물 색깔의 옷을 입은 천사들이 나타나서 사람들의 이마에 먹물로 십자가를 그렸다. 그리고 나는 사람들에게 주님이 가르쳐 주신대로 그리고 보이는 대로 선포만 할 뿐이었다. 주님께서는 늘 그 장소에서 그 중에 몇 명이 그 이마에 십자가가 그려졌는지를 알게 하여 주셨다. 그런데 이렇게 인 사역을 마치고 나면 사람들이 와서 집회 때의 자신들의 경험을 말하곤 하였다. 그래서 나는 내가 인 사역을 감당할 때에 사람들이 간절히 주님께 부르짖으며 회개 기도할 때에 천사들이 그들의 이마에 십자가를 그리려 나타나는데 그때의 천사들의 활동이 그들에게는 어떻게 나타나는지가 알게 된 것이다. 그리하여 다음은 약 11명에게서 그들이 그 인 사역을 받을 때에 경험한 영적 경험담을 모은 것이다. 이것은 아마도 집회시에 천사들이 활동하는데 우리는 그들로 인하여 어떤 경험을 하게 되는지를 알게 되는데 도움이 될 것이라 생각한다.

물론 아무런 느낌이 없고 어떤 경험이 없이 그들의 이마에 십자가가 그려지는 경우가 더 많다. 왜냐하면 이렇게 간증하는 숫자보다 이마에 십자가가 그려진 사람들 중에 아무런 간증이 없는 사람이 더 많기 때문이다.

내가 집회에서 인 사역을 할 때에 주님이 직접 그곳에 임하신다. 그리고 천사들이 나타난다. 그러하므로 사람들은 그들을 볼 수는 없으나 여러 가지 성령의 역사로 인하여 그들이 경험하는 경험담을 몇 명에게서만 모아본 것이다.

나에게 여러 사람들이 와서 그 인 사역 시간에 자신들의 이마가 시원하여짐을 느꼈다는 자들이 있는가 하면 또한 어떤 분은 빛이 비쳤다고도 하며 또한 어떤 이는 서서 기도하는 자리에서 그냥 방언이 뻥~ 하고 터졌다며 또 어떤 분은 이전에 보았던 환상이 다시 열리기도 했다고 했다. 아무래도 하나님께서는 각자에 맞게 다양하게 역사하시는 것 같았다.

하나님의 인 +

1. 2016년 10월 집회서, 송 OO 님

하나님의 인!

저는 유튜브로 서 목사님의 간증 수기와 영성훈련 메시지를 듣고서 목사님의 섞이지 않고 혼잡하지 않은 순수한 메시지에 믿음이 갔었고 그리고 한번 꼭 만나 뵙기를 소원하였습니다.

그런데 2016년 10월에 한국집회가 잡혔다는 소식을 듣고 미국 시카고에 살고 있는 제가 한국에 갔다 온 지 얼마 안 되었는데 또 제가 한국에 나간다는 것은 모든 면에서 불가능한 일로 보였습니다. 그러나 지금 생각하니 주님께서 인도하여 주셔서 부천 전원중앙교회 집회에 참석하게 되었습니다.

강대상에 서계신 서 목사님을 직접 뵈니 눈물이 날 것 같아 마음을 억제하며 말씀을 듣고 있었는데 그 때부터 서 목사님이 아니라 예수님이 보이기 시작했습니다.
특히 지옥간증을 하실 때에는 너무나 아파하시며 애통해 하시는 주님의 마음이 느껴져서 울었습니다.

집회 마지막 날에는 에스겔서 9장 1절에서 11절 말씀을 읽으시고 '하나님의 인'에 대해서 말씀하셨습니다.
저는 순간 심장이 멈추는 줄 알았습니다.
왜냐하면, 2015년 1월에 방언으로 기도할 때 주님이 주신 말씀이 에스겔서 9장 1절에서 11절 말씀이었기 때문이었습니다.
그 말씀의 의미를 저는 이해하지 못한 채 일 년이 넘었는데 서 목사님의 말씀을 통해 그 비밀이 열리게 된 것입니다.

마지막 집회의 인 사역을 통해 저에게는 강력한 회개의 영이 부어졌습니다. 제 안에 있는 많은 숨은 죄들이 낱낱이 드러났으며 그동안 사소하게 여겼던 죄들이 심히 죄 되게 느껴졌습니다. 그리고 저의 심령이 쪼개어져서 보여지고 또한 주님 앞에 벌거벗고 있는 내 모습을 볼 수 있었습니다.
온 마음과 몸이 불에 타는 듯한 그리고 애절하고 간절한 회개가, 심장이 터질 듯한 회개가 저의 깊은 속에서부터 나오기 시작했습니다. 저는 마지막 피한방울을 저를 위해 흘리신 주님의 은혜를 구했습니다.
그러나 저는 인을 받았는지 안 받았는지 아무것도 느끼지 못한 채 집회는 끝났습니다.

그리고 서 목사님의 2016년 10월달 두 번째 집회가 기독교 백주년 기념관에서 열렸는데 저는 거기에도 참석하여 마지막 시간 인 사역 때 인 맞게 해달라고, 그렇지 않으면 미국에 돌아갈 수 없다고 하면서 간절히 간절히 기도하는데 갑자기 주위가 조용해지고 (그때 거기서는 약 300명이 인을 맞기 위하여 죽을 힘을 다하여 부르짖고 기도하고 있었음에도 불구하고) 서 목사님이 서 계시는 강대상 쪽에서 시원한 바람이 불어오더니 사푼사푼한 인기척이 여기저기에서 움직이는 것을 느낄 수 있었습니다. 그리고 누군가가 내 옆에 서서 아주 부드럽고 가벼운 어떤 것이 시원하게 이마를 스쳐 가는 것을 느끼는 순간 '아~ 천사다! 천사! 천사가 나타났다!'라고 깨닫게 되었습니다.

그 후에 제가 깨닫게 된 것은 제 마음에 말할 수 없는 평안이 찾아왔다는 것입니다.

모든 것에 대하여 저의 마음이 자유를 얻었던 것입니다.

저는 제가 저의 이마에 십자가가 그려진 것을 알았습니다.

부족하고 어리석은 나에게 주님께서 서 목사님이 하시는 하나님의 인 사역이 곧 주님의 사역이라는 것을 실제로 집회에서 체험케 하여 산증인 되게 하여 주심을 무한히 감사드립니다.

다시 한 번 말씀드리자면 서 목사님께서 하시는 인 사역에는 실제 천사들이 나타나서 인을 치는 것입니다(에스겔 9:4).

주님께 이 모든 영광 올려드립니다.

할렐루야!

[겔 9:4]

이르시되 너는 예루살렘 성읍 중에 순행하여 그 가운데서 행하는 모든 가증한 일로 인하여 탄식하며 우는 자의 이마에 표하라 하시고

하나님의 인 +

2. 주 OO 사모

저는 20년 전부터 공중휴거를 사모하고 있었습니다.
그리고 국내외로 지도자 세미나를 주도하고 또한 강사로도 섬기고 있었습니다. 그러다가 성령님의 인도하심으로 서사라 목사님을 알게 되었습니다.
선교사역을 오랜 기간 해오던 터라 서 목사님이 하고 계시는 인도 등등 여러 선교지를 주님께서 도우라는 말씀을 하셨습니다.
어느 날 성령님께서 저에게 말씀하셨습니다.
'서 목사님을 교회에 초빙하여 집회를 하라'고......
그래서 오시라고 요청했더니 오셨습니다.
그때 악한 영들의 엄청난 방해로 저는 다 죽다 살아났습니다.
많은 이들이 그 집회를 통하여 큰 은혜를 받았습니다.
그런 후 어느 날 서 목사님의 남편 김 보 선교사님이 2016년 10월 열방감리교회 집회를 꼭 참석하라고 강권하셨습니다.
그래서 도저히 안 되는 상황이었지만 저는 참석하게 되었습니다. 정말로 그곳에는 강력한 성령의 역사가 있었습니다.
4일 동안 아침저녁으로 집회가 계속되었고 마지막 저녁에는 인 사역하는 날이었습니다. 갑자기 성령님께서 저를 앞으로 이끄셨습니다.

저는 원래 내성적인 성격이어서 남 앞에 잘 나서는 편이 아닌데도 그때는 너무도 당당히 무언가에 이끌리듯이 내 정신이 아닌 것처럼 제가 앞으로 나가는 것이었습니다.

그 때의 느낌은 꼭 여러 명의 천사들이 나를 강권하여 나를 들어서 앞으로 인도하는 것 같았습니다. 내 힘으로 내 의지로 나간 것이 아니었습니다. 그리하여 앞으로 나가서 서 목사님께 안수를 받고 돌아와서 앉았는데 오히려 기도를 받고 돌아온 후에 성령님께서 더 강력히 기름을 부어주셨습니다.

그 곳에서는 성령님께서 핵폭탄보다 더 강력히 기름을 부어 주셨습니다. 그리하여 저는 그날 제 이마에 주의 보혈로 강력히 인을 쳐 주셨다는 것을 믿게 되었습니다. 저는 오늘도 공중휴거를 사모하며 나아갑니다.

주님이 재물을 허락하시면 서 목사님의 세계 선교지들을 돕고자 합니다. 감사합니다.

하나님의 인 ✝

3. 이 OO 사모님

저는 서 목사님의 인 사역하는 곳마다 제 이마가 조금 이상해지는 느낌을 받았었습니다.
제 이마가 좀 달궈지면서 (뜨거운 기운이 돌면서) 약간의 무게가 느껴졌습니다.
2017년 1월 서울 영광교회 집회에서 서 목사님께서 주를 위하여 죽을 각오가 된 자들은 일어서라 하실 때에 제가 벌떡 일어났었고 두 손을 들고 큰소리로 '주여!' 삼창을 하였는데 내 뱃속에서부터 가슴까지 나무 같은 것이 아주 딱딱하고 견고한 것이 나를 확!! 견고하게 똑바로 세운다는 느낌을 받았습니다. 즉 제 속에서 어떤 견고한 힘이 올라오는 것을 느꼈습니다. 그러자 저에게는 기쁨과 감사의 눈물이 흘러 내렸습니다. 그리고 하나님께 기쁨과 감사의 기도를 올려 드렸습니다.

하나님의 인 +

4. 함안에 사는 허 OO 집사의 간증

저는 2016년 10월 부천 전원중앙교회 집회에 가기 며칠 전에 잠깐 잠이 들었습니다.
꿈에서 어느 분이 건넌방으로 건너오라 하여서 여닫이문을 열고서 건너갔는데 거기에는 아주 고급진 귀한 방석이 놓여 있었고 저는 제가 거기에 무릎을 꿇고 머리를 숙이고 옷매무새를 단정히 하고서는 머리를 들었습니다. 저는 혹시 제 시어머님이 유언을 하시려나보다 하고 머리를 들었는데 그게 아니라 서사라 목사님이 도장집에서 급히 인 도장을 꺼내 제 손에 주시는 것이었습니다. 이것은 제가 잠깐 잠든 사이에 본 꿈이었습니다. 그때 저는 서 목사님의 인 사역이 있는지도 모르던 때였습니다.
그런데 실제로 2016년 10월 3일 집회에 참석하러 가기 하루 전에 카톡방에다가 제가 집회에 간다고 올렸더니 어느 분이 인 사역에 대하여 카톡을 주셨습니다. 그리고 저에게 계시록 이해 책의 203페이지를 다시 읽어보라 하였습니다.
그런데 저는 계시록 이해 책 203페이지 사건은 이미 읽어서 알고 있었기에 제 맘이 두근거리기 시작하였습니다.
그렇구나. 그것이 인 사역이었구나!

주님이 정말 이번 집회 장소에 직접 나타나실까?
저는 그날 밤 잠을 이룰 수가 없었습니다. 제가 사는 곳이 경남 함안이라 경기도 부천까지 올라가려면 새벽에 밥을 차려놓고 떠나야 하고 혹시라도 기차를 놓칠까보아 새벽 4시 정도까지 잠을 못자고 밤을 샜는데 그러다 한 삼십분 잠이 살짝 들었다 눈을 떴는데 제 눈에 금으로 된 기둥 7개가 보이는 거예요. 순간 저는 그것들이 불기둥 같다고 생각하였습니다.
어! 저건 뭘까? 성령의 역사하심이 오늘 강하게 임하실 것을 보여주시는 것일까? 주여!
저는 지난 2015년 기독교 백주년기념관에 서 목사님 집회를 다녀온 날 새벽에 '주님~ 난 꼭 주님을 봐야 해요. 내게 와 주셔야 해요. 이 처절한 나를 만나주셔야 해요.'하고 1시간 잠들었을까 했는데 주님이 제게 구름을 타고 오신 적이 있었습니다. 꿈이었지요.
그래서 더욱더 이번에 주님의 현현을 다시 볼 수 있지 않을까? 느낄 수 있지 않을까? 이런 생각을 하면서 2016년 10월에 열린 부천 전원중앙교회에서 열리는 서 목사님의 집회에 참석하였던 것입니다.
그리고 그 교회 마지막 날 집회였는데 오후 예배였습니다.
서사라 목사님께서 인 사역을 하시는데 저의 온 몸은 뜨거워지고 제 눈에는 회개의 눈물이 흘러 넘쳤습니다. 그러나 다 하지 못한 회개로 인을 받을 자신이 없었기에 저는 하나님 아버지께 이렇게 기도를 올렸습니다.

'아버지, 나 잘 몰라요. 그렇지만 제가 너무너무 잘못했어요. 하나님께 말씀드릴 수 있는 것은 하나님을 위하여 제 목숨을 바칠 각오는 되어 있어요. 주여 나를 용서하여 주세요.' 하고 그렇게 막 슬피 우는데 갑자기 너무 통곡하고 심하게 울어서인지 얼굴이 갑자기 너무 아파서 두 손으로 제 얼굴을 감쌌고 그리고 조용히 하나님……하면서 한 몇 분간 계속 아무 말도 않고 고요히 있었어요.

근데 제 눈앞에 진초록의 물결 같은 것이 계속 일렁이고 있었는데 이것은 마치 태극기 모양이 바람에 펄럭이는 것과 같은 모습의 물결이었어요. 저는 두 손으로 얼굴을 감싼 채로 조용히 있었는데 그 때 저에게 드는 생각은 '검은 색 옷 입은 천사가 내가 계속 몸을 흔들면서 기도하니까 얼굴을 가만히 있게 하는 것일까?' 저는 제 기억에 얼굴이 아픈 적이 없었는데 갑자기 얼굴이 아파와서 제가 그 얼굴을 두 손으로 감싸고 흔들지 않고 가만있게 되니까 그러한 생각을 해보게 된 것입니다.'

'진초록의 물결은 왜 내 눈에 보이는 거지?'
이것은 혹시 천사가 내 이마에 표시할 때에 느껴지는 물체일까? 아니면 혹 이것이 강대상에서 흘러나오는 빛일까? 하여 눈을 잠시 떠보았는데 그런 색이 나올만한 무대장치가 없었습니다.

그런데 서 목사님이 선포하시기를 주를 위하여 죽기로 각오한 사람들은 다 인을 받았습니다 라고 선포하시는 것이었습니다. 순간 나는 내가 내 이마에 십자가가 그려진 것을 알고 주님을 찬양하였습니다. 오~ 주여! 그 날의 뜨거움이란~ 정말 대단하였고 저는 그날 불러지는 찬송으로 인하여 하늘로 날아오르는 듯한 행복감을 느꼈습니다.

하나님의 인 ✝

5. 손 OO 님

서 목사님의 2016년 10월초 부천 전원중앙교회 집회 때 인 사역 하실 때에 저의 간증을 올려봅니다. 저는 이 교회 교인 손OO 집사입니다.

저는 그날 예배가 시작되고 제어하기 힘든 알 수 없는 졸음이 쏟아졌습니다. 그러자 속으로 계속 '아버지~'를 외치자 눈을 감고 있는데도 강단이 보였습니다.

눈을 감고 있는데도 강단에 예수님이 서계시는 모습이 보이자 감쪽같이 졸음이 사라졌고 인 받기 위하여 회개하고 기도하라고 하셔서 기도하는데 의자 사이 통로 앞쪽에서 보이진 않지만 어떤 물체가 점점 더 제 곁으로 가까이 다가오고 있다는 것을 확실히 느꼈습니다. 그리고 제 옆에 뭔가 서있구나 하고 느꼈을 때에 저는 제 이마에 인이 쳐지는 것은 보지 못했지만 그 순간에 주님께서 딱딱딱 세 가지 기도제목을 뚜렷하게 알려주셨습니다. 그런데 제 옆에 앉아 계셨던 저의 어머니(박애심, 75세)는 그 순간에 주먹만한 불덩어리 두 개가 양쪽 눈으로 들어가면서 기도가 막나오고 눈물이 왈칵 쏟아졌다고 하셨습니다.

저는 이 집회 전에 서사라 목사님의 간증과 많은 설교를 듣고 은혜를 받아왔지만 그날 하나님의 인에 대한 설교는 처음 접한 것이라 너무 생소하고 받아들이기에 힘든 마음이었습니다. 그러나 저는 그 인 사역 시간에 성령의 강력한 임재를 느꼈고 이 인 사역이 정말 하나님의 사역이구나 하는 확신을 그 때의 체험을 통해 알게 되었습니다. 집회가 끝나고 나서 인치는 것은 좀 이상하다고 트집 잡는 몇몇 분들께 저는 서사라 목사님의 인 사역하실 때에 하나님의 강력한 임재의 체험이 저와 저의 옆에 앉아 계셨던 저의 어머니에게 있었노라고 말해주었습니다.

그리고 서 목사님의 말씀을 통하여 우리가 하나님의 인에 대하여 알게 되었고 우리 스스로는 영적인 많은 것들을 다 볼 수 없고 이해할 수도 없다고 설명하여 주었습니다.

이 모든 것에 대하여 주님께 모든 영광을 올려 드립니다.

6. 최 OO 권사님

대전 열방감리교회에서 목사님께서 2016년 10월 인 사역하신 날 제가 체험한 것을 말씀드리고자 합니다.
마지막 집회 날 인 사역하실 때 저는 앞에서 서너 번째 줄쯤에 앉아있었습니다.
그런데 합심하여 회개기도 하는 중에 저는 짐승의 소리를 내며 울부짖고 있었습니다. 저는 틀림없이 입으로 울부짖고 있었는데 그 소리는 배에서 올라오는 소리였습니다.
꼭 제 아랫배 부분에 나팔이 있는 것 같았습니다.
그냥 제 느낌은 제 아랫배에 큰 나팔이 있어서 거기서 짐승소리가 나오는 것이었습니다.
1992년에 방언 받은 이후로 지금까지 방언기도를 했었지만 그렇게 짐승소리로 울부짖은 적은 처음이었습니다.
그렇게 한없이 흘러내리는 눈물과 콧물과 함께 울부짖는 방언기도를 멈출 수가 없었는데 저는 그 울부짖는 방언기도를 통하여 저는 제가 회개기도를 하고 있는 것 같았습니다.
저의 두 손은 앞으로 펼쳐져서 올라가 있었는데 저의 두 손과 팔이 불 앞에 있는 것처럼 뜨거웠습니다. 그 때에 저는 제 손을 어떻게 할 줄 몰랐습니다. 그냥 그 자리에서 팔과 손이 고정되어 움직일 수가 없다는 느낌이었습니다.

한참을 기도한 후에 목사님께서 말씀하시기 시작하셔서 저의 방언기도가 멈춰졌는데 목사님께서는 많은 사람이 인을 받았다는 말씀을 하셨습니다.
그러나 저는 제가 인을 받았는지 못 받았는지 전혀 알 수가 없었지만 눈물로 눈물로 그렇게 기도한 체험을 잊을 수가 없습니다.
목사님 너무나 감사하고 감사합니다~~♡♡

하나님의 인 ✝

7. 김 OO 사모

저는 인 사역에 대한 말씀을 유튜브에서 듣고 남편은 듣지 못했지만 함께 지난 2017년 2월 서울 영광교회 집회에 참석했습니다. 마지막 집회 때에 기도시간에 서 목사님께서 예수를 위해 죽을 각오가 된 사람들은 일어나라고 하셨는데 그 때에 남편과 저는 좀 떨어져 간절히 기도하고 있었습니다.

저는 무엇보다 회개와 감사의 기도가 터졌는데 지옥 불못에 빠져 허우적거리는 제 모습을 보며... 사실 집회 참석하기 두 달 전부터 유튜브로 서 목사님 말씀을 우연히 듣게 되었는데 계속 깊은 회개가 되고 있었습니다. 그런데 집회 중에 서 목사님께서 당신의 열살 이전과 10대 20대 30대 쭈욱 돌아보며 회개했다는 말씀에 저도 그렇게 회개기도를 드리고 있었습니다. 회개기도를 하며 그렇게 지옥 갈 수밖에 없는 저를 용서해 주시고 살려 주신 것이 너무나 감사해서 기도하는데 통곡이 일어났습니다.
그리고 예수를 위해 죽을 각오... 머리로는 아 당연히 그래야지 하는데 몸이 안 일어나지는 것이었어요. 기도하다 눈을 떠보니 여러 명이 일어나 있었습니다.

2미터 가량 떨어져 있는 남편도 일어나 있는 것을 보았습니다. 그래서 저는 더욱 간절히 기도했습니다. '주님, 제가 당연히 예수를 위해 죽어야죠 그런데 안 일어나지네요...' 하면서 기도하는데 제 안에서 '일어나라!'하는 음성이 들려서 갑자기 벌떡 일어났었습니다. 그리하였더니 집에 오는 길에 제 남편에게 그 이야기를 하였더니 남편도 누군가가 자신에게 '일어나라 일어나라!' 해서 벌떡 일어났다고 하였습니다. 남편도 집회 참석하기 두 달 전부터 유튜브로 서 목사님의 말씀을 들으며 깊은 회개를 하고 있었던 중이었습니다.

저희 부부는 서 목사님 말씀 듣고 다시 살아나게 되었습니다.

그리고 이번 2017년 6월 논산 다함께하는 교회 집회에 저희 부부가 다시 참석을 하게 되었습니다. 참으로 또 새롭고 설교가 그때그때마다 와 닿고 깨닫는 것이 있었는데...

이번에는 휴거장면과 어떤 자들이 휴거 되는지에 대하여 말씀을 들으며 저도 그렇게 살고 준비되길 간절히 사모하게 되었습니다. 겉과 속이 어떻게 되어야 하는지에 대하여 깨닫는 귀한 시간이었습니다.

마지막 인 받는 시간에 기도하고 찬송하는데 제 영혼이 얼마나 전심으로 찬양을 하던지.... 주 하나님 지으신 모든 세계~ 찬송하는데... 아.. 어떻게 표현해야 될지... 저는 제가 인 맞은 것이 너무나 감사하고 소중해서... 온 몸과 맘으로 그 찬양을 부르게 되었습니다. 저는 그 이후 제가 언제나 주님을 닮고 주님과 하나 되는 삶을 살 수 있을까 하며 고민하며 살고 있습니다. 이 글을 쓰며 다시 그 때를 기억하게 되어 너무 감사합니다.

하나님의 인 ✝

8. 정 OO 목사

저는 2017년 2월 대전 열방감리교회의 집회에 참석하게 되었습니다. 집회 마지막 날 저녁 집회의 인 사역 시간이었습니다.
대전 열방감리교회는 1년 전에 이미 서사라 목사님을 초청하여 천국지옥 간증집회를 열었었고 큰 은혜를 받은 교회라서 그런지 이미 성도님들이 준비된 열린 마음으로 집회에 참석하셔서 영적 분위기가 참으로 은혜스러웠습니다.
담임 목사님께서도 서 목사님 설교 시간 내내 강단앞쪽 끝자락에 무릎을 꿇으시고 말씀을 받으시는 모습이 참으로 신선하고 은혜로웠습니다. 그 교회 부목사님으로 섬기고 계시는 사모님도 회중 맨 끝에서 계속 아멘, 아멘, 음~, 음~, 아멘 등으로 화답하시며 집회기간 내내 감사와 기쁨으로 가득한 모습으로 더없이 행복해 보였습니다.
서사라 목사님의 집회 마지막 시간 인 사역할 때였습니다.
서 목사님이 강대상에서 마지막 인 사역 예배를 시작하기 위한 기도를 마쳤을 때 제 눈에는 목사님의 오른편 어깨 뒤쪽으로 금빛 십자가가 뚜렷이 보였습니다.
그 십자가는 황금십자가였는데 빛이 나는 황금십자가였습니다.

그리고 서 목사님의 드레스 입은 모습이 보임과 동시에 빛이 있는 금이 서 목사님의 머리에서 발끝까지 곧바로 입혀졌습니다. 하나님의 임재와 기름부음이 너무나 뚜렷이 강력하게 임하였습니다. 이것으로 하나님께서는 저에게 서사라 목사님이 진정 하나님의 사람이요 하나님의 종임을 더욱 분명하게 알게 해주셨습니다. 말씀을 듣는 시간은 참으로 행복하고 감사했습니다. 그리고는 드디어 인 사역에 대한 간증과 설교를 마치시고 인 사역을 실제로 행하는 시간이 되었습니다. 우리는 모두 자리에서 일어섰습니다. 우리 모두에게는 주님을 만나고자 하는 간절한 사모함으로 영적 긴장감과 떨림이 있었습니다. 또한 인침을 받고자 하는 절박한 심정으로 모두가 다 같은 마음 한 마음으로 일제히 통성기도를 시작하였습니다.

여기저기서 엄청난 기도가 터져 나왔습니다. 거기에는 세상과 나는 간 곳 없고 오직 주님만을 구하는 부르짖음만 있었습니다. 모두가 다 주님의 얼굴을 구하며 주님과의 만남을 간절히 사모하는 시간이었습니다.

얼마나 기도했을까? 저에게 말로 표현할 수 없는 깊은 평안과 감사가 심령 깊은 곳에서부터 흘러 넘쳤습니다. 임마누엘의 은혜가 충만하였습니다.

그런 후에 서 목사님의 감사의 기도와 선포의 말씀이 있었습니다. 서 목사님께서 말씀하시기를 인 사역을 시작할 때에 서 목사님 왼편에 즉, 회중석에서 바라보면 오른편쪽 강단에 예수님이 현현하여 먼저와 계셨고-!! 제가 서 있었던 쪽 저는 왼쪽 줄 맨 앞줄에 있었는데 5명의 천사들이 와서 서고 제 옆쪽 줄에는 3명의 천사들이 와서 서고 그 다음 옆쪽 줄에는 4명의 천사들이 와서 서고 등등 서 목사님은 그날 그 곳에 왔던 천사들의 숫자와 인 맞은 자들의 숫자를 구체적으로 자세하게 말씀해주셨는데 그 때 제 마음에는 제가 인을 맞았다는 큰 기쁨과 확신이 들어왔습니다. 저는 이 집회가운데 직접 현현하여 오신 예수님과 인 사역하는 천사들을 직접 제 눈으로 보지 못했다는 아쉬움이 있었지만 저는 감사하고 또 감사하였습니다. 이 모든 일들을 서 목사님을 통해 우리 주님께서 하셨기 때문입니다. 지금도 살아계셔서 역사하시는 성삼위 하나님께 감사와 찬양과 영광을 올려드립니다. 감사합니다. 샬롬

하나님의 인 ✝

9. 미국에서 오신 박 OO 집사님의 간증

저는 2017년 6월 논산의 다함께하는 교회의 집회에 딸과 함께 참석하였습니다.
집회 마지막 날 인 사역하실 때에 저는 그날 너무 큰 기적들을 체험해서 지금도 눈물이 나고 성령의 감동이 오고 또 손이 떨립니다. 저는 거기서 아 저는 정말 하늘이 열린다는 것이 이런 것이구나 하는 것을 체험했습니다.
하나님이 서 목사님과 함께 일하시는 것을 알았습니다.
목사님은 사흘 동안 매 집회마다 거의 전교인 60명을 거의 모두 빠짐없이 온 힘을 다하여 안수하시면서도 절대 지치지도 않으셨습니다. 마지막 날 집회 때 인 사역을 하시는데 제 느낌에는 성전 안 전체가 뭔가 꽉 차서 빛이 충만한 큰 공간에 들어있는 것과 같이 우리들만의 공간같이 느껴졌습니다.
주님의 사랑이 단에 서신 서 목사님의 말씀과 행동에서 불같이 쏟아져 나오는 것 같았습니다. 인 받기 위해 기도할 때는 거의 죽기 아니면 살기로 매달려 기도했는데 뭔가 머리 위에서부터 목 뒤 아래까지 시원한 느낌이 내려왔습니다.
그때 제 생각에 이마에 십자가가 그려진 것 같았습니다. 그리고 덤으로 왼팔에 있던 근육통이 없어졌고 (팔이 뒤로 안 돌려져서 침 맞으러 갈려고 예약해 놓았던 상태였는데) 그리하여 팔이 뒤로 젖혀지면서 하늘에서 불이, 올려진 팔 위에 임하였고 (기도 끝나고 찬양 중에) 또 진동이 너무 심하게 일어났습니다. 순간적으로 어떤 암에 걸려 나으신 분에게 가서 기도하라는 성령의 이끌림에 그분께 손을 배에 얹어놓고 기도하는데 (그때에 모두는 찬양 중이었음) 그분을 위해 성령님이 우시는 것을 느꼈습니다. 줄줄 흐르는 내 눈물이 영으로 보이는데 세상에 볼 수 없는 아주 깨끗하고 투명한 것이었습니다. 그리고 내 뒷줄에는 어떤 분이 영으로 찬양하는 찬양소리가 들렸는데 그 찬양의 소리는 결코 세상에서 들을 수 없는 찬양이었습니다. 저는 이것을 천사 찬양이라고 부를 수밖에 없습니다.

저는 25년 전쯤에 초신자 때에 이런 음악을 한번 들은 적이 있는데 여기서 들으니 내 영이 그에 화답하며 감사와 찬양을 올려 드리는 것입니다. 그 때에 성령의 불이 제게 떨어졌습니다. 그 후로 저는 지금까지도 손이 더웁고 기도할 때와 그리고 기도하면서 찬양할 때는 더 뜨거워지는 것 같습니다.

또 한 가지 기적은 고집 쎈 저의 큰 딸이 교회를 안 나가다가 이번 집회 때에 하루도 빠지지 않고 예배에 참석하여 매일매일 서 목사님의 안수기도를 받더니 그 마음이 열렸습니다.

이제는 성경을 읽을 뿐 아니라 서 목사님의 영문판 수기 1권을 읽기 시작하고 또 동부에 살고 있는 자신의 동생의 믿음까지 걱정하게 되었습니다. 제 남편이 거의 믿지 못하는 수준까지 저의 큰 딸이 변해가고 있었습니다. 이 또한 이번 집회 때에 일어난 기적이었습니다.

주님께서는 저에게 이 두 딸을 두고 두 달 전부터 기도를 시키시며 또한 저 자신부터 회개기도를 시키시더니 이번 한국에서 서 목사님의 집회를 통하여 응답하여 주시며 또한 믿음의 확신을 주셨습니다.

주님께 모든 영광을 돌려 드리며 생명수를 마음껏 먹을 수 있고 또한 생명나무의 과일을 먹을 수 있는 성안에 들어가기 위하여 더욱 기도와 말씀, 그리고 전도에 힘쓰며 우리에게 이김을 주시는 주님의 약속을 꼭 붙들고 매일매일 성령의 인도하심에 의지하여 살 것을 이 시간에도 기도합니다.

하나님의 인 +

10. 2017년 6월, 원주 OO교회의 노 OO 목사님 간증

서 목사님께서 저희 교회에 오셔서 이번 2017년 6월에 나흘동안 집회를 인도하셨는데 매 집회 때마다 회개가 있었으나 마지막 날 집회 때에는 더 엄청난 회개가 있었습니다.

목회자인 저는 27세에 성령세례 받을 때 회개시키는 성령을 처음 경험하고 그 후 30년 넘게 살면서 강권적으로 회개시키는 성령님을 이번 집회에서 다시 경험했습니다.

눈물과 콧물까지 흐르는 회개를 저뿐 아니라 다른 성도들도 그렇게 회개하였습니다. 그리하여 휴지가 많이 소비되었지요. 그것은 하나님께서 우리 모두에게 하나님의 인을 받을 수 있도록 준비시키는 과정이었습니다. 저는 제가 인 맞은 것을 꿈을 통해 제가 흰 옷을 입고 있는 것을 보여주심으로 하나님께서 확인시켜 주셨습니다.

서 목사님을 크게 쓰신 주께 영광을 돌립니다.

이 간증은 사모하는 영혼을 만족케 하시는 하나님께 또한 큰 은혜의 통로 되어 주신 서 목사님 내외분께 감사하는 마음으로 드립니다.

하나님의 인 +

| 후 기 |

이 책이 나오기까지 정말 하나님께서는 주를 사랑하는 주의 종들이 합력하여 선을 이루게 하신 이야기를 안 할 수가 없어서 이 후기에 그것을 소개한다.
그것은 이 책에 추천서를 써 주신 박철수 목사님을 하나님께서 사용하신 예이다.
그러니까 약 5년 전의 일이다. 2012년 5월에 박 목사님은 둘째 아들이 찬양을 인도하는 청소년 집회에 참석하게 되었다. 강사의 설교가 끝나고 각자가 앉아서 통성기도를 하는 시간이 되었는데 강사가 앞에서 마이크를 들고 한참을 기도하다가 갑자기 강대상에서 내려와 목사님 앞에서 한참을 서 있었다 한다. 그리고 그 강사 목사님은 고개만 자꾸 흔들다가 이상하다는 표정을 하다가 다시 강대상에 올라가서 통성기도를 했다고 한다. 그런데 그가 다시 내려와서는 목사님 앞에 서서 이렇게 조용히 물어보았다 한다.
"글 쓰시는 분이세요?" 라고 말이다.
그때 박 목사님도 조용히 '아니요, 저는 목사인데요.' 라고 했다 한다.

그러고서 점심시간에 박 목사님의 사모님이 그 강사 목사에게 물었다.

'왜 우리 목사님에게 그러한 질문을 하셨느냐'고 하였더니 그가 말하기를 목사님 이마 앞에 큰 붓이 보여서 그랬다는 것이었다. 그러자 사모님이 남편 목사님에게 이렇게 말한 것이다. '여보 당신이 늘 하나님의 인, 하나님의 인 하니까 하나님께서 당신 이마 앞에 붓을 보여주셨나 보네요.'라고 했다 한다.

그 때에 박 목사님은 그것이 그럴 수도 있겠다라고 생각했다 한다. 그리고 박 목사님은 늘 자신이 생각하기를 이 마지막 시대에 누군가가 나타나서 이 하나님의 인 사역을 감당해야 하는데 하고 늘 안타까운 마음으로 살고 있었다 한다. 그런데 저자가 쓴 '계시록 이해' 책을 읽는 순간에 그 책의 203페이지에 주님이 성전에 현현하시고 그리고 그 자리에 있는 모든 이에게 천사들이 나타나서 먹으로 그들의 이마에 십자가를 그린 사건을 발견하게 된 것이다.

그래서 박 목사님은 즉시 저자가 바로 그 사역을 감당할 자라는 것을 알았다는 것이다. 할렐루야. 그리고 나서 박 목사님은 저자에게 전화를 했다. 저자에게 그것이 하나님께서 이 마지막 시대의 하나님의 종들의 이마에 인을 치는 사건이라는 것을 알려주신 것이다. 저자는 계시록 이해 책을 쓰면서 계시록 7장에 나오는 하나님의 인이 이 마지막 시대를 사는 우리에게 절대적으로 필요한 것을 강조하여 썼지만 그리고 그 하나님의 인에 대하여 성경적인 해석과 하나님께서 꿈에도 생각지 않았던 것이다. 그런데 바로 그 사건이 저자의 계시록 이해 책의 203페이지에 기록된 사건이었다. 그것은 강진에서 작은 교회의 성전에 주님이 직접 현현하시고 천사들이 나타나서 붓으로 사람들의 이마에 십자가를 그린 사건이었다. 저자는 그 사건이 바로 계시록 7장에 있는 하나님의 인을 치는 사건이라는 것은 생각지도 못했다. 그러나 하나님께서는 박 목사님을 통하여 내게 깨우쳐 주신 것이다. 그리하여 저자는 그 때부터 하나님께 기도하기 시작하였다. 왜 저자의 사역에 천사들이 하나님의 인을 치는 사건이 주님이 현현하신 후에 일어나는지에 대하여 알기를 원했다. 그러면서 하나님께서는 저자가 본격적으로 그 인 사역에 대하여 기도하기 시작한 것을 기다렸다는 듯이 그 때부터 본격적으로 저자의 사역에 주님이 현현하시고 천사들이 나타나서 사람들의 이마에 먹물로 십자가를 그리는 일이 시작된 것이다. 즉 저자의 사역에 하나님의 인 사역이 나타나기 시작한 것이었다. 할렐루야.

하나님은 이렇게 이 마지막 시대에 주님 다시 오심을 기다리는 신실한 주의 종들을 통하여 합력함으로 말미암아 사람들의 이마에 먹물로 십자가가 그려지는 인 사역을 감당케 하신 것이다.

저자는 이러한 일련의 일들을 통하여 정말로 하나님께서는 어떤 일을 이루시기 위하여 미리 계획하시고 그리고 그 일들을 신실하신 주의 종들을 통하여 이루어 나가심에 참으로 경의와 존경을 표하는 바이다. 할렐루야.

그리고 그 5년 전에 박 목사님의 이마 앞에 큰 붓이 있는 것을 본 강사는 알고 보니 저자가 미국의 탈봇 신학교를 다닐 때에 가장 친했던 신학교 동기였던 것이다.
얼마나 놀랐는지......
참으로 하나님께서 계획하시고 행하시는 모든 일들은 참으로 아름답고 놀랍다.

예레미야서에서는 이렇게 말한다.
우리가 섬기는 하나님을 일을 지어 성취하시는 하나님이라 부른다.
할렐루야.

[렘 33:2-3]
(2) 일을 행하는 여호와, 그것을 지어 성취하는 여호와, 그 이름을 여호와라 하는 자가 이같이 이르노라 (3) 너는 내게 부르짖으라 내가 네게 응답하겠고 네가 알지 못하는 크고 비밀한 일을 네게 보이리라

우리가 믿는 하나님은 그분의 일을 미리 계획하시고 이루시는 분이시라는 것을 다시 한 번 깨달으며 그 일을 행하시는 하나님을 온 마음을 다하여 찬양하는 바이다.

LA 주님의 사랑교회 **서사라 목사**

후/원/페/이/지

그러므로 염려하여 이르기를 무엇을 먹을까 무엇을 마실까 무엇을 입을까 하지 말라 이는 다 이방인들이 구하는 것이라 너희 천부께서 이 모든 것이 너희에게 있어야 할 줄을 아시느니라 너희는 먼저 그의 나라와 그의 의를 구하라 그리하면 이 모든 것을 너희에게 더하시리라 [마 6:31-33]

천국과 지옥 간증 책을 한글로 또 영어로 또한 각국 언어로 펴내어져 전세계적으로 복음의 도구가 될 수 있도록 여러분의 재물적인 후원이 필요합니다.
은혜받으신만큼 성령께서 인도하시는 대로 많은 영혼들이 구원받을 수 있도록 여러분의 정성어린 후원을 부탁드립니다.

※ 후원하신 모든 금액은 하나님나라 확장과 영혼구원사역에만 쓰여집니다.

후원계좌 :
Paypal Account : lordslovechristianchurch@yahoo.com

은행구좌 (Bank account) :

1. 예금주: Sarah Kim
   한국 신한은행 (전화: 02-595-5811)
   구좌번호 (Account #): 110-430-726512

2. Lord's Love Christian Church
   SHINHAN BANK (AMERICA)
   구좌번호 (Account #):700-000-436797
   은행고유번호 (Routing #): 122041646
   주소 (Address): 3434 W. 6th St. #400A
                  Los Angeles, CA 90020, USA
                  (전화: 323-702-1529)

미국연락처 :
Tel : 323-702-1529
E-mail : sarahseoh@ymail.com

주님이 하셨습니다.
　　모든 영광을 **주님께**..

천국과 지옥 간증 수기 7 (성경편 제4권) **하나님의 인**

초판인쇄	2017년 10월 27일
초판발행	2017년 11월 03일
초판 3쇄	2021년 3월 12일

저　자	서사라
펴 낸 이	최성열
펴 낸 곳	하늘빛출판사
연 락 처	043) 537-0307, 010-2284-3007
주　소	충북 진천군 진천읍 중앙동로 16
출판등록	제251-2011-38호
이 메 일	csr1173@hanmail.net
I S B N	979-11-87175-04-9
가　격	14,000원